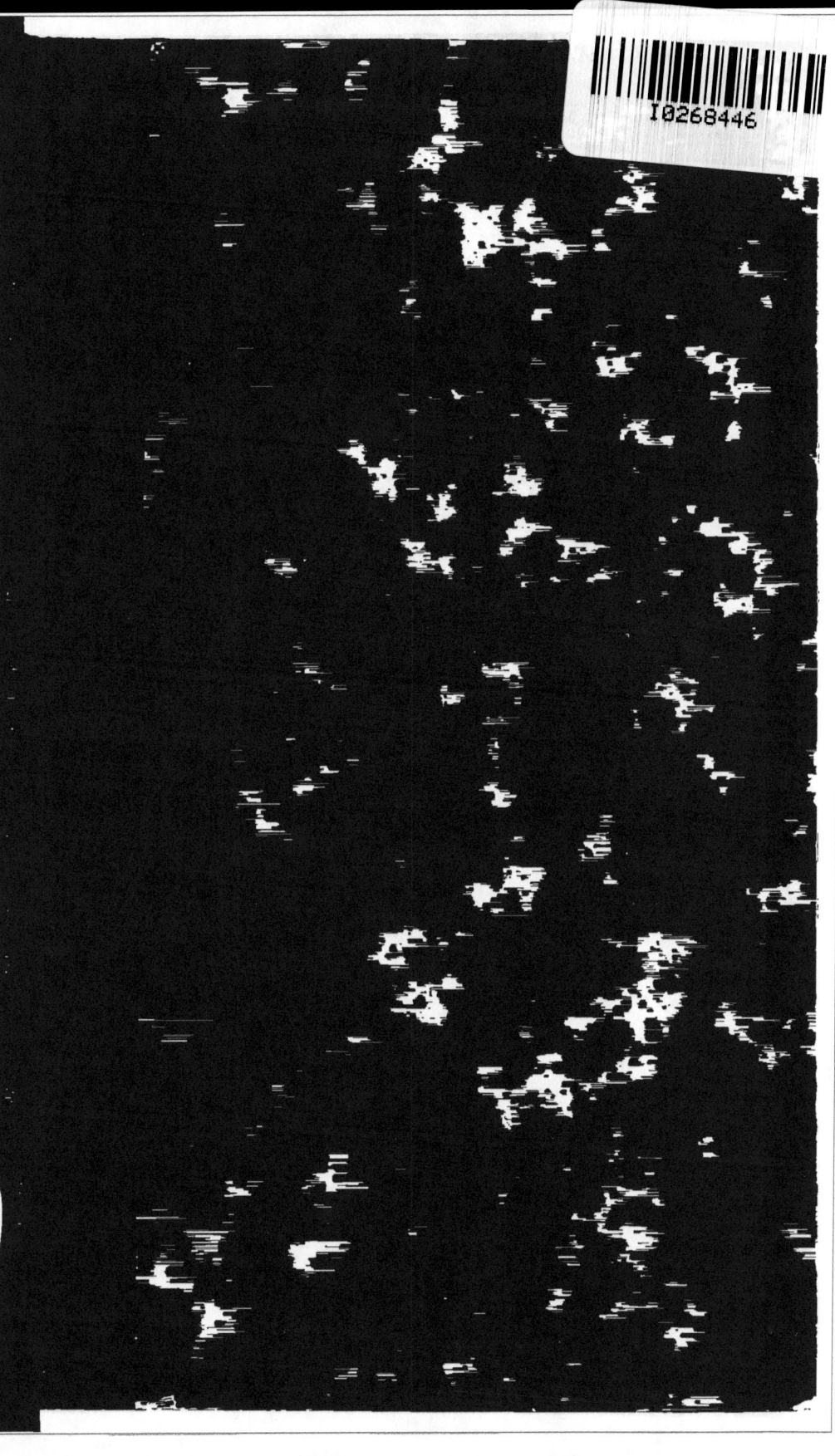

HISTOIRE POPULAIRE

DE

NAPOLÉON Ier.

Ouvrages du même Auteur :

Benjamin-Constant,	publié	en 1823.
Manuel,	»	en 1824.
Lafayette,	»	en 1832.
La République, le comte de Chambord, Louis-Napoléon et un prince d'Orléans,	»	en 1851.
La voix du peuple et la voix de Dieu,	»	en 1852.

HISTOIRE POPULAIRE

DE

NAPOLÉON IER

Par FADEVILLE,

Officier aux Invalides (ancien officier de marine).

Réfutation des reproches adressés à Napoléon Ier :

18 brumaire. — Son ambition, ses guerres continuelles. — Mort du duc d'Enghien. — La liberté et l'égalité. — L'Empire. — Son despotisme. — Les titres de duc, etc., rétablis. — Guerre d'Espagne. — Evénements de 1814 et 1815. — Campagne de 1815. — Défaite de Waterloo
Ses causes prouvées par des documents authentiques.

DEUXIÈME ÉDITION,

REVUE ET AUGMENTÉE DE DOCUMENTS NOUVEAUX.

PARIS

D. GIRAUD, LIBRAIRE-ÉDITEUR,

7, RUE VIVIENNE, AU PREMIER.

—

1853

AU PEUPLE FRANÇAIS

ET PLUS PARTICULIÈREMENT

AUX PAYSANS, OUVRIERS ET A L'ARMÉE.

AU PEUPLE FRANÇAIS

ET PLUS PARTICULIÈREMENT

AUX PAYSANS, OUVRIERS ET A L'ARMÉE.

Peuple Français ! c'est à toi que je dédie cette histoire de l'homme qui, par son ardent désir de te rendre grand et heureux autant que possible, a mérité l'extrême attachement, l'adoration que tu conserves pour sa mémoire : à toi ! dont le merveilleux bon sens, à travers toutes les calomnies que les puissants du jour entassaient contre son héritier, as su deviner que l'homme qu'il fallait à la France, pour contenir les trois partis qui voulaient la plonger dans l'anarchie comme en 93, ou, renouvelant 1814 et 1815, la jeter flétrie et mutilée sous les pieds des étrangers, était l'homme qui, lorsque les partis par leur coupable ambition, leurs folles espérances ou leurs passions démagogiques, conduisaient la France vers un abîme, disait : Je marche, suivez-moi! et non point un des chefs de l'anarchie, qui n'ont jamais su dire à leurs partisans que : Marchez, je vous suis ; c'est-à-dire : vous, hommes du Peuple, exposez-vous à la prison, aux balles, à l'échafaud, tandis que nous, abrités par le rempart de vos corps, nous serons à l'abri de tout danger ; mais si vous êtes victorieux, comptez sur nous, nous nous emparerons du pouvoir.

A toi, Puple! dont le noble cœur est le sanctuaire où l'honneur national s'est conservé de 1815 à 1848, et qui, le 10 décembre 48, le 20 décembre 51 et le 22 novembre 52, as dit à l'Europe, de ta voix formidable : Je veux la paix, mais une paix honorable ; quoique vous fussiez vingt contre un, *la victoire nous avait donné nos frontières naturelles;* la victoire, arrachée de notre camp et conduite désolée dans le vôtre par la trahison (je le prouve dans cet ouvrage), la victoire nous les a ôtées ; sous ce rapport, il n'y a rien d'ignominieux dans l'observation des traités de 1815; *mais j'aurais été à jamais déshonoré si, le moment venu, je n'avais pas déchiré en mille morceaux la partie de ces traités* où l'on me défendait, à moi, Peuple Français! de choisir pour me gouverner la dynastie sortie de mes entrailles, mon véritable enfant, qui est la personnification de mon entier affranchissement de la féodalité. La meilleure preuve que ma dynastie est le gouvernement qui, mieux que tout autre, peut me rendre heureux, et pour que je sois heureux, il faut que je puisse marcher la tête haute, ce sont les efforts inouïs, bien supérieurs à ceux qui les avaient précédés, que vous avez faits pendant quinze ans pour l'arracher de mes bras.

Peuple Français ! pour conserver la paix, il faut toujours être prêt à faire la guerre : les agresseurs, alors, y regardent à deux fois ; pour les rendre sages, ou pour en triompher s'ils nous attaquaient, il faut leur montrer que tu es décidé à employer le meilleur moyen d'être victorieux.

Toutes les aristocraties n'auraient pas en 92, 1803 et années suivantes, ainsi qu'en 1815, rompu la paix pour plonger l'Europe dans toutes les calamités de la guerre, si elles n'avaient point compté, pour assurer leur triomphe, sur nos dissensions intérieures : c'est là la plaie de la France. Depuis deux mille cinq cents ans que notre histoire est connue, nous avons été souvent vaincus, conquis, et toujours par la même cause, par le concours que d'indignes Français donnaient aux ennemis de leur patrie.

Si ces ennemis nous attaquent de nouveau, ils n'oseront le faire que dans l'espoir d'être encore secondés par les bourboniens des deux branches voulant détruire les principes de 89, malgré toutes les protestations du contraire, et par les tartuffes de républicanisme, voulant renverser de fond en comble la société, pour s'élever sur ses ruines au pouvoir, et se gorger de richesses et d'honneurs. Le vrai républicain se conforme à la volonté de la majorité qui, seule, est la volonté nationale, qu'une minorité ne peut jamais représenter, et il défend à outrance le gouvernement attaqué par les ennemis criant bien haut qu'ils sont les alliés, les amis de la nation, qu'ils n'en veulent qu'à son gouvernement, tandis que si ce gouvernement était antipathique au Peuple, faisait son malheur, bien loin de chercher à le renverser, ils feraient tout pour le maintenir au pouvoir.

Les règles de la vie politique sont les mêmes que celles de la vie privée. Que répondrait un travailleur, n'importe dans quelle partie, à un confrère, et par conséquent à un rival, qui viendrait lui dire : Celui que vous avez chargé de vos affaires les fait très-mal, il vous rend très-malheureux ; aussi, j'ai la bonté de dépenser beaucoup d'argent et de courir de grands dangers pour le chasser de chez vous ; et, quand cela sera fait, je vous en glisserai un autre à sa place qui prendra bien mieux vos intérêts. Grand merci ! dirait le travailleur au trop rusé confrère ; chacun dans ce monde cherche son bénéfice, seulement, on devrait le faire loyalement. Plus il viendra de chalands chez moi, moins il en ira chez vous. Si l'homme en qui j'ai confiance ne la méritait pas, vous vous garderiez bien de m'en avertir, et surtout de vous exposer à être ruiné et battu pour l'ôter de chez moi. L'homme par lequel vous voulez le remplacer serait votre agent secret, prendrait vos intérêts beaucoup plus que les miens; il serait forcé d'en agir ainsi, parce que s'il voulait se soustraire à votre ascendant, vous le menaceriez de lui retirer votre protection, de lui susciter des embarras qui finiraient par le faire mettre à la porte, et vous savez fort bien que dans ces changements continuels de mes hommes de confiance, mes affaires iraient de plus en plus mal, et que vous vous engraisseriez à mes dépens.

Les nations sont toujours des confrères, des rivaux courant la même carrière. Plus la prospérité intérieure et extérieure de la France sera grande et plus son commerce deviendra florissant, plus aussi ses rivales feront d'efforts pour jeter sur sa route des piéges qui l'arrêtent dans son heureuse course, et même la précipitent au fond d'un abîme.

Pour réussir dans leurs funestes desseins, elles chercheraient peut-être à se servir de la dynastie féodale, chassée par les Français trois fois dans l'espace de trente deux ans, en 1815, 1830 et 1848, sans qu'un seul de ses membres ait eu le courage de se mettre à la tête de ceux qui combattaient pour les soutenir.

Nos rivaux verraient encore avec une vive satisfaction la république s'établir une troisième fois en France, parce qu'ils savent fort bien qu'elle traîne toujours à sa suite l'anarchie, qui détruirait notre prospérité, notre commerce intérieur et extérieur, comme c'est arrivé de 92 à 1800, et de février à décembre 48. Si la seconde république n'a pas fait autant de mal que la première, c'est grâce à toi, Peuple ! Pour la faire reculer d'abord, pour la chasser ensuite, trois fois ta souveraine et patriotique voix, retentissant dans le monde entier, a dit : Je veux avoir à ma tête les héritiers de celui qui fit rentrer la république dans le fond des enfers, d'où le génie de la dévastation l'a fait sortir, et qui répara tout le mal dont elle m'avait accablé. Peuple ! tu ajoutais : Je ne sais pas faire de belles phrases, mais j'y vois clair ; je cherche un homme, un véritable homme, pour m'aider à sortir du gouffre où m'ont laissé tomber ceux qui peuvent, à juste titre, prétendre au prix de la course. La Providence me montre du doigt cet homme dont le cœur est impénétrable à la crainte, qui saurait mourir à son poste s'il le fallait, et qui, j'en suis certain, attendra patiemment que la poire soit mûre ; mais aussitôt qu'elle le sera, sa haute intelligence et son grand courage le feront réussir dans un nouveau 18 brumaire. Enfin, disais-tu, il me faut un homme qui ait le courage civil, la fermeté de caractère, la résolution prompte et vigoureuse dont sont totalement privés les princes de la branche cadette des Bourbons.

Peuple ! l'on te dit chaque jour que si le prince de Joinville, le duc d'Aumale s'étaient trouvés à

Paris en février 48, ils n'auraient pas fait comme leurs frères, ils ne se seraient pas sauvés sous de ridicules déguisements, en laissant entre les mains des émeutiers leurs enfants et leurs femmes dont une, toute jeune, était enceinte.

Pour juger les hommes, leurs paroles ne signifient rien : les tartuffes de toutes les espèces prononcent les plus beaux discours; ce sont les actions qu'il faut considérer. Le duc d'Aumale était gouverneur de l'Algérie ; il avait sous ses ordres une armée de cent mille hommes ; le prince de Joinville était auprès de lui. Le 25 février, un membre du gouvernement provisoire, Arago, leur écrit que la veille il y a eu une révolution, que leur famille est chassée de France, que la république est proclamée, et il ordonne en même temps au duc d'Aumale de remettre le commandement de l'Algérie et de l'armée au général de brigade Cavaignac, le menaçant dans le cas où il n'obéirait pas sur-le-champ. C'est le 3 mars, il faut bien remarquer les dates, que cette dépêche parvient au duc d'Aumale ; à peine l'a-t-il reçue qu'il prépare un ordre du jour pour annoncer qu'il s'en va, et qu'en attendant l'arrivée du général Cavaignac, absent d'Alger, il remet tous ses pouvoirs au général Changarnier. Des militaires, des personnes de l'ordre civil, font des représentations aux deux princes sur un si prompt abandon. On leur dit, et avec raison, que Paris n'est point toute la France :

qué la république rappelle de si affreux souvenirs, qu'il se peut fort bien que les départements la repoussent avec horreur ; qu'à Paris même, il n'y aurait rien d'étonnant que les partisans de leur famille réunis à ceux dont les intérêts, les sentiments sont opposés au régime républicain, se soient comptés, ralliés, et que peut-être il est arrivé ce qu'on avait vu seulement quelques années avant à Lyon où l'émeute, maîtresse de la ville pendant plusieurs jours, fut vaincue à son tour. Votre père, ou au moins vos frères, ajoutait-on, auront sans doute été se mettre à la tête des troupes qui sont dans les provinces, pour offrir un point d'appui aux Français lassés de ces révolutions continuelles. Rien de fâcheux ne peut naître de la détermination de l'armée d'attendre, pour connaître avec certitude la volonté de la France qui, le 25 février, n'avait même pas pu être consultée sur les événements de la veille. Si elle répudie votre famille, si elle accepte la république, aussitôt que vous le saurez, vous devrez sans nul doute lui obéir, mais alors votre retraite sera noble et digne, au lieu que maintenant elle ressemblerait trop à un sauve qui peut. Quelle fut la réponse des deux princes à ces raisonnables observations ? Le duc d'Aumale, approuvé par le prince de Joinville, se hâte de publier son ordre du jour. En même temps il en instruit le gouvernement provisoire, ce qui voulait dire : J'ai été bien obéissant ainsi que mon frère; ne nous punissez donc pas, laissez-nous nos immenses richesses.

Dans cet ordre du jour du 3 mars, le duc d'Aumale se disait : « *soumis à la volonté nationale ;* » mais il était de la dernière évidence que le 25 février, jour du départ de la dépêche de Paris, la nation n'avait point pu faire connaître sa volonté; ce n'est donc pas à elle que le prince de Joinville et le duc d'Aumale obéissaient, mais c'est à l'émeute qu'ils rendaient leurs épées. Une chose n'est bonne que faite à propos; quinze jours plus tard, cet ordre du jour du duc d'Aumale aurait été convenable et digne, mais le 3 mars, il n'avait d'autre but que de cacher, sous la noblesse des expressions, un sauve qui peut très-précipité, et qui prouve que si le prince de Joinville et le duc d'Aumale se fussent trouvés à Paris, ils eussent agi exactement comme leurs frères, et qu'ils auraient, eux aussi, dit à la nation : Débrouille-toi comme tu pourras du bourbier où nous t'avons mise; pour nous, montrant que nos jambes sont excellentes, nous allons bravement en Angleterre jouir de notre immense fortune.

Le prince de Joinville aurait dû d'autant plus s'exposer pour préserver la France et sa famille des suites funestes de la révolution de février, que, par l'opposition qu'il faisait à son père, il a beaucoup contribué à cette révolution. Malheureusement on oublie très-vite en France; mais qu'on se reporte par la pensée en arrière de cinq ans, et l'on entendra encore les discours que tenaient ceux qui travaillaient à bouleverser la France. Ils disaient : Peut-on mettre en doute que Louis-Philippe suit de très-mauvais conseils, lorsqu'on voit son propre fils, le prince de Joinville, forcé de le proclamer, et être exilé en Algérie à cause de cela. Ce raisonnement a fait que beaucoup de personnes ont agi contre Louis-Philippe, et beaucoup d'autres n'ont rien fait pour le soutenir.

L'histoire de tous les peuples, et particulièrement celle de notre révolution, montrait au prince de Joinville quels sont les résultats de ces déclamations contre l'entourage du chef de l'État. Les Girondins, non-seulement ne voulaient pas la mort de Louis XVI, mais il ne voulaient même pas sa déchéance ; tout ce qu'ils voulaient, c'était de se mettre à la place de ceux qui avait la confiance du roi, de ceux qui l'entouraient. Châteaubriand, Hyde de Neuville, de Lalot, étaient des ultrà-légitimistes, et cependant, par leur acharnement contre l'entourage de Charles X, auxquels ils voulaient s'imposer, ils ont amené la chute de ce roi et de sa postérité. Après de pareils exemples, le cœur d'un bon fils aurait fait voir au prince de Joinville le sort qu'il préparait à son père et à sa famille. Celui qui n'a point été soumis, respectueux envers son père, ferait un très-mauvais chef de gouvernement. Je le répète, il aurait dû tout faire pour réparer sa faute, ayant de si cruelles suites pour sa famille; mais lui, comme tous ses frères, n'a pensé qu'à se mettre à l'abri de tout danger.

Et ce sont ces princes qui n'ont pensé qu'à leur sûreté personnelle au moment même où, dans toute la France, il se trouvait des hommes décidés à les soutenir de leur petite bourse et de leur personne (j'étais du nombre), quoique les sympathies de ces hommes fussent pour un autre pouvoir; mais afin de garantir la France de la république démocratique qu'ils savaient fort bien devoir engendrer l'anarchie, ainsi que cela a toujours eu lieu dans tous les pays, à toutes les époques (1); et ce sont ces princes, dis-je, lorsqu'un autre a fait ce qu'ils n'ont pas eu le courage même d'essayer, lorsqu'un autre a sauvé la patrie, ce sont eux qui emploient tous les moyens possibles, concurremment avec les anarchistes, pour porter le trouble, semer la division, faire naître la guerre civile dans la France, afin que les industries et les aristocraties européennes, encouragées par la certitude d'être secondées par d'indignes Français, rompent la paix dont le maintien est si fortement désiré par le gouvernement : à la vérité, il veut une paix honorable et non une paix à tout prix. Si

(1) Je le prouve dans l'ouvrage que j'ai publié en 1851, sous le titre de : *La République, le comte de Chambord, Louis-Napoléon et un prince d'Orléans.*

la guerre éclatait, tout le prouve, ce serait encore une guerre de principe et de prospérité industrielle. Ruiner notre commerce, nous ravir les conquêtes de 89, voilà quel serait le but de nos ennemis.

Peuple français, dans ce pressant danger, l'histoire et ta propre expérience te disent ce qu'il faudrait faire. La république romaine, gravement menacée, se confiait à un homme et non pas à son sénat, quoiqu'il fût composé de personnes à haute capacité, à vrai patriotisme, à grand courage. C'est par le pouvoir illimité d'un seul homme que Rome a été sauvée si souvent !

La république des Etats-Unis d'Amérique, pendant tout le temps de l'indépendance, eut un chef toujours le même, Washington, et elle triompha.

Le pouvoir illimité que prit la Convention fut la seule cause qui empêcha l'envahissement de notre patrie ; mais comme ce dictateur, au lieu de n'avoir qu'une seule tête, en avait plusieurs, des factions se formèrent dans son sein ; chacun de ses membres voulut être le premier, dominer les autres ; pour y réussir, ils s'envoyaient réciproquement à l'échafaud. L'anarchie, née d'abord dans la Convention, se répandit dans toute la France, et créa l'épouvantable régime de la terreur. Si, à cette époque, il y avait eu un homme assez haut placé dans l'opinion publique par les preuves de capacité, de courage moral et de patriotisme qu'il aurait données, un pouvoir sans limites lui aurait été décerné, l'affreuse anarchie n'aurait pas eu lieu, et nos triomphes sur les étrangers auraient été encore plus grands, car ces triomphes furent souvent compromis par les meurtrières dissensions de la Convention, et par la mort de bons généraux que la faction dominante envoyait à l'échafaud.

Domestiques, ouvriers, paysans, militaires roturiers de tout grade, vous êtes tous des parvenus, car vous ne datez que de 1800 ; ce n'est que sous le consulat et l'empire que le suffrage universel vous a réellement donné l'existence politique ; elle vous fut ravie de juillet 1815 en février 1848. Les républicains, ou plutôt ceux qui en usurpent le nom, ont rétabli le suffrage universel ; mais le voulaient-ils réellement? C'est aux faits à nous l'apprendre. D'abord, au lieu d'en appeler, comme ils l'avaient promis, à la nation pour qu'elle se prononçât sur la forme de gouvernement qui lui convenait le mieux, eux seuls ont proclamé la république, manquant ainsi aux solennelles promesses faites seulement quelques jours avant.

L'assemblée constituante ouvre ses séances le 4 mai 48. Onze jours après, le 15 mai, les républicains veulent la renverser. Repoussés ce jour-là, ils reviennent à la charge au mois de juin, et pendant quatre jours, au nom de la fraternité, ils font couler des torrents de sang pour détruire l'assemblée qui venait d'être élue par le suffrage universel. C'est ce même suffrage qui avait nommé, en 49, la chambre des représentants, et cependant, quelques jours après son installation, les républicains, agissant comme en mai et juin 48, voulurent employer la force des baïonnettes pour la détruire.

En outre, les républicains, à la tribune et dans leurs journaux, ont souvent dit et écrit : que la nation n'avait point le droit de se donner une autre forme de gouvernement que la république démocratique, qui était au-dessus du suffrage universel.

Ces quatre exemples, ces discours et ces écrits, prouvent que les républicains n'ont jamais voulu la sincérité du suffrage universel ; qu'ils comptaient s'en servir pour se conserver ou parvenir au pouvoir leur donnant des richesses et des honneurs ; qu'à leurs yeux le peuple n'était qu'un imbécile mouton qui, même sans bêler, se laisserait traîner à l'anarchique abattoir où, pour la seconde fois, on voulait le conduire. Pendant la terreur, sur trois victimes, il y en avait deux appartenant à la classe des paysans, des ouvriers et des domestiques voulant sauver leurs maîtres. Mais, lorsque les républicains ont vu que ce mouton était un aigle aux puissantes serres, dont les yeux étincelants et pénétrants lui faisaient, promptement, découvrir le chemin qu'il devait suivre pour échapper à l'anarchie qui l'avait frappé à coups redoublés, de 92 à

1800, alors les républicains ont maudit et maudissent chaque jour le suffrage universel, se repentant très-amèrement de l'avoir établi, et se promettant bien de le détruire si jamais ils reviennent au pouvoir. Du reste, ils seraient forcés d'en agir ainsi, car ils savent fort bien que malgré tous leurs efforts pour égarer ou intimider le suffrage universel, sa puissante et patriotique voix pousserait toujours le même cri qu'au 10 décembre 48, prononcerait toujours le même nom : Napoléon !

Travailleurs de tous les genres, habitants des chaumières et des ateliers, militaires roturiers de tout grade, vous le savez, le même jour, le même instant a vu naître votre existence politique et celle de la famille Bonaparte. Son chef proclama le suffrage universel, et le suffrage universel en 1800, 1802, 1804 et 1815, le fit successivement consul pour dix ans, consul à vie, empereur héréditaire. En 48, 51 et 52, les mêmes circonstances ont ramené les mêmes faits. Le suffrage universel et les Bonaparte sont donc des frères jumeaux qui, comme les frères Siamois, sont attachés si fortement ensemble, que leur mort suivrait immédiatement leur séparation,

Peuple ! il y a maintenant en France trois parvenus : toi, ton empereur et sa digne compagne. Napoléon Ier te rehaussait lorsque, en 1810, il prouvait que l'homme sorti de ton sein n'avait qu'à faire un signe, pour que les souverains des plus antiques et orgueilleuses races et commandant aux plus vastes États, se disputassent l'honneur de placer dans son lit une de leurs sœurs ou une de leurs filles. Cette preuve donnée une fois par ta dynastie suffisait à ta gloire. Napoléon III n'a dû penser, dans le choix d'une épouse, qu'à ton bonheur d'abord, au sien ensuite. Pour votre bonheur à tous les deux, il fallait que sa compagne eût les mêmes sentiments que lui : que, comme lui, elle aimât excessivement la classe des travailleurs et celle qui souffre. Il fallait aussi que, par sa grâce, son esprit, sa noble amabilité, elle fût digne de représenter la France et d'être la fille et la petite-fille d'Hortense et de Joséphine. Mais il fallait en même temps que dans son cœur, à côté de la bonté se trouvât le courage, l'énergie dont son époux est si fortement doué, afin qu'elle fût digne aussi d'être la nièce du héros d'Arcole et du 18 brumaire. Toutes ces qualités se sont trouvées réunies dans la fille d'un homme qui, lorsque l'Espagne était partagée en deux camps, l'un, celui de l'ancien régime, reconnaissant pour chef Ferdinand, dont l'armée combattait avec les Anglais et était sous leurs ordres, tandis que l'autre, celui de l'abolition du système féodal, celui de l'égalité politique et de l'admission de tous à tous les emplois, marchait sous les lois de Joseph, du frère de notre empereur ; le père, dis-je, de cette jeune fille était venu dès le premier moment se placer dans le camp sur le drapeau duquel étaient gravés nos principes de 89, et jusqu'au dernier moment fidèle à ces populaires principes, il avait, au milieu de l'École polytechnique, sur les hauteurs de Montmartre, tiré le dernier coup de canon contre les aristocraties européennes.

Grâce à ce mariage, sur le trône français sont assis deux êtres ayant les mêmes sentiments, les mêmes qualités, et si des mauvais jours devaient renaître encore pour la France, tandis que l'un, à la tête des armées défendrait la patrie et les conquêtes de 89, l'autre, si l'ennemi s'approchait de nouveau de Paris, se placerait à la tête des soldats, du peuple, des gardes nationales, et cet ennemi n'étant plus secondé par la trahison déjouée par la présence, l'intelligence et le courage de notre impératrice, payerait cher sa témérité d'avoir marché sur notre capitale. C'est ce qu'ont bien compris les trois partis qui ne pourraient triompher que par la trahison. Aussi, quels cris de rage ont-ils poussés! Quel infect venin ont-ils essayé de lancer! Mais toi, noble et patriotique Peuple! tu as tout de suite compris que les nouvelles calomnies partaient de la même source que celles de 48, et le regard méprisant et indigné que tu as lancé sur les serpents qui cherchaient à mordre la lime, leur a promptement fermé la bouche et fait baisser les yeux.

Mais, si les étrangers, excités par ces trois partis, voulaient te barrer le chemin de l'honneur et de la prospérité, où, conduit par la puissante main de ton empereur, tu marches d'un pas si fier et si ferme, alors lui, patriotiquement inspiré, se mettrait à ta tête, et toi, Peuple, tu lui dirais : Je remets entre tes mains, pendant tout le temps de la guerre, ma souveraineté qui ne peut pas avoir de bornes ; repousse les ennemis comme en 93, mais en me préservant de l'horrible anarchie qui me fit tant de mal à cette époque ; paralyse en même temps les efforts de ces indignes Français qui, en profanant le nom de la liberté, voudraient me diviser en plusieurs camps ennemis et déchirer le drapeau national en plusieurs parties, ainsi qu'ils l'ont fait en 1814 et 1815, afin que les aristocraties européennes se décorant, comme autrefois, du nom d'alliées, pussent de nouveau me précipiter, flétri et mutilé, sous les roues de leur char de triomphe traîné par le mensonge et la trahison.

HISTOIRE POPULAIRE

DE

NAPOLÉON IER.

HISTOIRE POPULAIRE

DE

NAPOLÉON IER.

Depuis le commencement de 1769, la Corse était devenue province française. C'est dans cette île, à Ajaccio, que Napoléon Bonaparte naquit le 15 août 1769, anniversaire du jour où Louis XIII plaça la France sous la protection de la sainte Vierge.

En Corse, le régime féodal n'a jamais existé; il n'y avait point de noblesse, mais il y avait de l'illustration, c'est-à-dire qu'une famille dont un membre avait rendu des services à la patrie, ou bien, en se distinguant sur le continent, avait fait rejaillir sur elle un reflet glorieux, conservait, par le souvenir, une prépondérance toute morale, et si, à cet avantage, cette famille joignait assez d'aisance pour être tout à fait indépendante, elle devenait le centre, le point de réunion d'une partie de ses concitoyens qui se plaçaient sous ses ordres, et formaient ainsi une piève ou canton. Ces cantons, souvent ennemis, se réunissaient sur-le-champ contre les étrangers qui voulaient les assujettir, et comme ces guerres pour l'indépendance nationale se renouvelaient souvent, il y avait très-peu de famille corse qui n'eût produit un homme remarquable, et ne jouît par conséquent de cette illustration dont je viens de parler.

L'égalité politique existait donc complétement dans cette île : aussi le marquis de Maillebois chargé de former le régiment royal-corse, éprouva d'assez grandes difficultés, parce que les plus simples paysans aspiraient au grade d'officier, et appuyaient leurs prétentions sur des preuves que des membres de leurs familles les avaient illustrées.

Par de grands services rendus à sa patrie dans les guerres pour l'indépendance nationale, ainsi que par la gloire acquise sur le continent, même dans des temps déjà fort anciens, la famille de Napoléon possédait cette illustration, accrue encore par son père, Charles Bonaparte, et par sa mère Létizia Ramolini, femme dont la grande beauté était le moindre avantage. Energique et courageuse, souvent elle partageait les périls des expéditions de son mari qui, en 1757, avait puissamment contribué à la guerre contre Gênes attaquant sans cesse, depuis six cents ans, la Corse pour la mettre sous son joug.

Charles Bonaparte joignait aux avantages exté-

rieurs une éducation très-soignée, beaucoup d'intelligence, un ardent patriotisme et un grand courage ; il était placé haut dans l'estime de ses concitoyens : aussi, lorsqu'en 1779, la province de Corse envoya une députation à Versailles, Charles Bonaparte fut choisi, avec quelques autres, pour figurer l'ordre de la noblesse, Louis XV voulant qu'il y eût trois ordres en Corse comme dans les autres provinces. C'est alors que Napoléon entra à l'école militaire de Brienne. En 1783, il passa à celle de Paris au moyen d'une dispense d'âge et d'une faveur d'examen, que lui fit obtenir l'inspecteur des écoles militaires qui, dans ses tournées antérieures, avait conçu pour lui une vive affection. Dans une note sur Napoléon, il disait au ministre : « *Caractère soumis, honnête et recon-*
» *naissant ; conduite très-régulière.* »

Le brillant examen subi par Napoléon lui fit obtenir, à seize ans, une lieutenance en second au régiment de La Fère. Bientôt après, il entra, comme lieutenant en premier, dans le quatrième régiment d'artillerie en garnison à Valence, où il était lorsque la révolution de 89 brisa les chaînes féodales dont les roturiers étaient encore chargés. En 92, le 6 février, il fut nommé capitaine d'artillerie, et en septembre, il était en congé auprès de sa famille. C'est alors qu'il fut soumis à une de ces épreuves presque au-dessus des forces humaines, et à laquelle il aurait infailliblement succombé si son cœur n'avait pas été entièrement français.

Pascal Paoli, accueilli, en 1790, avec le plus grand enthousiasme par l'assemblée nationale et les Parisiens, fut un an après nommé gouverneur de la Corse. Dévoré d'ambition, il forma le projet de s'en faire roi ; mais lorsqu'il vit qu'il ne réussirait pas, il tourna les yeux vers l'Angleterre pour l'aider à séparer violemment le département de la Corse de la mère-patrie.

Paoli était frère d'armes et ami intime du père de Napoléon, ainsi que de toute sa famille. Dès sa première jeunesse, Napoléon avait été en correspondance avec lui ; il l'aimait, le respectait, l'admirait excessivement. Paoli, de son côté, affectant d'avoir pour Napoléon la tendresse du meilleur des pères, emploie tous les moyens, si puissants sur le cœur, l'esprit et la vanité d'un jeune homme, pour le séduire et l'attacher à son parti ; mais lorsque Napoléon voit que Paoli est à la tête du parti de l'Angleterre, son cœur tout français ne balance point un seul instant, et, quoique souffrant horriblement de la nécessité de rompre tous les liens qui, depuis son enfance, l'attachaient à Paoli, il se met à la tête du parti national et combat énergiquement celui des Anglais. Toute la famille Bonaparte, entièrement dévouée comme lui à la France, le seconde autant qu'elle peut.

Dans cette guerre Napoléon court de très-grands dangers, mais il sait échapper aux piéges tendus par Paoli pour s'emparer de sa personne ; il dérobe aussi à sa vengeance toute sa famille, bannie, ainsi que lui, de la Corse ; leurs biens sont pillés et incendiés.

La famille de Napoléon, débarquée à Marseille, tandis que lui combattait encore, s'y trouve dans le plus grand dénûment ; mais l'énergique mère des Bonaparte demande à son travail et à celui de ses filles le nécessaire que ne peuvent plus leur procurer leurs biens confisqués, ni les faibles secours en assignats accordés aux exilés : elles se font ouvrières.

A peu près dans le même temps, les enfants qui, deux ans après, devaient être le beau-fils et la belle-fille de Napoléon, ayant perdu leur père sur l'échafaud, et leur mère étant en prison, deviennent aussi ouvriers : ils sont placés en apprentissage, Eugène chez un menuisier ; Hortense, âgée de dix ans, la mère de Napoléon III, chez une lingère.

Les cœurs bien placés trouvent dans les misères qu'ils ont éprouvées un puissant motif qui ajoute aux bons sentiments qu'ils ont reçus de la nature, pour les porter à soulager, autant qu'il leur est possible, ceux qui souffrent à leur tour ; voilà pourquoi les familles Bonaparte et Beauharnais ont toujours ressenti et ressentent encore une vive sympathie pour les paysans et les ouvriers.

Celui dont Napoléon épousa la veuve, le vicomte

de Beauharnais, avait combattu en Amérique pour l'affranchissement des États-Unis. Il y fut témoin du bonheur que donne à un peuple l'égalité politique, l'égalité devant la loi : ce noble principe se grava dans son cœur. En 89, il fut élu député aux États généraux, qui devinrent peu de temps après l'Assemblée nationale. Il engagea très-fortement l'ordre de la noblesse à renoncer à ses privilèges féodaux, à se fondre dans le peuple, à ne faire qu'un seul corps avec lui, et, lorsqu'il vit qu'elle repoussait ses sages et patriotiques avis, qui auraient évité tant de malheurs à la France et aux nobles eux-mêmes, il fut, le 26 juin, se placer dans les rangs du tiers état.

Le hasard avait fait naître le grand-père maternel de Napoléon III dans l'ordre de la noblesse, mais son cœur, son bon sens, son vrai patriotisme en firent un roturier. C'est dans les rangs du peuple qu'il courut se placer lorsque les étrangers et les émigrés, en 92, attaquèrent la France. Par son courage et les talents militaires qu'il avait acquis en Amérique, il parvint promptement aux premiers grades de l'armée. Il fut nommé général en chef de celle du Rhin, qui remplit dignement sa mission, en retardant, autant que possible, la prise de Mayence.

Robespierre, qui ne trouvait pas que l'armée fût assez désorganisée par l'émigration des officiers ayant appris en Amérique l'art de la guerre, fit rendre un décret pour que les ex-nobles, malgré les preuves qu'ils avaient données de leur amour pour la patrie, ne pussent plus la servir et fussent éloignés des armées et des frontières : Beauharnais se retira dans un bien qu'il possédait dans l'intérieur. Heureusement, Napoléon, n'étant point noble, ne fut pas atteint par ce décret.

Robespierre ne se contentait pas de destituer les nobles qui s'étaient faits roturiers et combattaient pour le triomphe des idées de 89, il les envoyait à l'échafaud. L'amour pour le peuple que le général Beauharnais avait montré dès l'ouverture des États généraux, rendait son supplice inévitable : il périt courageusement le 5 thermidor an II, et ses biens furent confisqués.

Napoléon, ne pouvant plus combattre en Corse les ennemis de la France, est assez heureux pour leur échapper ; il débarque à Marseille en mai 93, et se rend à Paris. Après la proclamation de la République, il ne restait plus que deux partis : celui de la contre-révolution, du rétablissement du système féodal, ou bien le parti qui lui était opposé. La République, aussi cruelle, aussi destructive de toute liberté et de toute garantie sociale que l'aurait été l'émigration si elle avait triomphé, combattait au moins pour conserver la plus précieuse des conquêtes de 89, l'égalité politique, ainsi que l'indépendance nationale sans laquelle il n'y a que honte et malheur : la Pologne le prouve. Entre ces deux partis, le choix de Napoléon ne pouvait pas être un seul instant douteux : il fut républicain.

Le 28 août 93, les comités insurrectionnels de Toulon livrent cette ville à l'amiral Hood, commandant les escadres anglaise, espagnole et napolitaine, ayant à leur bord quatorze mille soldats. Le premier soin de l'amiral anglais est de désarmer la garde nationale et tous les autres habitants, quoiqu'ils eussent proclamé Louis XVII et arboré le drapeau blanc. Les Espagnols, se fondant sur ce que leur roi est un Bourbon, demandent que le commandant de Toulon soit pris parmi eux ; les habitants, de leur côté, expriment le désir que l'oncle de Louis XVII, Monsieur, régent du royaume, puisse venir à Toulon ; mais l'amiral Hood refuse les demandes des uns et des autres, prouvant par là que les Anglais veulent faire pour Toulon ce qu'ils avaient fait pour Gibraltar, remis seulement comme dépôt entre leurs mains par le parti espagnol combattant le parti français, mais qu'ils n'ont point restitué à l'Espagne lorsque la guerre fut terminée.

Napoléon, chef de bataillon, est envoyé le 12 septembre à l'armée destinée à l'attaque de Toulon ; il y commande en chef l'artillerie, qu'il trouve manquant absolument, tant en personnel qu'en matériel, de tout ce qui est nécessaire pour un siége. Par sa prodigieuse activité, il la pourvoit promptement de tout ce qui lui est nécessaire.

En août 93, la France était dans une position très-critique. Les étrangers et les émigrés la pressaient de toute part ; l'insurrection de la Vendée était dans toute sa force ; les royalistes, en trompant les Lyonnais sur leurs desseins, étaient parvenus à les soulever ; Marseille et presque tout le Midi s'insurgeaient ouvertement en leur faveur ; Toulon, comme nous venons de le voir, proclamait Louis XVII et arborait le drapeau blanc. La vue de ce drapeau si longtemps celui de la France, pouvait avoir un effet contagieux sur toutes les parties du Midi et de l'Ouest, tranquilles encore, mais si mal disposées ; il fallait donc se hâter de le faire disparaître.

Si le commandant de l'artillerie de l'armée devant Toulon avait été un homme ordinaire, il eût exécuté les ordres donnés par le général en chef et les représentants du peuple. On eût fait le siège suivant les règles en attaquant le corps de la place ; ce siége eût nécessairement traîné en longueur, et qui sait les événements politiques qui auraient pu en résulter ? Napoléon, en homme supérieur, vit sur-le-champ l'endroit vulnérable, et les autres le voyaient si peu que ce ne fut qu'à force de ténacité, par l'ascendant que donne le génie et en engageant sa tête, qu'il put faire adopter ses plans : Toulon fut promptement repris. Voilà le premier service, non-seulement militaire, mais politique, qu'il rendit à la révolution.

Bientôt après il fut comme général de brigade à l'armée d'Italie ; celui qui la commandait, Dumerbion, qui était malade, sentait son incapacité, et se laissa conduire par Napoléon : il essaya dès-lors ces extraordinaires manœuvres qui deux ans plus tard nous valurent la conquête de l'Italie. Grâces à lui, cette armée, quoique démoralisée, en tombant souvent comme la foudre sur les ennemis, parvint à les contenir et à les empêcher de venir appuyer les royalistes du Midi.

Les thermidoriens, comme tous les gens sans capacité et sans caractère, avaient essayé du système de bascule. Par là ils s'étaient aliéné le peuple. Pour annuler son influence, ils avaient fait la constitution de l'an III afin que les élections appartinssent à la haute classe de la société ; celle-ci composait à Paris la garde nationale réorganisée qui n'était point opposée à la révolution ; mais, épouvantée de l'ombre de 93, et sans se bien rendre compte de la marche qu'on lui faisait suivre, elle se laissait conduire par les royalistes couverts d'un vernis de patriotisme. Les thermidoriens, pour contrebalancer les chances qu'ils avaient données à ceux-ci par les élections, avaient décidé qu'un tiers seulement des représentants pourraient être étrangers à la Convention, mais que les deux autres tiers seraient nécessairement choisis parmi les conventionnels, espérant avant l'élection d'un autre tiers détruire l'influence royaliste qu'eux-mêmes avaient fait renaître contre leur volonté et par leur maladresse.

La Convention ordonna qu'il n'y aurait qu'un seul vote appliqué à ce décret et à la constitution que le peuple était appelé à sanctionner, de sorte qu'il fallait, pour rejeter le décret, ne point accepter la constitution.

Les gardes nationales de Paris, comme le reste de la France, désirant vivement la fin de la dictature des conventionnels, acceptaient donc avec empressement la constitution ; mais en même temps, pour entrer tout de suite en possession de l'influence qu'elle leur donnait, elles voulaient contraindre, par la force des armes, la convention à rapporter son décret sur la manière dont la première élection serait faite, et le 12 vendémiaire elles s'insurgèrent.

Le général Menou, nommé par la Convention chef de la force armée chargée de s'opposer à leurs tentatives, leur donna une grande force morale en parlementant avec elles, et en disposant tellement ses troupes, que sans combattre et par une retraite précipitée, il donna aux gardes nationales l'escendant de la victoire.

Le 13 vendémiaire la Convention fut attaquée par la garde nationale, renfermant dans son sein beaucoup de chouans et d'émigrés venus secrètement à Paris, et conduite par des chefs royalistes qui savaient bien que, dans tout, le premier pas est le plus difficile à faire faire, et ce premier pas une fois obtenu, ils espéraient avec raison conduire la garde nationale beaucoup plus loin qu'elle ne voulait aller. Cette garde nationale, menée par les royalistes dont elle ne voulait pas, criait : *Vive la liberté des élections !* aussi fortement que la garde nationale de février 48, faisant la courte échelle aux républicains, dont elle ne voulait pas non plus, criait : *Vive la réforme !*

Dans la nuit du 12 au 13, le commandant de l'artillerie de Toulon remplaça Menou, brave et bon général, tout dévoué à la révolution, mais qui, inférieur à cette haute mission, avait plié sous le faix dont il se trouvait chargé. Napoléon, par son activité, par ses dispositions aussi rapides que le coup d'œil de l'aigle, par le feu qu'il communiquait à ceux placés sous ses ordres, répara tout le temps et l'ascendant qu'avait perdu Menou. Lorsque les royalistes se présentèrent à la tête de la garde nationale, ils furent promptement vaincus, et sans grande effusion de sang, parce que Napoléon, aussitôt qu'il les vit ébranlés par ses premières décharges, ne fit plus que tirer à poudre, le bruit seul étant suffisant pour achever leur déroute.

Le moindre résultat que les royalistes auraient obtenu du triomphe de la garde nationale (et il aurait pu conduire immédiatement à la contre-révolution, si leur chef s'était trouvé un homme supérieur, puisque ce triomphe aurait coïncidé avec celui des armées étrangères et la trahison de Pichegru), le moindre résultat, dis-je, aurait été de donner dans le corps législatif, chargé de nommer les membres du Directoire, une très-grande majorité aux royalistes, puisque, un an après, ils obtinrent cette majorité, ou au moins en approchèrent de très-près, quoiqu'il restât encore dans les conseils un tiers de conventionnels, et la contre-révolution se serait opérée par des moyens légaux. Le service que Napoléon rendit à cette époque à la cause patriotique de 89 fut donc immense.

Jusqu'ici Napoléon n'était apprécié que de ceux qui avaient pu le voir de près ; ses services militaires et politiques, quoique grands, n'avaient point encore cet éclat dont les yeux de tout un peuple sont frappés ; mais appelé bientôt après le 13 vendémiaire au commandement de l'armée d'Italie, il va dissiper les ténèbres qui l'environnent encore, et, semblable au soleil s'élançant de l'horizon, éclipser tous ceux qui brillaient avant son apparition, et fixer sur lui seul les regards du monde entier.

Pour rendre une justice complète à Napoléon, pour bien se rendre compte de tout ce qu'il a fait pour le triomphe des idées de 89, il faut examiner la situation de la France lorsqu'il apparut réellement sur la scène politique.

A l'intérieur, nous venons de voir que les royalistes, en se servant de la constitution contre elle-même, avaient de grandes chances de succès, leur parti attirant sans cesse à lui ceux qui redoutaient un nouveau 93 ; ceux qui, sans être nobles, avaient été cependant frappés par la révolution dont ils avaient d'abord embrassé les idées; ceux qui, mus par une puérile vanité (et ils étaient nombreux) voulaient devenir des gens comme il faut en s'affiliant à la classe qui, seule autrefois, était désignée par ce titre ; ceux encore qui, nés dans la haute bourgeoisie, avaient outrepassé les excès révolutionnaires, et croyaient se les faire pardonner en se jetant dans les excès contraires ; ceux enfin d'un esprit naturellement faible, rendu plus faible encore par les sanglantes scènes de la révolution, et qui se précipitaient en aveugles sous l'influence des prêtres insermentés. Tous ces nouveaux adeptes étaient d'autant plus redoutables, qu'ils composaient en grande partie la classe des électeurs dont le peuple était exclu ; qu'ils comptaient parmi eux des hommes d'un grand renom patriotique, et par conséquent très-influents, comme les Lanjuinais, les Boissy-d'Anglas, etc., et qu'ils avaient pour point d'appui le seul général qui, depuis Dumouriez, eût acquis une grande renommée par des victoires, mais surtout par son extraordinaire conquête de la Hollande, dont l'éclat le laissait sans rival. Pichegru, alléché par des promesses de hauts honneurs et de grandes richesses, était devenu ardent royaliste. On peut compter au nombre des services rendus par Napoléon l'immense gloire dont il se couvrit ; en éclipsant totalement celle de Pichegru, elle détruisit l'influence dont il jouissait, et dont il voulait faire un si funeste usage au 13 vendémiaire et au 18 fructidor.

Maintenant transportons-nous aux armées :

Elles avaient remporté de grandes victoires, plus par l'enthousiasme des soldats que par le talent hors ligne des généraux ; mais comme c'est le fait seul du génie de savoir tirer des avantages décisifs des succès obtenus, ces victoires restaient sans grands résultats.

Depuis quatre ans, nos armées, victorieuses au début de la campagne, perdaient tous leurs avantages sur la fin, et se voyaient continuellement ramenées au point d'où elles étaient parties ; aussi l'enthousiasme, de tous les sentiments celui qui s'use le plus vite, avait-il abandonné nos soldats, démoralisés par tant de privations et d'efforts inutiles dont ils ne voyaient pas la fin, puisque tous leurs succès aboutissaient seulement à une défensive pour empêcher l'invasion de l'ancienne France. Les troubles continuels de l'intérieur, les fréquentes permutations de popularité que ses possesseurs perdaient toujours sur l'échafaud, la renaissance du royalisme, faisaient craindre aux défenseurs de la patrie que leurs héroïques efforts ne leur fussent comptés un jour pour autant de crimes. Tous ces motifs contribuaient aussi à la destruction de leur ancien enthousiasme, et ils étaient tombés dans ce profond découragement, précurseur des grandes défaites. Heureusement, à l'enthousiasme éteint, et qui, comme tous les sentiments exaltés, ne renaît point de ses cendres, succéda dans les armées du Rhin un autre véhicule presque aussi fort, l'émulation, suscitée par les succès inouïs de l'armée d'Italie, succès qui eurent le double avantage de ranimer les armées et d'apprendre à leurs généraux le secret de la grande guerre.

Jusqu'à l'apparition de Napoléon, les rois étrangers avaient à nous opposer des généraux aussi habiles que les nôtres ; ils avaient en outre l'immense avantage de n'avoir point de guerres intestines dans leurs États. Une défaite n'avait donc pour les ennemis qu'un seul effet, tandis qu'elle en produisait au moins un double pour la France, en revivifiant à l'intérieur le parti qui appelait de ses vœux, ou qui rendait plus facile par ses efforts, le triomphe des étrangers et des émigrés.

Ces alternatives continuelles de succès et de revers devaient donc, par la seule force des choses, procurer une victoire décisive aux étrangers et à la contre-révolution, et d'autant plus certainement que l'Angleterre, par deux victoires successives sur mer, avait annulé notre marine, s'était emparée du commerce du monde, et pouvait ainsi, par d'abondants subsides, suppléer à la pénurie des finances des rois coalisés du continent ; tandis qu'au contraire en France, les produits provenant des ventes des biens nationaux, qui avaient d'abord permis de faire les énormes dépenses que nécessitait notre lutte contre toute l'Europe, étant épuisés, nos ressources diminuaient de jour en jour, et si rapidement, que même après la campagne d'Italie, malgré les nombreux millions que Napoléon envoya au gouvernement, celui-ci, au commencement de 97, ne put point se procurer assez d'argent pour donner à Moreau les équipages de pont dont il avait besoin pour repasser le Rhin.

Telle était la situation de la France en avril 96 : l'Ouest exigeait la présence de cent mille soldats et d'un très-bon général, Hoche ; les ennemis nous avaient forcés à repasser le Rhin, et occupaient la rive française de ce fleuve ainsi que le fort de Kelh, qui en est la clef ; le royalisme recrutait sans cesse de nouveaux partisans, et les armées dans le plus extrême dénûment, totalement découragées, offraient ce qui est la suite obligée d'un tel état, une grande indiscipline et de nombreuses désertions. Tous ces fléaux accablaient l'armée d'Italie encore plus fortement que celles du Nord, qui au moins avaient derrière elles des populations patriotiques, tandis qu'une grande partie des habitants du Midi n'attendaient que de nouveaux revers de l'armée d'Italie, composée au plus de trente-six mille hommes, pour se rejoindre aux coalisés vainqueurs, dont la force était plus du double.

Napoléon commence son immortelle campagne dans les premiers jours d'avril 96, et à la fin de l'année il avait conquis toute l'Italie, et détruit non-seulement l'armée qui lui était d'abord opposée, mais encore trois armées autrichiennes envoyées successivement contre lui. Ces trois armées avaient été formées en partie par des soldats d'élite que l'Autriche tira de ses armées du Rhin. Par les victoires de Napoléon, ces armées ennemies du Rhin furent donc beaucoup affaiblies; et cependant l'armée de Moreau, forte de soixante-dix mille hommes, et celle de Jourdan de quarante-six mille, entrées en campagne à la fin de juin, après avoir gagné des victoires et repoussé les ennemis, comme cela arrivait toujours au début de la campagne depuis quatre ans, furent repoussées à leur tour et obligées de reprendre leurs anciennes position en deçà du Rhin, laissant le fort de Kelh et Huningue au pouvoir des ennemis. C'est alors que Moreau fit cette retraite que l'envie, qui sent toujours le besoin d'opposer un rival à un grand homme, dans quelque genre que ce soit, éleva si haut. Mais, quelque belle que fût cette retraite, elle n'en conduisait pas moins les ennemis sur nos frontières, et la France, pour n'être point définitivement accablée, avait besoin de victoires décisives et non pas de retraites.

Supposons un moment que Napoléon n'eût point existé, et que la France eût été assez heureuse pour rencontrer un général à la hauteur de Jourdan, de Pichegru, de Hoche ou de Moreau, c'est-à-dire à la hauteur des généraux qui viennent immédiatement après lui ; ce général, placé dans des circonstances bien moins favorables, eût fait au plus ce que ces quatre généraux firent, et ce que deux d'entre eux, Jourdan et Moreau, faisaient au même moment. Il eût d'abord repoussé les ennemis de nos frontières italiques ; et, repoussé à son tour, il fût revenu à la fin de la campagne prendre ses anciennes positions. Mais alors ce véhicule, nécessaire à cette époque et si puissant, l'émulation, n'aurait point ranimé nos soldats du Nord, et en outre les armées ennemies du Rhin, n'ayant point besoin d'être beaucoup affaiblies pour reformer de nouvelles armées, afin de les opposer à Napoléon, se seraient trouvées bien plus fortes, non-seulement par le nombre, mais encore plus par les troupes d'élite qui leur furent enlevées, et cependant, malgré le grand affaiblissement de ces armées, elles n'en vainquirent pas moins les nôtres.

J'ose le dire, tout homme impartial qui réfléchira mûrement sur cette époque critique sera convaincu que la campagne de 96, sans les miracles inouïs des manœuvres de Napoléon, aurait été la campagne décisive des guerres de la révolution ; les ennemis auraient pénétré dans le cœur de la France, et, secondés des royalistes, qui auraient trouvé pour les commander Pichegru, jouissant encore de toute sa haute renommée, ils auraient opéré la contre-révolution.

Dans les premiers mois de 97, le prince Charles, qui, en battant complétement Jourdan et en forçant Moreau à la retraite, avait montré les talents d'un grand capitaine, conduit contre Napoléon une cinquième armée, composée en grande partie des soldats qu'il avait menés à la victoire sur le Rhin : il est complétement défait, et pour arrêter la marche de Napoléon sur Vienne, il signe, à Léoben, les préliminaires de paix.

Rentrons à l'intérieur. De nouvelles élections se font ; un tiers des représentants est renouvelé, et malgré la grande influence donnée au gouvernement par les victoires de l'armée d'Italie et la perspective de la paix continentale, ce nouveau tiers, comme celui de l'année précédente, se trouve en majorité composé ou de véritables royalistes, ou de ces hommes à esprit faible qui le devenaient peu à peu par l'idée qu'on n'aurait réellement la paix intérieure et extérieure que par le rétablissement des Bourbons, fermant ainsi les yeux et sur les sanglantes réactions que devait produire le relèvement d'un trône fait à une époque si voisine de sa chute, et l'anéantissement complet des idées qui l'avaient amenée.

Un tiers seulement de conventionnels restait donc encore dans le corps législatif, divisé en deux conseils. Le royaliste Pichegru fut nommé président de celui des Cinq-Cents à une grande majorité ; le général Jourdan, le vainqueur de Fleurus, porté à la présidence du conseil des Anciens par les patriotes, n'obtint pas assez de suffrages ; il ne fut point élu. Les deux nouveaux tiers étaient bien certains d'avoir par les élections de l'année prochaine une forte majorité, mais, impatients d'accomplir leurs projets, ils ne peuvent se décider à attendre encore un an. Ils se réunissent à Clichy, contrarient la marche du gouvernement, le déconsidèrent autant qu'ils le peuvent, et enfin se préparent pour le mois de fructidor à l'anéantir et à exécuter leurs desseins contre-révolutionnaires. Par leur influence et leur vote, Barthélemy, royaliste caché, mais dévoué, avait été porté au directoire ; c'était un instrument placé là, dont ce parti comptait se servir pour donner quelque ombre de formes légales aux changements qu'il préparait.

Le Directoire avait voulu d'abord s'appuyer sur les membres du corps législatif, désignés sous le nom de parti constitutionnel : c'était le juste-milieu de nos jours (1840) ; mais ceux-ci, comme tous les hommes sans énergie et sans caractère, ne savaient point se décider : ils juraient de mourir (voir les *Mémoires de Thibaudeau*) si la contre-révolution triomphait ; mais une nation demande à ses chefs de la sauver, et non point de mourir.

Le Directoire, pour se sauver et pour sauver la révolution, dont le sort, à cette époque, par la nature de ses ennemis, était inséparable du sien, le Directoire fut donc obligé de chercher ailleurs la force que les constitutionnels lui refusaient.

L'indifférence des classes éclairées pour la révolution n'avait point gagné les armées, qui, comme le peuple, s'y étaient d'autant plus attachées qu'elles avaient extrêmement souffert pour elle ; d'un œil inquiet, surtout celle de l'Italie, créatrice de plusieurs républiques, elles suivaient les mouvements royalistes des clichyens qui maîtrisaient les conseils. Grâces aux victoires de Napoléon et aux préliminaires de paix de Léoben; elles pouvaient venir combattre les royalistes de l'intérieur, sans que les émigrés et les étrangers pussent profiter d'une manière décisive de ce changement du théâtre des combats.

Le Directoire n'eut qu'à désirer, et d'énergiques adresses parties d'abord de l'armée d'Italie, ensuite de celle commandée par Hoche, vinrent donner une grande force au gouvernement, et il put déjouer les complots royalistes. Pour cela, l'armée de Hoche lui fournit des soldats, celle d'Italie un général, Augereau, qui avait grandi avec elle, et le 18 fructidor fut fait ; mais les incapables direc-recteurs ne surent pas profiter de leur victoire (poussée trop loin et achetée par l'anéantissement de la constitution) pour fonder sur des bases inébranlables l'édifice projeté en 89. Jusqu'au consulat, le Directoire ne se soutint que par de nouveaux coups d'État.

Moreau seul, au 18 fructidor, se maintient et maintient son armée dans une expectante neutralité. Si l'on rapproche sa conduite à cette époque de ses menées royalistes en 1804 et de sa mort en 1813, reçue dans les rangs ennemis qu'il dirigeait contre sa patrie, on pourra sans témérité soupçonner que Moreau, intime ami de Pichegru, désigné par lui pour le remplacer au commandement de l'armée du Rhin, et qui, quatre mois, garda le secret sur les preuves qu'il tenait entre ses mains de la trahison de Pichegru, au moment même où les chances de succès des royalistes lui faisaient un impérieux devoir de les dévoiler; on pourra soupçonner que Moreau, initié aux plans de Pichegru, voulait se servir de son armée pour les réaliser.

La paix continentale est faite ; Napoléon va porter en Egypte des coups indirects, mais certains, à notre implacable ennemie. Pendant son absence, une nouvelle coalition se forme, toujours par l'influence et l'or de l'Angleterre. Cette seconde guerre, pas plus que celle de 92, ne peut être attribuée à Napoléon. Il revient d'Égypte. Quelle était la situation de la France à son retour?

Le Directoire, plus que jamais, avait usé du système de bascule, destructif de l'ombre même de la liberté, qui ne peut exister avec ces alternatives de triomphes de divers partis, puisque pour assurer leur victoire, au moins pendant quelque temps, ils sont obligés d'avoir recours à des lois d'exception. Le Directoire avait été forcé de faire le 18 fructidor (4 septembre 97) contre les royalistes; il avait cassé les élections de 48 départements, déporté un grand nombre de membres des deux conseils et beaucoup de journalistes dont il avait brisé les presses; il avait rouvert les clubs républicains. Aux élections de 98, les royalistes s'étant abstenus en grande partie d'y prendre part, les patriotes y eurent l'avantage; mais le Directoire, qui les redoutait presque autant que leurs rivaux, fit annuler (le 4 mai 98) les élections de beaucoup de départements, et pour le plus grand nombre des autres, particulièrement pour celui de la Seine, ce furent les choix de la minorité, et non point ceux de la majorité des électeurs qui furent admis. Ainsi, par exemple, à Paris, la minorité de 228 électeurs fit scission et s'assembla à l'Institut; 600 électeurs restèrent à l'Observatoire, et les députés nommés par les 228 entrèrent au corps législatif, et non point ceux choisis par les 600. Au 18 juin 99, il y eut un nouveau coup d'État; ce furent cette fois-ci les conseils qui le firent. D'accord avec deux membres du Directoire, ils forcèrent les trois autres directeurs à donner leur démission. Ainsi, la constitution de l'an III, violée dès sa promulgation et continuellement depuis, n'avait pas l'ombre même d'existence lorsque Napoléon revint d'Égypte.

Ces violentes secousses, tantôt dans un sens, tantôt dans un autre; la scandaleuse dilapidation des finances, dont le résultat mettait nos armées dans le plus grand dénûment, tandis que les fournisseurs de toute espèce affichaient le luxe le plus effréné; les places à l'encan et la profonde immoralité dont le chef du Directoire donnait le plus pernicieux exemple; l'agiotage marchant la tête levée, assuré qu'il était des plus hautes protections, et spéculant déjà sur le triomphe des étrangers et de la contre-révolution; de fréquentes visites domiciliaires; des passeports, nommés cartes de sûreté, qu'il fallait toujours avoir sur soi pour circuler dans Paris, sous peine d'être arrêté à chaque instant, toutes ces causes avaient jeté la représentation nationale et le gouvernement dans une extrême déconsidération.

D'un autre côté, les chouans, le Midi, la Vendée, renaissent de leurs cendres mal éteintes; des provinces, comme le Languedoc, jusqu'alors à l'abri de la guerre civile, voient dans leur sein les royalistes en armes; le sang français coule de toutes part dans l'intérieur; les chauffeurs, les compagnies du Soleil et de Jésus recommencent leurs assassinats politiques, qui s'étendent jusqu'aux portes de la capitale; les patriotes, en proie aux plus vives appréhensions, tombent dans ce découragement qui ne permet pas même de se défendre ; Barras, le membre influent du Directoire, traite avec les Bourbons pour leur rendre leur ancien pouvoir ; nos armées sont complétement battues, l'Italie entièrement perdue. Tel était, sous tous les rapports, l'état de la France lorsque Napoléon revint d'Égypte.

Masséna, il est vrai, et fort heureusement, car sans cela Napoléon fût sans doute arrivé trop tard, Masséna, s'inspirant du génie de son ancien général en chef, venait de faire ce qu'il n'avait jamais fait jusque-là, ce qu'il n'a jamais fait depuis ; mais tout le monde sentait que l'étonnante victoire de Zurich retardait seulement l'envahissement de la France et ne l'en préservait pas.

Dans ces cruelles extrémités il ne suffisait pas d'un homme ayant ou de grands talents militaires ou de grands talents administratifs, il fallait un homme qui les réunît tous, et qui, par une réputation hors ligne, pût imposer à tous les partis et à toutes les ambitions rivales. C'est alors que de l'extrémité de la Provence partit un cri, volant de bouche en bouche, et se répandant avec la rapidité de l'éclair dans toute la France : Bonaparte est arrivé !

Tous les mémoires de cette époque, écrits par des hommes de tous les partis, tous les souvenirs sont d'accord sur l'enthousiasme, la joie extrême que ressentit, à cette nouvelle, l'immense majorité des Français; elle comprenait que lui seul pouvait étouffer l'anarchie et consolider la révolution tant à l'intérieur qu'à l'extérieur; que lui seul avait le bras assez fort pour arracher des mains de tous les partis les armes dont ils se servaient les uns contre les autres, et pour les reconcilier et les fondre dans un seul parti, celui de l'indépendance et de l'honneur national.

A l'instant où il toucha le sol de la France, l'opinion publique le porta au pouvoir, et lui décerna la longue dictature dont il avait besoin pour remplir sa haute mission.

César allant à Rome à la tête de sa nombreuse armée fit une révolution militaire. Napoléon, qui avait fait la conquête de l'Égypte avec son armée d'Italie, la laissa à 600 lieues de France, et, arrivant seul, fit une révolution populaire comme le fut celle du 14 juillet 89, quoique faite en grande partie par les gardes françaises,

Les soldats ne jouèrent qu'un rôle accessoire au 18 brumaire (9 novembre 99), et pas une goutte de sang ne fut répandue.

Ce fut en se servant de deux directeurs, d'une grande majorité du conseil des Anciens, et d'une très-forte minorité de celui des Cinq-Cents, que Napoléon renversa le Directoire, de sorte que si le corps législatif, au lieu d'être scindé en deux parties, avait été réuni dans une seule chambre, cette minorité et cette majorité auraient formé la majorité de la représentation nationale.

Pour que Napoléon fût coupable à cette époque, il faudrait admettre qu'il n'est jamais permis de renverser un gouvernement, ni une constitution ; par là les républicains condamneraient le 14 juillet 89, qui détruisit le pouvoir absolu et féodal ; le 10 août 92, qui renversa la royauté et la constitution de 91 ; le 29 juillet 1830, qui chassa le droit divin, et le 28 février 1848, qui renversa un pouvoir sans racines dans le sol français, puisqu'il ne représentait aucun principe, ni la légitimité ni la souveraineté nationale, mais seulement les intérêts matériels et les convenances d'une minorité.

Des écrivains ont prétendu que Napoléon perdit la tête lorsqu'au conseil des Cinq-Cents, seul, sans épée, la tête nue, il se vit entouré de trois cents forcenés hurlant sa mise hors la loi, c'est-à-dire son arrêt de mort ; mais la meilleure preuve qu'il conserva dans cet affreux moment tout son sang-froid, tout son courage civil, c'est la réponse qu'au moment le plus critique il fit à Augereau, l'un de ces forcenés. Augereau lui ayant dit : « Eh bien ! vous voilà dans de beaux draps. — Souvenez-vous, répliqua Napoléon, qu'à la bataille d'Arcole tout paraissait entièrement perdu, et cependant je m'en suis tiré : il en sera de même ici. »

Aussitôt Napoléon premier consul, la tranquillité, le commerce, renaissent comme par enchantement; la guerre civile cesse promptement. Le système administratif et financier (celui qui a toujours existé depuis) qu'il substitue à celui de l'Assemblée nationale et du Directoire, fait que le gouvernement a un bras et un œil partout; ses ordres sont exactement exécutés; les impôts, qui jusqu'alors avaient été en grande partie dilapidés, entrent réellement dans les caisses de l'État; la banque, la cour des comptes, sont créées; les armées payées, augmentées, mieux organisées et pourvues de tout ce qui leur est nécessaire, retrouvent le chemin de la victoire. Le prodigieux passage des Alpes, la bataille de Marengo, plus tard celle de Hohenlinden, amenèrent la pacification complète du continent. Voilà les bienfaits de la révolution du 18 brumaire et de l'organisation nouvelle de la France.

Si la constitution de l'an VIII n'avait été qu'un replâtrage de celle de l'an III, les mêmes difficultés se seraient présentées, et pour les vaincre, il aurait fallu recourir aux mêmes moyens, c'est-à-dire au système de bascule et aux coups d'État, qui ne donnent qu'une force fébrile que suivent une plus grande faiblesse et l'anarchie.

La constitution de l'an VIII fut dès son origine mise à exécution, et plus tard successivement modifiée, mais par les pouvoirs à qui elle en donnait le droit. Toutes ces modifications furent, comme l'avait été la constitution de l'an VIII; soumises à la sanction du souverain, du peuple, qui les approuva. La constitution de l'an VIII ne fut donc violée qu'en 1814, par quelques sénateurs sous l'influence des baïonnettes ennemies.

On a reproché à Napoléon d'avoir détruit la liberté : ici comme pour la constitution de l'an III, je dirai qu'on ne détruit que ce qui existe.

Nous venons de voir que la liberté n'avait point le plus léger signe de vie lorsqu'il revint d'Egypte : auparavant avait-elle existé ?

Après le 14 juillet 89, l'Assemblée nationale s'empara de la plus complète dictature. Elle détrôna réellement Louis XVI, le 21 juin 91. La nation l'approuva ; mais un mois après, contre le vœu de l'opinion publique (1), moins changeante qu'elle, et à l'aide du massacre du Champ-de-Mars, elle lui rendit la couronne.

Pendant tout le temps que siégea la Constituante, il y eut souvent des têtes coupées et portées au bout de piques, ainsi que de fréquentes insurrections par toute la France, de sorte que pendant toute cette période, il y eut d'abord dictature jusqu'au 17 juillet 91, ensuite despotisme et toujours anarchie : ce n'est point là de la liberté.

Il en fut de même sous l'Assemblée législative. La Convention, qui lui succéda, détruisit jusqu'à

---

(1) Voir les discours de Barnave, Dupont, Lameth, etc., des 15 et 16 juillet.

l'apparence la plus légère de la liberté : il n'y eut pas de constitution sous cette assemblée.

Sous Napoléon il y eut dictature, jamais despotisme. Une énorme différence existe entre ces deux systèmes.

La dictature est le suprême pouvoir déféré par le souverain, le peuple, et exercé selon ses vœux et ses besoins. Le despotisme est la souveraineté transportée à un seul, ou à un ordre, ou à une assemblée, qui l'exerce contre l'intérêt et la volonté du peuple.

Nous venons de voir que Napoléon n'a point détruit, et même qu'il n'a point pu détruire la liberté, puisqu'elle n'existait pas avant lui.

Les reproches qu'on lui fait d'avoir détruit l'égalité sont-ils mieux fondés ? Pour appuyer cette accusation, on cite sa création de la Légion d'honneur, et les titres qu'il donna à ceux qui rendaient, n'importe dans quelle carrière, des services à la patrie.

Il est deux sortes d'égalité : l'une s'obtient en abaissant ; l'autre en élevant.

La première était celle de Louis XI, de Richelieu et de Louis XIV : ils montaient sur les épaules de la classée élevée pour l'enfoncer dans le bourbier où croupissait le peuple ; l'autre était celle de Napoléon : il n'abaissait point les classes supérieures, il leur donnait au contraire encore un nouvel éclat ; mais de son char de triomphe il prenait le peuple par la main, pour l'élever à la hauteur des premières classes.

Avant Napoléon, il n'y avait pour le soldat et l'homme du peuple, privés de toute éducation, aucune distinction, aucune récompense d'honneur qui pût leur être décernée ; on leur jetait une aumône, et c'était tout. Grâce à la sublime, à la populaire pensée de Napoléon, l'homme du peuple et le soldat qui faisaient une belle action, obtenaient la même récompense que les hommes du plus haut rang; comme eux ils recevaient les honneurs militaires et le droit d'entrer dans les collèges électoraux, ouverts à la seule fortune par toutes les constitutions qui ont précédé ou suivi l'Empereur jusqu'en mars 1848.

La Légion d'honneur fut non-seulement une grande pensée d'égalité entre les individus, mais encore entre deux classes profondément séparées jusqu'alors : le militaire et le civil.

Si Napoléon avait eu l'intention d'établir un gouvernement militaire, ainsi qu'il en est accusé continuellement, il n'eût point mis sur la même ligne les services militaires et les services civils ; il n'eût point surtout fait rendre à ceux-ci les honneurs réservés jusqu'alors à ceux-là ; et de plus, les militaires qui rendaient des honneurs aux bourgeois n'en recevaient aucun de leur part : s'il y avait inégalité, c'était donc en faveur de ces derniers.

— 55 —

Le peuple, profitant de la victoire du 14 juillet 89, détruisit promptement le système féodal, mais il ne toucha point aux titres. Que lui importait, en effet, que des hommes fissent précéder leurs noms des mots de duc, comte, baron, pourvu que ces hommes n'eussent aucun pouvoir sur lui, aucun droit dont il fût privé, et même tout porte à croire qu'avec son bon sens ordinaire il n'était point fâché de laisser ces hochets à ceux qui venaient de tant perdre, afin de ne point les pousser à bout. Ce furent, en 90, les Lameth et Lafayette, alors rivaux ou plutôt ennemis, qui, croyant par là augmenter leur popularité, se disputèrent à qui ferait rendre le décret abolissant les titres. Le peuple n'y prit aucune part et l'accueillit avec une entière indifférence. Lafayette, le lendemain, s'opposa à sa sanction : « Il l'eût empêché si la noblesse ne l'eût » pas voulu comme une épreuve de plus de l'injus- » tice de ses ennemis. » (*Lettre de Lally-Tollendal, Histoire parlementaire de la révolution française*, tome XVII, page 227 et suivantes.) En 1808, en créant de nouveau ces titres, Napoléon n'agit donc point contre l'opinion populaire.

Deux grandes pensées présidèrent à cette résurrection.

Napoléon, en homme de génie, lisait dans l'avenir. Il y voyait que la révolution ne serait réellement consolidée; que sur le continent une paix stable ne serait définitivement assurée que lorsque l'Angleterre serait vaincue. Mais pour y réussir, que de sacrifices de toute espèce devaient être exigés des Français ! Que de combats à rendre ! Pour un temps de courte durée, les sentiments exaltés peuvent suffire à tant de grandes actions, mais ils s'éteignent lorsque la lutte prolongée demande des sacrifices souvent renouvelés ; alors il faut d'autres récompenses que celles tirées de sa conscience ou d'une simple mention : telle est la nature de l'homme. Les avancements, soit militaires, soit civils, pour ne point nuire au bien du service et pour ne point accabler d'un poids énorme les finances, devaient nécessairement être restreints. La Légion d'honneur ouvrait le champ des récompenses ; mais trop prodiguée, elle eût manqué le but de son institution, et en même temps grevé l'Etat, puisqu'une pension y était attachée. Les titres venaient suppléer à l'insuffisance de la Légion d'honneur et des avancements.

Mais une nécessité bien plus grande encore exigeait leur rétablissement.

Les nobles, par leur malheur même, avaient repris leur ancienne influence, leur ancienne illustration ; et dans les campagnes surtout, le peuple avait de la peine à ne pas les croire d'une autre nature que lui. Ces mots : *C'est un ci-devant*, après avoir inspiré une haine extrême, lorsque leur oppression était toute récente, n'inspiraient à cette époque que du respect, dont la noblesse, plus tard, pouvait tirer un grand parti. Il fallait montrer au peuple comment se font les aïeux, pour le débarrasser de cette espèce de superstition.

Sous Napoléon il n'y eut jamais de nobles : ce ne sont point les titres qui constituent une noblesse : celle de France exista cinq à six cents ans sans en avoir ; mais ce sont des distinctions, des droits, un pouvoir réservé à elle seule, et dont le peuple ne peut jouir, et qui retombe même sur lui. La soi-disant république de Rome posséda pendant des siècles cette noblesse, et ne connaissait cependant pas les titres.

Depuis 1270 un roturier pouvait sortir, par des lettres d'anoblissement, de sa classe pour entrer dans celle de la noblesse. Mais là encore se retrouvait la différence de race, de sang : il n'était qu'anobli. Son quatrième descendant commençait seul à être noble ; il fallait que, décrassé pendant au moins cent ans, le sang du roturier perdît la souillure dont il était chargé, et même après cela et à tout jamais, il ne jouissait pas de tous les avantages des nobles qui n'avaient jamais eu de vil roturier parmi leurs aïeux ; des honneurs, entre autres celui de monter dans les carrosses du roi, étaient réservés aux seuls nobles de nom et d'armes, c'est-à-dire aux descendants des conquérants de la France ; en outre, la qualité du sang noble se perdait par l'exercice des travaux de la roture, comme le commerce, etc. Pour ne point cesser d'être noble, il fallait, c'était l'expression, vivre noblement, c'est-à-dire ne rien faire ; de sorte que la première qualité pour être anobli, c'était d'être riche ; un homme du peuple ne pouvait donc point y prétendre.

Sous Napoléon il n'y eut jamais deux classes, la noblesse et la roture ; un titre n'obligeait point à sortir de la position où l'on se trouvait, et ces titres mêmes étaient encore un puissant levier dont se servait l'Empereur pour élever le peuple au niveau des classes supérieures. Le soldat, le paysan, le manœuvre, qui se distinguaient n'importe de quelle manière, en recevant la croix d'honneur, étaient aussi bien chevaliers que le général, le préfet, le président de cour impériale, etc., qui l'avaient méritée.

La création des titres eut encore cet avantage de forcer l'ancienne noblesse à reconnaître elle-même son anéantissement. Lorsque les ducs de Montmorency, de Rohan, etc., acceptaient de l'empire des titres regardés autrefois comme inférieurs à ceux qu'ils possédaient, tandis que ces titres supérieurs étaient le partage d'hommes sortis des derniers rangs du peuple, comme les Augereau, les Lefebvre, les Ney, les Murat, etc. ; c'était la meilleure sanction de l'abolissement de la noblesse, et c'était en même temps le meilleur moyen de guérir le peuple de sa superstition pour elle. Les aristocraties européennes ne s'y trompèrent point ; M. Bignon, que ses fonctions diplomatiques mettaient à même de connaître la vérité, rapporte dans son *Histoire de France*, tome VII, page 116, que les nobles de tous les pays trouvaient qu'il y avait du jacobinisme dans ce renouvellement des titres, et ils disaient que, par là, on abolissait, on tuait une seconde fois l'ancienne noblesse.

On a dit souvent que Napoléon aurait dû imiter Washington ; et l'on oublie que ce dictateur de l'Amérique, après que la lutte fut terminée, par conséquent lorsque le véhicule puissant de l'émulation n'était plus nécessaire, créa l'ordre de Cincinnatus, accordé seulement aux militaires, et qui se transmettait par l'hérédité, non-seulement aux descendants des titulaires, mais encore à leurs branches colatérales. Washington et ceux qui le suivirent aux combats n'avaient point cependant mérité de telles distinctions, puisqu'ils n'avaient point su seuls conquérir à leur patrie l'indépendance nationale et la liberté, qu'elle n'obtint que par les puissants secours sur terre et sur mer que lui fournit la France.

Les Américains depuis des siècles avaient les mœurs républicaines. Washington, en créant l'ordre de Cincinnatus, avait agi contre l'opinion publique ; elle le fit promptement abolir par la voix du congrès, qui décida que les seuls titulaires en jouiraient pendant leur vie, mais qu'après eux, l'ordre serait aboli. L'opinion publique en France, s'est-elle jamais prononcée contre la Légion d'honneur ? Ne l'a-t-elle pas, au contraire, toujours fortement appuyée ?

Tout le temps que la nouvelle Angleterre eut à combattre, elle maintint la dictature de Washington. Lorsqu'une paix assurée fut faite, elle n'eut point besoin de donner une grande force au pouvoir exécutif établi par son pacte fondamental.

Deux favorables circonstances lui permettaient d'en agir ainsi : 1° la vaste étendue des mers qui la séparent de tous les peuples pouvant sérieusement menacer son indépendance nationale ; 2° l'absence, dans son sein, d'un puissant parti toujours prêt à seconder les étrangers, et ces étrangers sans cesse disposés à rétablir le gouvernement détruit par sa révolution.

Nous l'avons vu, les citoyens des États-Unis étaient de fait en république, ils en avaient les mœurs et les institutions dès l'instant qu'ils formèrent une société.

En France, au contraire, quatorze siècles de royauté et du système féodal avaient imprégné le sang de la nation de mœurs et d'idées opposées à celle d'une véritable république ; et tellement que lorsque les mœurs, les habitudes ne furent plus comprimées comme elles l'avaient été pendant quelques année par la terrible Convention dont le pouvoir était sans limites, elles firent, sous le Directoire, une soudaine irruption, et l'on vit reparaître l'agiotage et la profonde immoralité de la régence ; une complète anarchie dépouillée de toute grandeur en fut la suite inévitable. La corruption et la vénalité, ces monstres destructeurs de toute liberté, ne rentrèrent dans leurs antres où les avait maintenus la dictature de l'échafaud, que lorsque parut la dictature de la gloire; en 1814 ils se montrèrent de nouveau. Une guerre civile de dix ans dont les éléments existaient toujours malgré les apparences de soumission ; sur nos frontières, les grandes puissances de l'Europe, en tout temps jalouses de la France et cherchant sans cesse à l'abaisser, et dont la haine contre elle s'augmentait de la haine qu'elles portaient aux idées de 89 ; tout cela nous obligeait à donner une grande force au pouvoir exécutif. En outre, l'horrible 93 avait dégoûté du régime républicain ceux mêmes qui le rêvaient de 89 à 92. Napoléon ne devait donc pas vouloir pour la France des institutions qui ne convenaient qu'à la seule Amérique du Nord.

L'Angleterre recommence la lutte à la manière des pirates, en capturant nos vaisseaux armés et ceux du commerce, avant toute déclaration de guerre. Les royalistes s'agitent aussitôt : Moreau, délaissé par le Directoire, mais que Napoléon avait fait grandir en lui donnant à commander la plus forte armée de la France ; Moreau ; sous tou les rapports élève de Pichegru, se joint à ce parti; il offre en outre ostensiblement un point d'appui à tous les mécontents à qui l'ordre ne pouvait convenir. Des conspirations, dont les membres du Directoire avaient toujours été à l'abri, se forment contre la vie du premier consul, et prouvent ainsi que les ennemis intérieurs et extérieurs le considèrent comme le plus grand obstacle à l'accomplissement de leurs desseins contre la France.

Le peuple, guidé par son bon sens, par son instinct, comprenait que laisser vacant un trône occupé pendant tant de siècles par les Bourbons, c'était leur laisser de grandes chances de s'y asseoir de nouveau, et que le meilleur moyen de leur montrer qu'on rompait complétement avec eux, était de faire occuper par un autre la place qu'ils prétendaient leur appartenir. Les Français sentaient que les étrangers et les royalistes regarderaient toujours la république comme un interrègne.

Les pouvoirs à qui la constitution en donnait le droit, offrirent l'empire héréditaire à Napoléon, qui n'accepta cette élévation que sanctionnée par les suffrages du peuple.

Benjamin Constant a dit qu'il n'y a point d'exemple d'une constitution offerte à l'acceptation du peuple et refusée par lui. Il existe une bonne raison pour cela, c'est que les seuls gouvernements qui se sentirent populaires s'exposèrent à cette épreuve.

Après la fuite de Louis XVI à Varennes, l'immense majorité des Français se prononça fortement pour sa déchéance, et si la constitution de 91 avait été soumise à ses votes, elle aurait été rejetée. Il en aurait été de même pour la constitution anarchique de 1848. L'Assemblée nationale le savait : aussi elle se garda bien de la soumettre à cette décisive épreuve. Ce fut par la même raison que la chambre des députés de 1830 fit une nouvelle charte et créa une royauté bâtarde sans le consentement de la nation.

La création de l'empire, en 1804, et son retour, en 1852, ont obtenu quatre et huit fois plus de suffrages que les constitutions de 93 et de l'an III, présentées cependant par la terrible Convention que le peuple était forcé de soutenir pour sauver l'indépendance nationale.

Ce fut en vertu de son pouvoir divin que Louis XVIII octroya son ordonnance de réformation, nommée charte constitutionnelle. L'assentiment des Français n'était donc pas nécessaire pour la rendre obligatoire.

Les sénateurs, en se mettant sous la protection des baïonnettes ennemies, décrètent en 1814 que leur pouvoir serait héréditaire. Si Napoléon avait voulu de cette hérédité, il n'aurait donc point trouvé d'opposition dans le sénat ; mais il était l'homme de l'égalité politique ; il savait que l'hérédité renfermée dans une seule famille placée au sommet de l'édifice ne détruit point cette égalité, mais qu'elle ne peut point exister avec beaucoup d'individus agissant directement eux-mêmes et transmettant leur pouvoir à leur postérité : aussi Napoléon ne voulait point, en 1815, une pairie héréditaire. Il disait : « La pairie est en désharmonie avec l'état présent des esprits ; elle blessera l'orgueil de l'armée, elle trompera l'attente des partisans de l'égalité ; elle soulèvera contre moi mille prétentions individuelles. » (*Lettres sur les Cent Jours*, par B. Constant, tome II, page 55.) Il ne l'admit dans l'acte additionnel que pour complaire au parti de Lafayette, qui ne promettait son appui qu'à cette condition. Napoléon sentait qu'au moment où toute l'Europe marchait de nouveau contre la France, où la guerre civile s'allumait de nouveau dans la Vendée et le Midi, il fallait chercher à rallier à la cause nationale tous les autres partis ; ces motifs triomphèrent de ses répugnances, et l'hérédité de la pairie fut proclamée. On sait comment Lafayette et sa coterie tinrent leurs promesses et leurs serments, mais on ignore quelles conséquences eut leur conduite dans le grand drame de Waterloo ; j'en parlerai plus tard.

Je crois avoir prouvé jusqu'à la dernière évidence que Napoléon ne détruisit point la liberté qui n'avait jamais existé avant lui, ni l'égalité politique que consolidaient au contraire toutes ses institutions dont le but était d'élever le peuple, le mérite, la capacité à la hauteur des classes supérieures, au niveau de la fortune, seule base des constitutions qui ont précédé ou suivi la sienne jusqu'en 1848.

On trouve malheureusement en France des phrases sophistiques pour excuser les actions les moins patriotiques : ainsi l'on a sans cesse répété que si Napoléon tomba, c'est parce qu'il fut abandonné du peuple, parce que la nation n'en voulait plus.

Il est vrai que la classe supérieure, dont la vanité était blessée en voyant le peuple sur le même pied d'égalité qu'elle, abandonna Napoléon aussitôt qu'il fut trahi par la fortune ; mais le peuple, c'est-à-dire l'immense majorité de la nation, s'attacha de plus en plus à lui ; son instinct lui faisait comprendre qu'après nos revers, l'honneur national et l'indépendance faisaient un tout indivisible avec lui, et que l'un ne pouvait point tomber sans les autres.

On sait la réponse de l'empereur Alexandre à cette assertion prononcée devant lui : « On prétend, répondit-il, que le peuple abandonne Napoléon, et cependant ces conscrits, que l'on vient d'arracher à la charrue, se font tuer au cri de vive l'Empereur ! plutôt que de se rendre. » Il était en même temps frappé des héroïques efforts que faisaient, pour repousser les ennemis, les paysans de l'Est et du Nord, invoquant aussi le nom de l'Empereur ; et au moment d'atteindre au but que les souverains légitimes s'étaient proposé par le traité de Pilnitz de 1791, auquel le gouvernement russe avait adhéré plus tard, celui de rétablir en France le droit divin, ils hésitèrent quelques jours devant le patriotique accord du peuple et de l'armée ; mais la trahison de Marmont, duc de Raguse, qui annula le sixième corps en le conduisant au milieu des ennemis que ce corps croyait aller combattre, leva toutes leurs incertitudes, et ils déclarèrent alors qu'ils ne voulaient pas plus du fils de Napoléon que de lui-même.

Talleyrand, le chef de toutes ces trahisons, et qui connaissait bien l'esprit public, voulant populariser les Bourbons, mit dans la bouche du comte d'Artois, entrant à Paris, ces mots qu'il fit publier partout : « Rien n'est changé en France : il n'y a » qu'un Français de plus. » Si ce qui existait alors était antipathique à la nation, c'était un étrange moyen de se rendre populaire que de dire : « Rien n'est changé. »

Lorsque Napoléon revint d'Egypte et de l'île d'Elbe, il ne tint pas un pareil langage ; il dit au contraire : « J'accours pour tous changer. »

C'est déshonorer une nation, c'est la proclamer un ramas de lâches, que de prétendre qu'il lui a fallu, pour se débarrasser du tyran qui l'opprimait, le concours de douze cent mille soldats étrangers. Heureusement le 10 août 92, le 20 mars 1815, le 29 juillet 1830 et le 24 février 1848 ont prouvé que la France ne méritait point la flétrissure dont on voulait la stigmatiser. A ces mémorables époques, non-seulement sans le secours des étrangers, mais malgré le formidable appui que tous les rois de l'Europe prêtaient aux gouvernements dont elle ne voulait pas, elle a su seule les chasser.

On a prétendu aussi que ce ne furent point les étrangers et la légitimité qui renversèrent Napoléon, mais bien la liberté. Benjamin Constant et d'autres l'ont souvent répété ; comparons les faits.

Toutes les constitutions de l'Empire reconnaissaient de la manière la plus formelle la souveraineté du peuple, appelé du reste à les sanctionner. Louis XVIII proclama le droit divin, et data son règne du jour de la mort du fils de Louis XVI, regardant ainsi tout ce qui s'était fait en France pendant vingt-cinq ans comme nul. Sous Napoléon, jamais les possesseurs de titres ne furent désignés sous le nom collectif de noblesse, ce qui indique une classe à part ; elle ne fut créée que par le sénat en 1814, qui le premier proclama la nouvelle noblesse, et en même temps il ressuscita l'ancienne, de sorte qu'en supposant que sous Napoléon il y eût une noblesse, ce qui n'était pourtant pas, la prétendue liberté qui le renversait, au lieu de détruire sa noblesse en créait une seconde, en même temps elle promulguait de rigoureuses lois contre la liberté de la presse, la liberté des cultes, les propriétés, etc.

Malheureusement, les ennemis de la France s'emparèrent de l'esprit du pape, qui, oubliant les immenses services que Napoléon avait rendus à la religion, nous fit, comme prince temporel, tout le mal qu'il put, secondant ainsi la protestante Angleterre. Cette étrange conduite força l'Empereur à ôter à Pie VII ses États temporels ; mais comme prince spirituel, il jouit constamment des égards, du respect qu'il méritait, et sa puissance comme chef de l'Église fut toujours entière.

Le pape Pie VII, après la chute de l'Empereur, l'a hautement proclamé. Napoléon avait assigné à la papauté une riche dotation, des palais à Paris, des châteaux à la campagne.

Pour tâcher de couvrir d'un vernis de vraisemblance la fausse allégation que la France ne voulait point de l'Empereur, on a dit qu'il ne se soutenait sur le trône qu'à l'aide de la force militaire. Mais, d'abord, les armées étaient composées de Français et non point d'étrangers ; ensuite, il aurait fallu qu'elles eussent toujours été à l'intérieur, continuellement prêtes à réprimer les mouvements populaires, tandis que sous le consulat et l'empire il n'y eut jamais d'émeutes, par conséquent les soldats ne furent jamais appelés à les réprimer : aussi, nos armées, presque toujours hors de France employées à vaincre les ennemis de la patrie, séjournaient très-peu dans l'intérieur, et la garnison de Paris fut toujours très-faible ; elle se composait de douze cents hommes en 1809, lorsque Napoléon et nos soldats étaient à deux ou trois cents lieues de France.

Mais enfin ces armées, seuls appui de sa tyrannie, sont détruites en partie, non par les ennemis, mais par les rigueurs d'un précoce hiver ; le reste est à quatre ou cinq cents lieues de France ; la nation alors était libre d'agir et de renverser celui dont elle ne voulait pas, et cependant c'est au cri de *vive l'Empereur !* que de nouvelles armées, composées presque entièrement de citoyens non militaires quelques mois auparavant, vont remporter d'immortelles victoires.

Si la nation française était assez lâche pour supporter, sans faire aucun effort pour s'en délivrer, le joug dont Napoléon l'accablait, était-il possible qu'elle le fût assez pour montrer un enthousiasme qu'elle n'aurait pas ressenti ?

Qu'on interroge tous les souvenirs de l'époque, et tous peindront la profonde joie, l'extrême enthousiasme qui s'emparèrent d'abord des Parisiens, ensuite, de proche en proche, de toute la France, lorsque le vingt-deuxième coup de canon des Invalides eut annoncé que Napoléon avait un fils.

Depuis il est né des héritiers directs aux chefs assis sur le trône, et l'ombre même de ces transports d'allégresse n'a plus reparu.

Ces manifestations d'un extrême contentement avaient deux causes : la part que la nation, qui l'aimait, prenait au bonheur de Napoléon ; ensuite, par un retour sur elle-même, elle voyait par la naissance du roi de Rome le retour des Bourbons rendu plus impossible encore, et de nouvelles garanties pour que la révolution fût conservée tout à fait intacte, sans aucun mélange étranger. Ce n'était point à son fils, mais au neveu qu'aimait le plus l'Empereur, que Dieu avait réservé la réalisation de ces espérances.

Enfin la preuve incontestable que la nation n'avait point abandonné l'Empereur en 1814, c'est son retour de l'île d'Elbe. Il débarque sans armée à deux cent vingt lieues de Paris ; vingt jours après il est reconnu par toute la France, et le peuple le porte en triomphe aux Tuileries. Comme au 18 brumaire, pas une seule goutte de sang français n'est versée.

Dira-t-on que ce fut l'armée qui le replaça sur le trône ? Mais les faits les plus positifs et les moins contestés démentent cette allégation.

Dès les premiers jours de son débarquement, le peuple des campagnes se précipitait en foule au-devant de ses pas, et l'accompagnait de ses acclamations, tandis que les soldats, malgré leur extrême amour pour lui, mais retenus par le serment militaire, hésitaient à le reconnaître. Les premiers régiments qu'il rencontra contraignaient par les efforts les plus pénibles leurs sentiments, et, malgré les incitations du peuple qui les suivait, ils veulent s'opposer à son passage. Il va droit à eux, seul, tête nue, sans armes et découvrant sa poitrine : « Le premier soldat, s'écrie-t-il, qui voudra » tuer son empereur, le peut. » A cette voix, pénétrante comme celle du génie, à ces regards plus puissants que l'étincelle électrique, les soldats n'y peuvent plus tenir, et se laissent entraîner au mouvement populaire ; sa marche ne fut plus qu'un long triomphe dont furent témoins le comte d'Artois et le duc d'Orléans, envoyés contre lui et contre le drapeau national ; et la France s'arma de nouveau pour combattre toute l'Europe, qui cependant proclamait qu'elle ne marchait que contre lui seul.

Abordons maintenant le troisième reproche fait à l'Empereur, celui d'avoir continuellement attaqué les rois étrangers animés des sentiments les plus pacifiques envers la France. Ce reproche est-il réellement mérité?

Il faut remarquer ici que la vérité sur cette question intéresse bien plus fortement encore notre indépendance nationale dans le présent et dans l'avenir, que la gloire de Napoléon. En effet, ces guerres sans cesse renaissantes, il n'aurait point pu les entreprendre et les soutenir avec tant de vigueur, s'il n'avait pas été secondé par l'humeur conquérante de la nation ; et dans ce cas-là, les souverains étrangers ont non-seulement le droit, mais de plus c'est pour eux un impérieux devoir de s'immiscer continuellement dans nos affaires intérieures, afin de nous tenir dans un tel état de faiblesse, que leurs peuples n'aient plus à craindre le retour de nos désastreux envahissements.

La question à résoudre est celle-ci : Sans motifs suffisants, avons-nous sans cesse attaqué les puissances étrangères ? Ou ces puissances nous ont-elles forcés de conquérir pour nous conserver ?

L'Assemblée constituante montra toujours les intentions les plus pacifiques, tout le monde en convient, et cependant les rois étrangers signèrent à Pilnitz, en août 91, un traité pour nous envahir. Le but avoué était de rendre à Louis XVI et aux nobles leurs anciens pouvoirs ; le but secret, mais réel, était de nous traiter comme la Pologne, de s'agrandir à nos dépens ; et c'est si bien vrai, que ce ne fut point le pavillon blanc, mais leurs drapeaux que les puissances étrangères firent flotter sur nos places fortes dont elles s'emparèrent en 92 et en 93.

C'est déjà une grave présomption que les auteurs de la croisade contre la France en 91, le furent aussi des guerres qui lui succédèrent, surtout si l'on réfléchit que loin d'obtenir les agrandissements projetés par eux, les coalisés éprouvèrent de grandes pertes qu'ils devaient chercher sans cesse à réparer.

Le Directoire, attaqué chaque jour par les républicains exaltés et par les royalistes, avait le plus grand intérêt au maintien de la paix, pour ne pas fournir aux premiers des sujets de déclamation, et aux seconds des chances d'un succès qu'ils ne pouvaient obtenir que par le triomphe des armées ennemies. Est-ce à lui, est-ce aux attaquants de 91 que doit être attribuée la seconde coalition renforcée de la Russie qui, pour la première fois, y prend une part très-active ?

L'infâme assassinat de nos plénipotentiaires à Rastadt, en montrant l'extrême haine des étrangers pour les idées de 89, peut servir à résoudre, pour ou contre le Directoire, la question s'il fut assaillant ou assailli.

Quant à ce qui regarde Napoléon seul, il n'était rien lors de la première guerre ; à la seconde, il était en Egypte, sans aucune communication avec le gouvernement. Il n'est donc point l'auteur de ces deux coalitions. Loin de là, ce fut lui qui le premier donna la paix au continent en 97, et au monde entier en 1802.

S'il avait été possédé de la fureur conquérante, s'il ne s'était plu que dans la guerre ; si en effet c'était son élément, pourquoi a-t-il fait la paix de Campo-Formio ? Au commencement de 97, après sa victoire décisive sur l'archiduc Charles, aucun obstacle ne pouvait l'empêcher d'aller à Vienne, et, pour un jeune homme, c'était une bien grande tentation d'entrer en vainqueur dans la capitale d'une des premières puissances de l'Europe. Mais dès cette époque, il mit à exécution cette maxime : Qu'il ne faut pas pousser à bout un ennemi vaincu ; qu'il ne faut pas le trop humilier, afin que la paix puisse être sincère. Dans ce but, il accorda à l'Autriche des compensations pour la Belgique nécessaire à la France, pour être à la hauteur des autres puissances agrandies par le partage de la Pologne.

Lorsqu'il fut nommé chef du gouvernement, la guerre existait ; s'il n'avait pu vivre sans elle, il l'aurait continuée et poussée jusqu'à ses dernières limites, comme on l'accuse de l'avoir voulu plus tard, et cependant il réitère ses démarches pour une paix générale, il l'obtient à la fin ; pourquoi la faisait-il ?

Pour consolider son pouvoir, répondra-t-on ; sans doute, lui, le Directoire, la constitution de 91, avaient le plus grand intérêt pour s'affermir à ce que la paix régnât ; la guerre les remettait continuellement en question, tandis que les puissances, depuis des siècles ennemies de la France, et depuis 89 animées en outre de sentiments de haine contre la révolution, qui, s'achevant paisiblement, menaçait leur pouvoir despotique et aristocratique, avaient au contraire le plus vif intérêt à ce qu'un gouvernement né de cette révolution, ne pût point se consolider en France. Telle est la véritable cause des efforts sans cesse renouvelés contre nous par les aristocraties européennes.

La paix d'Amiens n'a duré qu'un an. Un an ne suffisait pas pour rendre stable et ferme le pouvoir de Napoléon. Si son intérêt seul l'avait guidé dans la pacification de l'Europe, cet intérêt lui commandait impérieusement le maintien de la paix pendant beaucoup d'années encore. En outre, l'intérêt de la France s'accordait sur ce point avec le sien.

Pendant cette année de paix il fut nommé consul à vie, avec le droit de désigner son successeur. En supposant qu'à cette époque il pensât à revêtir la pourpre impériale, la continuation de la paix lui en offrait donc les chances les plus assurées, tandis qu'il pouvait les perdre par l'irritation qu'éprouveraient les Français si c'était lui qui provoquait la guerre. Toutes les réputations militaires étaient bien au-dessous de la sienne ; mais la guerre pouvait développer les talents d'un grand capitaine, et lui susciter un rival. Il n'avait que 33 ans, et par conséquent de nombreuses années devant lui pour satisfaire sa soif de combattre, si tel était en effet son caractère. Sous tous les rapports, il devait donc éviter longtemps encore de nouvelles hostilités.

L'aristocratie anglaise et le commerce, son bras droit, avaient au contraire le plus grand intérêt à rompre la paix à peine signée.

Les masses populaires anglaises, dès le commencement de notre révolution, s'en étaient montrées partisans. Ses excès les avaient refroidies ; mais leur premier enthousiasme se serait réveillé à la vue d'une nation où régnait l'égalité politique ; où, par la seule force de son mérite, l'homme des derniers rangs du peuple, pouvait parvenir promptement aux emplois les plus élevés, et où régnait en même temps la tranquillité, si souvent troublée en Angleterre, et une prospérité allant sans cesse en augmentant. L'aristocratie ne pouvait pas vouloir leur laisser un tel exemple sous les yeux.

Le commerce anglais avait d'autres griefs contre Napoléon, et d'autres motifs pour faire rompre le traité d'Amiens.

A la paix de 1783, l'Angleterre avait obtenu des incapables ministres de Louis XVI, un traité de commerce tout à son avantage, tout au détriment de notre industrie. Elle espérait que le premier consul tomberait dans la même faute ; mais lorsqu'elle vit au contraire qu'il appliquait son puissant génie au perfectionnement de toutes les branches industrielles, de manière à pouvoir avant longtemps rivaliser celles de l'Angleterre, le commerce de cette puissance sentit le coup dont il était menacé, et, pour s'en garantir, il joignit ses clameurs à celles de l'aristocratie, pour forcer son gouvernement à recommencer la lutte des dix dernières années (1). Cette lutte lui était très-favorable sous tous les rapports, puisque non-seulement l'industrie de la France, mais celle de toute l'Europe, se trouvait arrêtée dans ses développements par la nécessité, pour toutes les puissances continentales, de porter exclusivement toutes leurs forces morales et matérielles sur ce qui avait rapport à la guerre. En outre, une prompte rupture de la paix nous faisait perdre pour toujours Saint-Domingue, source de prospérité pour notre commerce qui allait être gravement atteint par la capture de nos vaisseaux marchands, capture opérée selon l'ancienne habitude des Anglais, avant toute déclaration de guerre.

Le ministère aristocratique de Pitt s'était retiré. Il voulait, par le traité d'Amiens, laisser faire par d'autres un essai pour constater qui serait le plus avantageux au commerce anglais de l'état de paix ou de guerre, et sans doute il méditait, dès cette époque, le coup de Jarnac porté à la France, par la prise, en pleine paix, de nos navires marchands. Le nouveau ministère fit la paix de bonne foi et en

---

(1) Dans la séance de la chambre des communes du 3 février 1852, le premier ministre, lord John Russel, a dit en blâmant les attaques outrageantes de la presse contre Louis Napoléon : « Cela me rappelle ce qui se passa lors de la paix d'Amiens ; des » discussions et des négociations modérées eussent pu éviter les » calamités de la guerre : mais le langage et le ton de la presse » envenimèrent toutes les négociations, et empêchèrent la conti- » nuation de la paix. »

voulait le maintien ; mais dans l'espérance de conserver le pouvoir, après avoir d'abord résisté à la nouvelle opposition formée de Pitt et de ses partisans, il se laissa entraîner par elle et se décida pour la guerre. L'ancien ministère aristocratique, ayant ainsi réussi à faire rompre la paix par un ministère regardé comme plébéien, le renversa bientôt après et se mit à sa place.

Je vais appuyer tout ce que je viens de dire par des citations empruntées en grande partie aux Anglais eux-mêmes (1).

Sir Walter Scott dit positivement que la paix d'Amiens fut faite « *par forme d'épreuve.* » Le ministre, lord Hawkesbury, la qualifie de paix expérimentale, et les faits viennent prouver ces assertions. Malgré les clauses formelles du traité, Pondichéry, Gorée, etc., ne nous furent jamais remis, pas plus que le cap de Bonne-Espérance aux Hollandais. Les gouverneurs anglais de ces établissements inventaient tous les jours de nouveaux prétextes pour ne point s'en dessaisir.

---

(1) J'ai puisé les documents diplomatiques dont je fais usage dans l'excellente histoire de France par M. Bignon. Sur plusieurs points de la plus grande importance, notamment sur la guerre d'Espagne, je ne me trouve pas d'accord avec lui, ce qui n'empêche pas qu'à mes yeux ce ne soit un ouvrage du plus grand mérite sous tous les rapports ; il devrait être lu et médité par tous ceux qui aiment leur patrie. Je dirai la même chose pour l'ouvrage de M. A. de Vaulabelle, intitulé : *Chute de l'Empire, Histoire des deux Restaurations*, qui m'a fourni plusieurs documents dont je fais usage dans cette réimpression.

Les journaux ministériels appelaient la nouvelle opposition, celle de Pitt : « *Meute de chiens enragés.* »

Le premier ministre, M. Addington, disait à la tribune : « Relativement au reproche fait au mi-
» nistère de laisser avilir la dignité nationale, il
» ne connaissait personne qui voulût mettre l'An-
» gleterre aux pieds de la France ; mais, dans cer-
» taines personnes, il apercevait un vif désir d'en-
» flammer les deux nations l'une contre l'autre,
» et de les pousser à la guerre *sans aucun objet*
» *défini.* »

Lord King proclamait en plein parlement : « qu'il
» est manifeste que ce n'est pas la France qui veut
» la guerre. »

Dans un autre sens, M. Elliot dit à la tribune :
« Les mêmes causes qui avaient rendu le gouver-
» nement (celui de Napoléon) si formidable dans
» la guerre, n'auraient-elles pas le même effet,
» *appliquées aux entreprises commerciales ?* Le
» brigand en armes est à nos portes, et si nous
» ne faisons pas une bonne résistance, plus nous
» sommes riches, mieux ce sera pour le brigand. »

Caning reproduisait les mêmes idées, mais avec plus de décence dans les expressions.

Le chef de l'ancienne opposition, de l'opposition libérale, Fox, leur répondait : « La France veut
» rivaliser d'industrie avec l'Angleterre ; mais
» cette rivalité est-elle à craindre ? C'est à l'An-
» gleterre à doubler le pas ; et d'ailleurs est-ce là

» une juste cause de guerre?.... La France, a-t-on
» dit, n'a point montré de sentiments conformes
» *à nos intérêts et à nos désirs;* mais pouvait-on
» s'attendre, en traitant avec le premier consul,
» qu'il dût devenir pour nous un ami et prendre
» dans une haute considération *nos désirs et nos*
» *intérêts* ? Les ministres, en faisant la paix, ont
» reconnu que l'Europe était dans une situation
» très-satisfaisante ; faut-il prendre les armes parce
» que l'Europe *continue d'être dans la même situa-*
» *tion ?...* Quelles insultes la France s'est-elle per-
» mise envers notre pays ? Quelle violation de la
» paix avons-nous à lui reprocher ? Assurément la
» puissance française est parvenue à un degré
» dont nul Anglais ne peut se réjouir; mais il
» faut d'autres motifs pour une déclaration de
» guerre, etc. »

Le 9 avril, lord Withword, ambassadeur anglais à Paris, écrivait à son gouvernement : « Tout ce
» qui peut convenir ou être agréable au gouver-
» nement anglais, pour terminer les présentes
» difficultés, et qui ne serait pas contraire au traité
» d'Amiens, serait agréé par le gouvernement
» français, qui n'a aucune objection à faire à cet
» égard. »

Mais le ministère, d'abord opposé à la rupture de la paix, s'y décide pour obtenir de l'aristocratie une existence qui bientôt lui sera ôtée. Dès ce moment aucune bonne foi ne préside de sa part aux moyens de rétablir l'union entre les deux gouvernements. On en jugera par ce qui suit.

L'Angleterre avait paru craindre que la France ne s'emparât de Malte, si elle était remise au roi de Naples, comme le voulait le traité d'Amiens. Napoléon fait alors offrir d'en faire la remise à l'une des trois puissances (la Russie, l'Autriche et la Prusse, qui avaient garanti son indépendance et sauraient bien la défendre). L'Angleterre répond que dans l'état actuel de l'Europe, l'empereur de Russie serait le seul souverain qu'elle consentirait à voir, temporairement, en possession de Malte; mais « la proposition du gouvernement français
» ayant, disait lord Withword dans sa note du 10
» mai, été transmise par lui à sa cour, avait été
» jugée impraticable *par le refus de S. M. l'em-*
» *pereur de Russie de s'y prêter.* » Le fait était faux. L'ambassadeur russe, au contraire, fit connaître que son maître « accepterait la demande de
» médiation qui lui avait été faite par le premier
» consul, si les deux puissances y avaient recours. »
Il consentait aussi à recevoir Malte en dépôt. On fit connaître cette réponse à l'ambassadeur anglais, qui n'en demanda pas moins ses passeports et partit.

Au moment de son départ, Talleyrand, ministre des affaires extérieures, lui remit une note finissant ainsi : « Enfin, le soussigné réitère la proposition de
» remettre Malte entre les mains de l'une des trois

» puissances garantes ; et pour les autres objets
» étrangers au traité d'Amiens, il renouvelle la dé-
» claration que le gouvernement français est prêt
» à ouvrir une négociation à leur égard. » L'ambassadeur ne répondit rien ; mais on envoya de Londres à Pétersbourg une note qui pouvait laisser quelque espérance de renouer la négociation. Le gouvernement français saisit cette occasion, et, le 10 juin, il écrit à notre ambassadeur à Saint-Pétersbourg :

« Si le ministère anglais est sincère dans la nou-
» velle proposition, la paix peut être considérée
» comme rétablie, le premier consul n'ayant au-
» cune difficulté de déclarer ici qu'il s'en remet en-
» tièrement à l'empereur de Russie, *qu'il ratifiera*
» *et tiendra pour bien fait tout ce que S. M. I. dé-*
» *cidera dans son esprit de justice et d'impar-*
» *tialité sur la question actuelle.* » Il ajoutait que le premier consul était si fermement résolu à se soumettre sans réserve à la décision de l'empereur, qu'il était prêt à en déposer l'engagement entre ses mains.

L'ambassadeur russe à Paris écrit à son confrère à Londres, le 27 juin (sa note devait être mise sous les yeux du gouvernement anglais) : « Le premier
» consul, dans son amour pour la paix, avait dit
» que non-seulement il apporterait dans l'arran-
» gement en question toutes sortes de facilités,
» mais même *des sacrifices raisonnables*, surtout

» s'ils étaient désirés par les grandes puissances. »

Lorsque l'Angleterre voit que la France accepte ses propositions, elle fait comprendre qu'elle ne les trouve plus assez larges ; et cependant l'arbitrage de la Russie aurait porté sur les affaires de Suisse, de Hollande, sur les intérêts du roi de Sardaigne et sur la plus grande partie des affaires d'Italie. Aussi Napoléon, le 23 juillet, écrit-il à notre ambassadeur en Russie : « Quels sont donc
» les autres objets que l'on veut remettre en ques-
» tion ? S'agirait-il par hasard de la Belgique et
» de la rive gauche du Rhin ? »

En effet, tel était le but de l'Angleterre. Cette puissance qui, pendant cette prétendue paix d'Amiens, s'était agrandie dans l'Inde, prétexta, pour la rompre, l'augmentation du territoire français, par l'acquisition du Piémont, de l'île d'Elbe et de la Louisiane ; mais l'île d'Elbe nous avait été remise par les Anglais ; mais avant le traité d'Amiens, celui fait avec l'Espagne, qui nous cédait la Louisiane, avait reçu la plus grande publicité, et le Piémont faisait partie de la France, sous le titre de vingt-septième division militaire.

Elle mettait en avant encore deux autres prétextes : notre influence morale dans le partage des indemnités de l'Allemagne et notre médiation en Suisse. Quant au premier, c'était en vertu du traité de paix de Lunéville, totalement étranger à l'Angleterre, que ces indemnités s'étaient faites ; et pour le second, nos efforts pour mettre un terme à la guerre civile allumée en Suisse entre le parti libéral et l'aristocratie avaient été approuvés par toutes les puissances du continent, seules réellement intéressées à surveiller notre médiation dans l'Helvétie. Dans ce pays, comme dans tous ceux où Napoléon acquit de l'influence, il avait détruit le système féodal et l'avait remplacé par celui de l'égalité politique; l'aristocratie suisse implora le secours de l'aristocratie anglaise; celle-ci la fit triompher en 1814 et 1815, lorsque la France et Napoléon furent abattus.

Lord Gray demanda plusieurs fois à la tribune aux ministres, de faire connaître les documents qui prouvaient la réalité de leurs griefs contre la France; mais ils tergiversèrent et n'en produisirent aucun.

Ces ministres, qui, comme je l'ai déjà dit, voulaient d'abord le maintien de la paix, demandèrent plus tard la cession de l'île de Malte, afin, firent-ils dire à Napoléon, qu'ils pussent par ce moyen acquérir assez d'influence pour déjouer les projets de l'aristocratie. Napoléon s'y refusa.

On le blâmera peut-être de n'avoir pas acheté la paix au prix de Malte; mais d'abord cette île est un point militaire de la plus grande importance, c'est la clef de la Méditerranée, surtout pour les possesseurs de Gibraltar; ensuite Napoléon, en véritable homme d'État, jugeait qu'une première concession contraire au traité d'Amiens encouragerait l'Angleterre à de nouvelles exigences qu'il serait impossible de lui accorder, et que puisqu'il fallait finir par un refus, il était plus honorable pour la France de le faire dès le commencement. En politique, comme dans tout, l'exemple d'un enfant décidé à ne point dire son alphabet doit servir de règle.

On commença par gronder cet enfant, bientôt après on le battit : il résistait toujours ; une dame survint et lui dit : « Comment, mon petit ami, vous exposer à de tels châtiments, plutôt que de répéter A ; cependant cette lettre est si vite prononcée ! — Oui, répondit l'enfant ; mais je n'ai pas plutôt dit A qu'on veut me faire dire B. »

Du reste, l'aristocratie et le commerce anglais ne prenaient point le soin de cacher leurs desseins : « *Nous voulons Malte, et avec Malte la guerre :* » tel était leur langage, et tel il devait être, car la guerre seule leur offrait des chances d'accomplir leurs projets, proclamés avant le traité d'Amiens. Avant 1802, l'aristocratie anglaise avait souvent juré en plein parlement qu'elle ne ferait jamais la paix avec la France tant qu'elle conserverait la rive gauche du Rhin et la Belgique. Aussi, comme nous l'avons dit, le traité d'Amiens ne fut-il qu'une trêve. Peu de temps après sa rupture, l'Angleterre fournit une preuve positive que son seul but, en reprenant les armes, était de nous priver de nos frontières naturelles, et de replacer sur le trône Louis XVIII, qui, à cette époque si voisine de la conquête de nos limites, pouvait seul lui garantir que la France ne chercherait pas à sortir du cercle étroit que l'on tracerait autour d'elle.

Dans un mémoire (publié en mai 1815 par l'ordre du prince régent, rapporté par Schæel, *Recueil de pièces officielles*, tome VII, page 59) remis le 19 janvier 1805 aux cours de Russie et d'Autriche, avec qui l'Angleterre s'entendait déjà, celle-ci proposait les articles du traité à faire entre eux ; l'article 1er était ainsi conçu : « Réduire la France » à ses anciennes limites, telles qu'elles existaient » avant la révolution. » Ces propositions furent converties, le 11 avril 1805, en un traité définitif entre ces trois puissances et la Suède. L'article 6 de ce traité exprime le dessein « de ne point forcer » l'opinion publique, soit en France, soit en d'au- » tres pays, à l'égard de la forme de gouvernement » qu'on pourrait juger à propos d'adopter. » Dans aucun traité fait contre une nation dont le gouvernement n'a point pris naissance d'une révolution, l'on n'a jamais dit que l'opinion publique ne serait pas forcée sur la forme du gouvernement de ce pays ; énoncer un pareil principe, c'est annoncer indirectement, mais très-positivement, qu'on veut changer la forme de ce gouvernement, y faire une révolution de mouchoirs blancs, mais en se réservant la faculté de dire, en montrant le traité : Vous voyez

bien que nous nous étions engagés à ne point contraindre l'opinion publique; c'est donc elle qui se manifeste. L'intention de détruire le résultat le plus visible de la révolution française est rendue plus évidente encore dans l'article 2 de ce même traité. Après avoir parlé du rétablissement du roi de Sardaigne en Piémont, etc., cet article se termine ainsi: « Enfin l'établissement en Europe d'un
» ordre de choses qui puisse protéger efficacement
» la sûreté et l'indépendance des divers États et
» servir à empêcher toutes *usurpations* futures. »
Ce mot d'usurpation est à remarquer.

Ce traité du 11 avril 1805 est en tout semblable à celui de la sainte-alliance, et, comme ce dernier, il est fait au nom de la très-sainte Trinité. C'est là l'étoile polaire qui a toujours guidé nos ennemis, qu'ils n'ont jamais perdue de vue, malgré les traités de paix, ou plutôt les trêves que la victoire les a forcés de faire avec le représentant de la révolution, avec Napoléon.

Lors de la rupture du traité d'Amiens, et quelques années encore après, lorsque les faits étaient bien présents à tous les esprits, l'immense majorité des Français fut indignée au dernier point de l'insigne mauvaise foi des Anglais, et tellement que Napoléon ne craignit point de lever une légion vendéenne, « toute composée, officiers et soldats,
» d'hommes (ce sont ses expressions) ayant fait la
» guerre contre nous. » A cette époque, tous les

hommes ayant du sang français dans les veines secondèrent avec la plus grande énergie Napoléon dans toutes les mesures qu'il prit pour forcer le gouvernement britannique à une solide paix ; mais l'aristocratie anglaise, outre l'appui qu'elle savait bien qu'avant peu lui prêteraient les aristocraties du continent, comptait en outre sur le caractère léger, frivole, oublieux de la classe éclairée en France; elle savait que cet élan patriotique ne tiendrait pas longtemps contre les sacrifices de jouissance qu'elle exigeait, et qu'à force de répéter, malgré l'évidence, que Napoléon seul avait rompu le traité d'Amiens, que seul il était l'auteur des guerres continentales, les hautes classes en France finiraient par le croire, et paralyseraient le patriotisme du peuple, qui, lui, ne s'y trompait pas, qui par instinct national comprenait que toutes les nouvelles guerres étaient la suite de la guerre de 92 ; que toutes s'attaquaient comme celle-là au même principe, celui de la révolution, et qu'il fallait ou que ce principe succombât, ou que le continent, fermé à l'Angleterre, forçât cette puissance à une paix portant en elle-même sa garantie de durée.

La troisième coalition, formée de l'Angleterre, de la Russie, de l'Autriche et de la Suède, se déclare. Les hostilités commencent en octobre 1805 ; Napoléon a-t-il provoqué cette nouvelle guerre?

Au commencement de 1804, avant la conspiration de Georges Cadoudal, l'Autriche faisait déjà de grands armements qu'elle colorait des prétextes les plus frivoles. Elle s'agrandit en Allemagne par l'achat fait à divers princes de leur territoire, mais surtout par des usurpations sur d'autres, en vertu de prétendus droits seigneuriaux. Le gouvernement français la laisse faire, espérant ainsi acheter sa neutralité; mais les armements continuent toujours et deviennent de plus en plus menaçants.

Le 18 février 1805, Pitt obtient du parlement cent vingt-sept millions de francs, et le 2 juillet quatre-vingt-dix millions pour des usages continentaux; c'était évidemment pour donner des subsides à l'Autriche et à la Russie qui, elle aussi, armait depuis longtemps. Nous avons vu, le 19 janvier, les propositions faites par l'Angleterre, acceptées par ces deux puissances, ainsi que par la Suède, et converties en traités le 11 avril suivant. Pour la Suède, et surtout pour l'Autriche, l'intention de nous attaquer est évidente dès la rupture du traité d'Amiens. Ce qui prouve que la France ne provoquait en rien cette nouvelle croisade, c'est la conduite de l'archiduc Charles, prince d'un noble et beau caractère. Lorsqu'il vit que l'empereur son frère, maîtrisé par l'aristocratie, se décidait, presque malgré lui, à rompre la paix, il quitta, le 21 mars 1805, la présidence du conseil de guerre.

Pendant 1804 et 1805, Napoléon fait tout ce qu'il est possible auprès des empereurs de Russie et d'Autriche pour les engager à ne point le dé-

tourner de sa lutte corps à corps avec l'Angleterre. Le 4 juin 1805, notre ambassadeur à Saint-Pétersbourg remettait à ce cabinet une note déclarant que : « Si la Russie ou toute autre puissance, vou-
» lait intervenir *et peser également sur la France
» et sur l'Angleterre*, l'empereur ne le trouverait
» pas mauvais, et qu'il ferait avec plaisr des sa-
» crifices si l'Angleterre en faisait d'équivalents.»
Mais ces efforts étaient vains : depuis longtemps l'or de l'Angleterre avait obtenu un plein succès, et la guerre était résolue. (En juillet 1804, le parlement avait accordé à Pitt soixante millions de fonds secrets.)

Cette guerre était totalement opposée aux intérêts de la France et de Napoléon. D'immenses préparatifs avaient été faits pour une descente en Angleterre. L'Empereur avait si bien combiné le mouvement de nos diverses escadres, que si l'amiral Villeneuve, au lieu d'aller se renfermer à Cadix, avait rallié notre escadre de Rochefort et l'armée navale de Brest, et exécuté les ordres positifs qu'il avait reçus, il pouvait (et nul obstacle ne s'y opposait, les forces navales anglaises étant à dix-huit cents lieues à chercher les nôtres), il pouvait, dis-je, avec 68 vaisseaux entrer dans la Manche, où les Anglais n'en avaient que 40, et la descente avait toutes les chances possibles de réussir. Ce n'est point dans un pareil moment que Napoléon pouvait vouloir une guerre continentale ; les Anglais, au contraire, devaient tout employer pour qu'elle eût lieu ; ils y réussirent, et éloignèrent par là de leurs côtes une armée qui, n'aurait-elle fait que menacer l'Angleterre, lui faisait un très-grand mal par la crainte qu'elle inspirait à toutes les classes de la nation, et par les sacrifices de tout genre qu'elle leur imposait.

Les prétextes de la troisième coalition pour nous faire la guerre étaient : Napoléon devenant roi d'Italie. Mais avant le traité d'Amiens, il en était président à vie ; il avait en outre le droit de choisir son successeur ; son nouveau titre n'ajoutait donc rien à son pouvoir ; il le diminuait au contraire, puisqu'un article de la constitution portait qu'à sa mort la couronne d'Italie serait tout à fait séparée de celle de France ; en outre, Napoléon offrait de la manière la plus formelle de déposer cette couronne à l'instant même où l'Angleterre consentirait à la paix. Et de plus, cette transformation de titre ne venait qu'après les armements de l'Autriche et de la Russie ; qu'après les bases acceptées le 19 janvier, du traité signé le 11 avril ; qu'après les 127 millions obtenus par Pitt pour soudoyer de grandes puissances continentales décidées à nous faire la guerre ; c'est ainsi que fut appuyée sa demande, et ces grandes puissances ne pouvaient être que la Russie et l'Autriche.

Deux autres prétextes, qui avaient rapport à l'ambition de l'Empereur, accompagnaient celui tiré du titre de président changé en roi pour l'Italie; c'était la principauté de Lucques donnée en souveraineté au prince de Piombino, mari d'une sœur de Napoléon, et la réunion de Gênes à l'empire français; mais ces deux faits eurent lieu plus de deux mois après le traité du 11 avril, et ne purent par conséquent y contribuer en rien.

Il faut bien remarquer ce traité du 11 avril. Les ennemis ne disaient pas : Napoléon est un trop puissant génie, ou si l'on veut il a une ambition trop vaste, nous ne pouvons pas exécuter nos traités précédents avec la France tant qu'il en sera le chef; pour que nous puissions les maintenir, il faut que le gouvernement français soit tel, que nous n'ayons point à craindre qu'il veuille violer ces traités, ni qu'il ait la volonté et le pouvoir d'agrandir la nouvelle France; mais ces ennemis disaient : Quelles que soient les garanties de paix que la forme du gouvernement français, ou son chef, puisse donner, nous voulons anéantir tous les traités faits depuis 92; nous voulons replacer la France dans la position où elle était en 88, tout en conservant nous-mêmes, non-seulement tous nos agrandissements de 1772 à 1788, mais encore tous ceux que nous avons obtenus depuis cette dernière époque, en compensation de l'extension de territoire de la France. C'était donc réellement à la France révolutionnaire, et non pas seulement à Napoléon qu'en voulaient toutes les puissances continuellement coalisées contre nous ; du reste, le congrès de Vienne en a fourni la preuve la plus évidente.

Un autre grief que firent valoir les ennemis, fut la violation du territoire de Bade, en mars 1804, lors de la conspiration royaliste de Georges Cadoudal, de Pichegru et de Moreau.

Dans l'état de nature un individu a le droit de faire à son semblable tout ce que celui-ci lui a fait, ou même ce qu'il a fait à d'autres ; il n'en est pas ainsi dans l'état de société, par la seule raison qu'il y a des tribunaux auxquels les individus peuvent s'adresser pour demander justice. Les nations sont toujours entre elles dans l'état de nature, elles ont le droit de se faire justice elles-mêmes, puisqu'elles ne peuvent obtenir vengeance d'une autorité supérieure qui n'existe pas ; dans ce cas là, la nation qui la première viole le droit des gens est la seule coupable. Le peuple assez simple pour vouloir observer ce droit des gens, lorsque son ennemi ne le respecte pas, combattrait avec des armes inégales et par conséquent finirait par succomber.

Sans remonter aux guerres qui ont précédé celles de la révolution, l'Angleterre, au moyen d'une escadre, enleva, sur le territoire neutre de Hambourg, deux Irlandais proscrits pour avoir voulu rendre la liberté et l'indépendance à leur patrie. Ils étaient, depuis plusieurs années, au service de la France, l'un, Napper-Tandy, comme général de brigade ; l'autre, Blackwel comme capitaine. Conduits de Hambourg en Angleterre, ils furent, en mai 1800, condamnés à être fusillés. Mais leur exécution, d'abord différée, grâce à l'énergique intervention de l'empereur de Russie, Paul Ier, alors ami de la France et enthousiaste de Napoléon, le fut plus tard à cause des préliminaires de la paix d'Amiens. Lorsqu'elle fut signée, ils sortirent de prison et revinrent en France.

En 1801, les Anglais, sans être en guerre avec le Danemark, et sans déclaration préalable, vont attaquer Copenhague. Enfin, depuis 1803, ils ne respectent plus le pavillon d'aucune puissance, et le pavillon d'une nation est son territoire sur mer ; il est donc bien évident que l'Angleterre pose en principe que, pour elle, il n'y a point de neutres, et les puissances de l'Europe en souffrant, en 1800 et 1801 et après la rupture du traité d'Amiens toutes les violations du droit des gens commises par l'Angleterre le reconnaissent aussi. La France devait se servir des mêmes armes que son ennemie, et comme elle agir selon le principe : plus de neutres, puisque ceux-ci ne se coalisaient pas pour faire respecter leur nationalité. Mais en outre, les princes dont les États touchaient à nos frontières, en souffrant sur leur territoire les émigrés et le duc d'Enghien, qui tous étaient au service de l'Angleterre, se déclaraient pour cette puissance, ils cessaient réellement d'être neutres, surtout au moment ou une conspiration royaliste, ayant pour but d'assassiner le chef du gouvernement français, venait d'être découverte à Paris. Le duc de Bade était dans cette position ; il n'était plus neutre, y en aurait-il eu encore. Et la Russie, l'Autriche, en s'alliant avec la puissance qui continuellement violait tous les pavillons, sans excepter le leur, prouvaient de la manière la plus forte que la neutralité n'était plus rien à leurs yeux : la violation de Bade n'était donc qu'un vain prétexte comme les trois autres.

Cette question de Bade me conduit à parler de la mort du duc d'Enghien, jugé et fusillé dans le château de Vincennes le 21 mars 1804. Il était né le 2 août 1772. Ce fait, pénible à traiter, me rappelle la douloureuse impression, je pourrais même dire l'indignation que j'en éprouvai, quand je l'appris à New-York, où venait de relâcher la frégate sur laquelle j'étais. Ce nom de duc d'Enghien, que portait le grand Condé lorsqu'il gagna de si mémorables victoires, fut la cause de l'intérêt ressenti pour son arrière-petit-fils par ceux qui n'étaient point royalistes ; mais l'histoire, comme la justice, doit juger en tenant des balances que la vérité seule peut faire pencher d'un côté.

Pour bien apprécier la conduite de Napoléon envers le duc d'Enghien, il faut la comparer à celle que tint Henri IV à l'égard du maréchal de Biron.

Le duc d'Enghien, qui n'avait que trois ans de moins que Napoléon, dès le commencement de la guerre, combattit sa patrie dans les rangs des étrangers, faisant flotter leur drapeau, et non point celui des Bourbons, sur les villes françaises qu'ils prenaient, ce qui était bien faire connaître que leur intention était de s'approprier une partie de la France, pour prix des services qu'ils rendaient aux émigrés. Le duc d'Enghien, pas plus que les autres Bourbons, ne vint se placer dans les rangs des Français, des héroïques Vendéens qui combattaient et mouraient pour sa famille. Dira-t-on qu'il ne le pouvait pas? Mais don Carlos, homme très-médiocre, a eu cependant l'adresse et le courage moral de s'échapper de l'Angleterre, où il était gardé à vue, de traverser toute la France, où, reconnu, il aurait été arrêté, pour aller se mettre à la tête des Espagnols se battant pour lui. Les Vendéens possédaient sur l'Océan plusieurs ports par lesquels ils recevaient des armes et des munitions de l'Angleterre; par conséquent, pour aller les rejoindre, le duc d'Enghien n'avait point besoin de passer par la France; la mer lui en offrait un moyen très-facile, qu'au moins il aurait dû essayer; mais lui et les autres Bourbons acceptaient bien les Vendéens comme auxiliaires, comme aidant puissamment les étrangers et l'émigration, auxquels seuls ils voulaient devoir leur retour en France, parce que là le régime féodal était conservé intact; les roturiers émigrés, appelés *communs*, n'étaient que soldats, tandis que les paysans et les ouvriers vendéens avaient eu le tort, au lieu de donner toutes les places de chefs à des nobles, de mettre à leur tête ceux des roturiers qui s'en étaient montrés dignes, ce qui prouvait qu'eux aussi adoptaient le grand principe de 89, celui de l'égalité politique. Et en effet, si la Constituante et les républicains de la Législative et de la Convention avaient conformé leurs actions à leurs paroles; si, respectant la liberté des cultes, ils n'eussent point organisé d'atroces persécutions contre la religion catholique et ses ministres, la Vendée ne se serait pas insurgée : de nombreux documents le prouvent.

Le gouvernement anglais rompt le traité de paix d'Amiens, et, en prenant nos bâtiments avant la déclaration de guerre, ainsi qu'en débarquant sur nos côtes des chouans commandés par Georges Cadoudal et Pichegru, chargés d'exécuter ce que la machine infernale n'avait point réussi à faire, le gouvernement anglais, dis-je, avait par là prouvé que, mettant de côté toute loyauté, tous les usages observés entre peuples civilisés, il ne reculerait devant aucun moyen, même les plus indignes, pour faire à la France tout le mal possible. Les grandes puissances du continent, séduites par l'or anglais, faisaient d'immenses préparatifs de guerre. En même temps les Bourbons, qui étaient sur le sol britannique, excités par Pitt, s'apprêtaient, aussitôt la mort de Napoléon, à se présenter sur nos diverses frontières pour essayer de faire une contre-révolution, ou au moins d'allumer la guerre civile dans toute la France.

C'est dans ce moment, où les moins belliqueux des Bourbons se préparaient cependant à faire un effort courageux pour le triomphe de leur parti, qu'on prétend que le duc d'Enghien, le plus brave, le plus résolu de tous, se tenait à quelques lieues de nos frontières, au milieu de rassemblements d'émigrés, comme lui à la solde de l'Angleterre, uniquement pour se livrer au plaisir de la chasse et se trouver auprès de la princesse Charlotte de Rohan; mais l'Angleterre est par excellence le pays de la chasse, et la princesse de Rohan aurait suivi partout le duc d'Enghien, auquel elle était secrètement mariée depuis dix ans.

M. de Lamartine, dans son *Histoire de la Restauration*, tome II, page 115, dit : « Au » licenciement de l'armée de Condé, il (le duc « d'Enghien) en conduisit un détachement en Rus- » sie. La jeune princesse Charlotte de Rohan, qu'il » aimait et qu'il enchaînait volontairement à ses » hasards sur le champ de bataille, le suivit dans » ce voyage, et au retour..... Il parcourut la Suisse » avec la compagne de sa jeunesse, etc. » Il est donc bien évident que cette nécessité pour le duc d'Enghien de se tenir à quelques lieues de nos frontières, pour voir la princesse de Rohan, ainsi que pour se livrer au plaisir de la chasse, ne sont que des prétextes inventés après coup par des écrivains voulant blanchir le duc d'Enghien et noircir Napoléon.

Le 9 mars 1804, Georges Cadoudal est arrêté ; il déclare positivement qu'il *attendait l'arrivée d'un prince français pour attaquer le premier consul*. Sans aucun doute, on dut croire que le prince attendu était le plus courageux d'entre eux et qui se tenait tout près de nos frontières, au milieu de rassemblements d'émigrés et d'aventuriers de toutes les nations.

Le 11 mars, Talleyrand, par l'ordre de Napoléon, écrit au ministre de l'électeur de Bade une lettre renfermant ces passages : « M. le baron, je
» vous avais envoyé une note dont le contenu ten-
» dait à requérir l'arrestation du comité d'émigrés
» français siégeant à Offembourg... Il (Napoléon)
» a appris de même que le duc d'Enghien et le gé-
» néral Dumouriez se trouvaient à Ettenheim ; et
» comme il est impossible qu'ils se trouvent en
» cette ville sans la permission de S. A. E., le
» premier consul n'a pu voir sans la plus profonde
» douleur qu'un prince auquel il lui avait plu de
» faire éprouver les effets les plus signalés de son
» amitié avec la France, pût donner un asile à
» ses ennemis les plus cruels, et leur laissât ourdir
» tranquillement des conspirations aussi inouïes. »

L'électeur de Bade, dans un décret du 17 mars, dit que : « Le gouvernement français venant de » requérir l'arrestation de certains émigrés, et une » patrouille militaire venant de faire l'arrestation » des individus compris dans cette classe, le mo- » ment est venu où S. A. E. est obligée de voir que » le séjour des émigrés dans ses États est suspect » au gouvernement français. »

En même temps que le duc d'Enghien, furent arrêtés plusieurs généraux de l'ancienne armée de Condé. Dans les papiers de l'un d'eux, le général de Vauborel, on trouva un billet à lui adressé et écrit de la main du duc d'Enghien, dans lequel ce prince lui disait : « En ce moment où l'ordre de » Sa Majesté Britannique enjoint aux émigrés re- » traités de se rendre sur les bords du Rhin, je ne » saurais, quoi qu'il en puisse arriver, m'éloigner » de ces dignes et loyaux défenseurs de la monar- » chie. » Dans ces mêmes papiers du général de Vauborel, était l'ordre de S. M. B., du 14 janvier 1804, enjoignant à tous les condéens pensionnés par l'Angleterre de se rendre sur le Rhin, sous peine de perdre leur pension (*Témoignages historiques*, ou *Quinze ans de haute police sous Napoléon*, par Desmarest, 1 vol., pages 121 et 122). Les généraux émigrés arrêtés avec le duc d'Enghien, furent promptement relâchés.

D'après ces preuves et beaucoup d'autres qu'on pourrait citer, il ne peut point y avoir de doute qu'au moment où les chouans étaient à Paris, il y avait sur notre frontière de l'Est un rassemblement d'émigrés au milieu duquel se tenait le duc d'Enghien. C'était là ses chiens de chasse !

De nombreux avertissements arrivaient de tous côtés au duc d'Enghien pour lui faire connaître les périls qu'il courait en restant si près de nos frontières. Sa persistance à demeurer là où il y avait du danger prouve son grand courage, qui cependant aurait mérité le nom de folie, si ce n'avait pas été lui qu'on attendait à Paris pour *attaquer* Napoléon. S'il n'avait point voulu agir personnellement, ainsi que voulaient le faire tous les autres Bourbons, il se serait hâté de s'éloigner de nos frontières pour qu'on ne pût pas l'accuser de tremper dans un complot, dont le premier acte devait être, nécessairement, l'assassinat de Napoléon. Il y avait cinquante chouans à Paris comme assassins. C'était beaucoup ; mais pour attaquer loyalement le premier consul, pour renverser son gouvernement, lui vivant, ce nombre d'hommes était imperceptible. L'incertitude, la confusion, le trouble qu'aurait produit la mort de Napoléon, pouvait seul donner aux Bourbons et aux Anglais quelques chances de réussir.

Les preuves les plus positives montrèrent que Wickam, Drake et Spencer-Scmith, ambassadeurs de l'Angleterre, le premier en Suisse, le second en Bavière et le troisième près de l'électeur de Wur-

temberg, étaient l'âme de la conspiration des chouans, et leurs messages interceptés faisaient voir que le premier acte de cette conspiration devait être l'assassinat du premier consul. L'électeur de Bavière, en adressant à Drake la copie imprimée de sa correspondance saisie, lui écrivait : « Qu'il devait à sa dignité, à son honneur, à l'inté-
» rêt de son peuple, de lui déclarer que, dès ce
» moment il lui était impossible d'avoir aucune
» communication avec lui et de le recevoir désor-
» mais à sa cour. » L'électeur de Wurtemberg agit comme celui de Bavière, et Spencer-Smith, couvert de honte, s'enfuit de Stutgard. Tout le corps diplomatique, à Paris, témoigna par écrit de sa profonde douleur d'une telle profanation du caractère sacré d'ambassadeur. Lord Kawkesbury, chef du ministère anglais, répondit à cette réprobation générale : « Que tout gouvernement sage se
» doit à lui-même et au monde en général, de pro-
» fiter de tout mécontentement qui existe dans le
» pays avec lequel il peut se trouver en guerre, et
» par conséquent de prêter aide et assistance aux
» projets des mécontents. »

Ce qui fait que la mort de Louis XVI est réellement un crime, c'est qu'en supposant vrai, tout ce dont il fut accusé, la loi ne le condamnait qu'à la déchéance ; il n'en est point de même pour le duc d'Enghien : ses juges lui appliquèrent une loi antérieure à son arrestation, et s'ils avaient pensé

que cette loi ne l'atteignait point, ils l'auraient absous. La composition du tribunal était une garantie d'impartialité. M. de Lamartine, cet ennemi acharné de Napoléon 1er, en convient lui-même ; il dit dans son *Histoire de la Restauration*, tome II, page 176 : « Cependant Murat (comme gouver-
» neur de Paris, c'était dans ses attributions) avait
» nommé la commission militaire (celle qui devait
» juger le duc d'Enghien). Il n'avait pas trié les
» juges avec la partialité d'un homme qui com-
» mande une condamnation ; le hasard et les grades
» les avaient désignés. »

Napoléon, en 1800, avait fait placer aux Invalides la statue et aux Tuileries le buste du grand Condé, l'un des aïeux du duc d'Enghien, et dont cette branche des Bourbons tirait principalement son illustration. Il se refusa longtemps à croire que la machine infernale qui, pour l'atteindre, tua beaucoup de personnes, fût l'ouvrage des royalistes. La confiance dans leur loyauté, trompée par la machine infernale, et l'attentat projeté des chouans, durent naturellement l'indisposer très-fortement contre les Bourbons. En outre, Napoléon, comme tous les vrais Français, comprenait très-bien que sa mort rouvrirait la porte à la guerre civile et à la sanglante anarchie qui avait régné de 92 jusqu'au 18 brumaire (9 novembre 99); ensuite, pour juger quelqu'un, il faut se mettre à sa place. Quelque brave qu'on soit, l'instinct de la conservation doit nécessairement se faire sentir, et inspirer le désir de n'avoir pas continuellement sous les yeux des poignards prêts à vous frapper. Ce besoin inné d'éviter la mort, surtout lorsqu'à sa vie sont attachés la tranquillité, le bonheur et la gloire de sa patrie, doit finir par faire mettre à exécution la maxime : *Il vaut mieux tuer le diable que si le diable nous tuait*. La mort du duc d'Enghien frappa si fortement de terreur les conspirateurs assassins, qu'à partir de ce moment les attentats contre la vie et le pouvoir de Napoléon cessèrent.

Napoléon avait pour lui le droit naturel, le cas de légitime défense, la loi, l'exemple donné par l'Angleterre à Hambourg, et cependant, pour tous ceux qui ont étudié profondément son caractère, son cœur, les nombreux pardons qu'il a continuellement accordés, il ne peut point y avoir de doute que si l'exécution du duc d'Enghien avait été retardée seulement d'un jour, si la lettre qu'il avait écrite à Napoléon lui était parvenue, si les excellentes Joséphine et Hortense avaient eu le temps d'intercéder pour le duc d'Enghien, la peine de mort eût été commuée en une détention jusqu'à la paix générale.

Parlons maintenant de Henri IV et du maréchal de Biron. Après la mort de Henri III, la France était divisée en deux camps ennemis, l'un composé d'ultrà catholiques, l'autre en grande partie de protestants. Dans les deux camps il y avait des étrangers, mais beaucoup moins nombreux que les Français, de sorte que la patrie était aussi bien dans l'un que dans l'autre, et, quel que fût le vainqueur, l'indépendance nationale ne courait aucun danger. Le débat était réellement entre les maisons de Bourbon et de Guise ; celle-ci triomphant, il y aurait eu seulement, dès cette époque, une quatrième dynastie. C'était tout le contraire dans les guerres de la révolution ; les émigrés étaient en si petit nombre comparés aux étrangers, qu'ils n'auraient point pu s'opposer au démembrement de la France, l'eussent-ils voulu.

Les catholiques qui, comme les deux Biron, dont l'exemple en entraîna beaucoup d'autres, s'attachèrent au parti du protestant Henri IV, le servirent donc personnellement ; leur dévouement n'eut d'autre objet que lui-même. Il devait donc avoir pour tous ces catholiques une grande reconnaissance qui pour les Biron devait être extrême, car plus que tout autre, ils contribuèrent à placer la couronne sur la tête de Henri IV ; ainsi, à la décisive bataille d'Ivry, ce prince se laissant emporter par son bouillant courage, se conduisit plus en intrépide soldat qu'en général en chef qui doit conserver son sang-froid pour prévoir et ordonner. Ce fut le maréchal Biron père qui, par les savantes manœuvres qu'il prescrivit, remporta réellement la victoire : aussi, après la bataille, il put dire avec vérité à Henri IV en l'engageant à ne plus

s'exposer autant : « *Sire, vous avez fait ce que de-*
» *vait faire Biron, et Biron ce que devait faire le roi.* »
Biron fils avait montré une intrépidité égale à celle
de Henri IV.

En 1602, Henri IV était en paix avec toute l'Europe ; le parti des Guise était depuis plusieurs années entièrement soumis ; c'est alors qu'il fait juger le maréchal de Biron fils qui, plusieurs années avant, avait commencé à ourdir quelques coupables intrigues avec le gouverneur espagnol du Milanais, ainsi qu'avec le duc de Savoie ; ce qui n'avait cependant pas empêché Biron, chargé de combattre ce dernier, de lui enlever très-promptement toutes ses places de guerre, et de le forcer par là à demander à genoux la paix à Henri IV; cette manière d'agir prouvait que Biron avait eu plutôt des velléités de conspirer qu'il ne l'avait fait réellement.

Henri IV ayant eu connaissance des intrigues de Biron, le prit en particulier, lui demanda des aveux. Celui-ci, tout honteux de sa conduite, n'eut pas le courage d'entrer dans de minutieuses explications, et, comme il le dit : « Je ne détaillais
» pas, mais je dis que le refus de la citadelle de
» Bourg m'avait rendu capable de tout dire et de
» tout faire. » Henri IV lui accorda son pardon, et continua jusqu'en 1602, à le traiter en ami, en frère d'armes. Biron, grand général et excessivement brave, était, hors du champ de bataille,

étourdi, léger dans ses propos, vain et présomptueux. Souvent il avait mal parlé des maîtresses du roi, et il le blâmait de s'attacher à des femmes dont la conduite, avec d'autres que lui, prêtaient tant à la critique.

De Lafin, qui avait joué le rôle d'agent provocateur auprès de Biron, est appelé à Paris par Henri IV pour servir de témoin contre ce maréchal.

De Lafin, outre Biron et quelques autres seigneurs, accusait le duc de Sully d'être un des conspirateurs. La fausseté de cette dénonciation démontrait à quel point de Lafin était capable de trahir la vérité. De Péréfixe, enthousiaste de Henri IV, dans son histoire de ce prince (page 342) dit en parlant de de Lafin : « C'était un homme » que cent reproches rendaient incapables de por- » ter témoignage. » Le témoin était prêt, il fallait amener la victime à Paris.

Biron était alors dans son gouvernement de Bourgogne ; instruit des mauvaises dispositions du roi à son égard, il avait tout disposé pour suivre les conseils qu'on lui donnait de se réfugier en pays étranger. Pour l'empêcher d'exécuter ce projet et l'attirer à la cour, Henri IV lui écrit une lettre qui est à la bibliothèque de la rue de Richelieu, dans laquelle il lui fait les plus grandes protestations d'amitié, l'assurant qu'il lui en donnera continuellement des preuves, et qu'en outre il veut confondre les impostures, les calomnies de ceux

qui lui avaient dit qu'il était animé envers lui d'un mauvais vouloir. Les émissaires qu'il lui envoie lui tiennent de sa part le même langage. Il termine sa lettre par ces mots : « Combien j'aurai
» agréable de vous voir près de moi..... Je prierai
» Dieu qu'il vous ait, mon ami, en sa sainte et di-
» gne garde. » Cette lettre commence ainsi :
« Mon ami, ayant entendu par Descures les faux
» rapports et discours qui vous esté faicts etc. »
Biron, malgré tout ce qu'on lui dit et lui écrit pendant qu'il était en route, pour l'engager à ne point se fier à toutes ces protestations, vient trouver Henri IV, qui lui demande plusieurs fois de faire de nouveaux aveux; mais le maréchal répond toujours que depuis le pardon il n'a rien fait de coupable; et ce qui prouve qu'il disait vrai, c'est que les chefs d'accusation formulés contre lui sont tous antérieurs à ce pardon; on se serait empressé de les laisser de côté si l'on avait pu en articuler de nouveaux. Le secrétaire de Biron fut mis à la torture, et au milieu des plus affreux tourments il déclara toujours que son maître n'avait rien fait de répréhensible depuis la grâce accordée par le roi. Enfin, l'on comprenait si bien que le pardon détruisait l'accusation que : « Le roi envoya des
» lettres du grand sceau à son parlement, par
» lesquelles il révoquait cette grâce. » (Péréfixe, page 341.) C'est après cela que Biron fut condamné à mourir par la main du bourreau.

Avant le jugement, la mère de Biron avait écrit une lettre à Henri IV pour le supplier, dans les termes les plus touchants, de lui accorder la grâce de son fils : le roi refusa. Elle pria alors qu'au moins il eût, pour l'assister dans le jugement, un conseil, un défenseur, car disait-elle, il sait mieux combattre que parler ; sa demande ne lui fut point accordée.

La famille de Biron, prosternée aux pieds de Henri IV, le supplia d'accorder au maréchal, s'il était condamné, de mourir au moins en vaillant soldat, frappé par des balles, et de lui épargner le contact du bourreau qui, surtout il y a deux cent quarante ans, imprime une sorte de souillure au supplicié et à ses parents : Henri IV fut inexorable, et en 1602 la France n'avait point, comme en 1804, à l'extérieur une guerre formidable, une guerre à mort, et à l'intérieur des conspirations procédant par l'assassinat.

Le jugement ne fut exécuté que deux jours après : Henri IV eut donc tout le temps de se laisser attendrir, et par le souvenir du dévouement très-efficace des deux Biron, dont le père fut tué en combattant pour lui, et le fils trente-deux fois blessé, ainsi que par le souvenir de l'amitié qu'il leur avait si souvent jurée.

La preuve que Henri IV n'avait point besoin de faire un exemple, c'est qu'il était disposé, a-t-il dit, à gracier de nouveau Biron avant le jugement, si ce maréchal s'était accusé d'avoir conspiré depuis le pardon, ce qui était faux comme nous venons de le voir. En supposant même que ce fût vrai, un emprisonnement, plus ou moins prolongé, n'était-il pas suffisant pour punir l'entêtement de Biron ne voulant point convenir qu'il était coupable, car c'est à cause de cet entêtement, a dit Henri IV, et non pour son crime qu'il voulait lui pardonner, qu'il a fait mourir par la main du bourreau un maréchal de France qui, ainsi que son père, lui avaient rendus les plus grands services ; mais je le répète, c'est de l'acte même d'accusation que sort la preuve de l'innocence de Biron, dont les deux derniers jours furent affreux par l'idée que le bourreau le toucherait : Henri IV avait voulu que son ami bût le calice jusqu'à la lie.

Quelques heures après la mort de Biron, Henri IV écrit à de Vicq, gouverneur de Calais, une lettre commençant ainsi : « *Enfin*, le duc de « Biron a été condamné à mort... mais usant à son endroit *de ma clémence accoutumée* » il a été exécuté « cejourd'hui » à la Bastille et non en Grève (Journal de l'Etoile, tome IV, pag. 534) ; mais les historiens, entre autres Péréfixe (pag. 434), fait connaître le motif de ce grand acte de clémence de Henri IV : « Le roi, sous prétexte de faire grâce à » ses parents, mais craignant en effet quelque tu- » multe, parce qu'il était fort aimé des gens de

» guerre : il avait grand nombre d'amis à la cour
» communale, lieu de l'exécution, et voulut qu'elle
» se fît dans la Bastille. »

Qu'on assemble un jury d'hommes impartiaux, et je suis persuadé que, la main sur la conscience, ils proclameront que si Napoléon, qui n'eut point deux jours pour réfléchir, fut sévère envers le duc d'Enghien, Henri IV fut ingrat, injuste et très-cruel à l'égard de Biron, que, très-peu de temps auparavant, à la vérité, pour le faire tomber dans le piége, il appelait mon ami. Napoléon et le duc d'Enghien, depuis douze ans, depuis leur première jeunesse, étaient ennemis et combattaient dans des rangs opposés.

Ce fut quelques mois après la conspiration des chouans que le suffrage universel décerna la couronne à Napoléon, et fonda la quatrième dynastie, afin de conserver intacts les principes de 89, également opposés au droit divin et à la république. De 92 à 1800, elle ne fut qu'une sanglante anarchie, qui, du reste, est inséparable de la république démocratique. La France en a fait de nouveau l'expérience, du 24 février jusqu'au 10 décembre 48, jusqu'au moment où le peuple eut placé au pouvoir l'héritier de l'Empereur. Le 2 décembre 1804, Napoléon et Joséphine furent sacrés à Notre-Dame par le pape Pie VII. La seconde et la quatrième dynasties, seules, ont été consacrées par un pape ; la troisième, celle des Bourbons, ne l'a jamais été.

Un changement de dynastie ne se fait point par caprice, pas plus que par l'ambition d'un homme, quelque génie qu'il ait : il faut que ce changement soit la garantie de nouveaux besoins éprouvés par ceux qui ont réellement des droits les constituant en corps de nation. Les esclaves ne font pas plus partie d'une nation que les animaux : comme ceux-ci, ils n'ont d'autre droit que de servir à la prospérité et aux plaisirs de leurs maîtres. Ce fut là l'état des Français, des roturiers, pendant beaucoup de siècles ; mais ils n'y arrivèrent que successivement et après le changement de deux dynasties.

Il s'est toujours trouvé en France, et maintenant c'est encore de même, d'indignes Français qui, pour le triomphe de leurs idées ou de leurs intérêts, ont secondé les étrangers pour qu'ils pussent asservir leur patrie. C'est grâce à ces dissensions intestines que des peuples allemands purent, au cinquième siècle, conquérir la France. Les Allemands vainqueurs, qui depuis ont formé l'ordre de la noblesse, et c'est ce qu'il ne faut pas perdre de vue, choisirent dans leur sein un chef héréditaire. Ce chef, nommé roi, fut pris dans la famille de Mérovée. Cette première dynastie sentit le besoin de ménager les vaincus : elle leur laissa les lois qui les régissaient et une partie de leurs terres ; mais les Allemands, qui conservèrent les lois de leur pays, trouvant que la part de liberté et de propriétés faite aux Français était trop grande, tendirent continuellement à la diminuer ; dans ce travail de spoliation, se voyant contrariés par les rois de la première race, ils eurent recours à un changement de dynastie, et Pépin le Bref commença la seconde. Avec elle s'accrut le pouvoir des nobles, et l'assujettissement des roturiers devint plus grand.

Cependant le fils de Pépin, Charlemagne, homme d'un vaste génie, comprit que dans l'intérêt de ses successeurs, qui nécessairement n'auraient pas le bras aussi puissant que le sien, il fallait laisser peu d'existence au peuple français, pour qu'il pût servir de point d'appui à ses descendants contre le peuple allemand, afin d'empêcher celui-ci de substituer à sa dynastie une troisième plus docile à ses empiétements.

Les nobles, voulant de plus en plus mettre en action cette maxime des peuples barbares : *Malheur aux vaincus*, et, par suite, voulant s'emparer de toutes les propriétés du peuple roturier et le réduire à l'esclavage le plus horrible et le plus humiliant, trouvèrent parmi eux un instrument tel qu'il le leur fallait. Hugues-Capet partageait tous leurs sentiments, et, voulant usurper la couronne, il n'eut pas de peine à faire comprendre à ses collègues qu'il était de leur intérêt de le seconder dans son usurpation, puisque sa dynastie n'aurait absolument d'autres droits que ceux qu'elle tiendrait des nobles, qui seuls dorénavant formeraient la nation, les roturiers n'étant plus que des esclaves totalement privés de tous droits, ainsi que cela avait eu lieu dans les anciennes républiques. A cette époque la nation des nobles forma une véritable république qui, comme celle de Sparte, avait des rois héréditaires ; aussi le mot de république est-il souvent employé jusqu'à François Ier.

Le changement de dynastie se fit peu de temps après la mort du roi Louis V, fils du roi Lothaire. Louis V mourut tout jeune, après avoir régné un an, et empoisonné, selon l'opinion générale de cette époque.

D'après le principe de la légitimité invoqué maintenant par les Bourbons, la couronne appartenait à Charles, frère de Lothaire et oncle de Louis V. Il était exactement dans la même position que Louis XVIII et Charles X, frères de Louis XVI et oncles de Louis XVII.

Le roi Charles se met à la tête des partisans de la légitimité et du sang de Charlemagne, et commandant lui-même une armée qui est entièrement sous ses ordres, il remporte une victoire complète sur l'usurpateur Hugues-Capet ; mais Hugues-Capet, excessivement riche, achète des traîtres qui lui livrent le roi Charles ; il le fait renfermer dans une tour où ce roi mourut un an après. Cette mort fit naître les mêmes soupçons que ceux qui naquirent lorsque Louis XVII mourut dans les prisons de la Convention. Les nobles ayant enfin réussi dans leurs projets d'avoir une dynastie entièrement à eux, rendirent tout à fait complet le système féodal, qui réduisait les roturiers à n'être plus que des animaux attachés à la terre. L'imagination la plus atroce n'inventerait pas les supplices, les tortures morales et physiques dont les roturiers furent accablés, et cela pendant trois à quatre siècles. Les peuples les plus sauvages n'ont jamais poussé plus loin l'horrible droit du plus fort.

Les nobles, les Allemands, quoique bien moins nombreux, purent acquérir et conserver ce droit du plus fort, parce qu'ils eurent soin de réserver pour eux seuls le droit de porter des armes, d'apprendre à s'en servir, et de fortifier leur corps par de continuels exercices gymnastiques militaires; et par là, les lourdes armes dont ils se servaient avant la poudre à canon, leur étaient très-favorables.

Mais les nobles préparèrent l'affranchissement des roturiers, en s'interdisant, sous peine de déchéance, le commerce qu'ils regardaient comme déshonorant. Ils l'abandonnèrent donc aux esclaves. Ceux-ci, quoique souvent pillés par les nobles, acquirent, surtout dans les villes, une certaine fortune en argent et en marchandises qui leur permit d'acheter du roi et des nobles un peu de liberté. Cette liberté augmentait quand les rois avaient besoin des roturiers pour se défendre contre les nobles, mais ensuite les rois se servaient des nobles pour diminuer les droits des roturiers. Cependant, dans les mouvements alternatifs de ce système de bascule royale, le système féodal s'affaiblissait graduellement, mais il ne fut entièrement détruit que par la révolution de 89 ; jusqu'à elle, les priviléges de l'ordre de la noblesse étaient encore très-grands.

En 89, les roturiers, le peuple français, en vertu du droit du plus fort qu'il possédait maintenant, aurait pu traiter les nobles, les descendants du peuple Allemand, comme ceux-ci l'avaient traité pendant tant de siècles ; mais généreux, il leur accorda les mêmes droits qu'à lui-même, et le système féodal fut remplacé par le système de l'égalité devant la loi. Pour conserver le nouvel édifice politique, celui de 89, pour le mettre à l'abri des atteintes du droit divin et de l'anarchie républicaine qui l'a si fortement compromis à deux différentes époques, le peuple usant de sa souveraineté, a placé, en 1804 (et en 1852), au sommet de cet édifice, la dynastie napoléonienne.

En mai 1804 (de même en 1852), tous les descendants de Hugues-Capet, tous les Bourbons, sans exception, étaient chassés de France ; ils n'y conservaient plus un seul partisan combattant pour leur cause. Ceux qui s'étaient dévoués pour eux, Vendéens, Bretons, Normands, reconnaissaient sincèrement le gouvernement du premier consul, et, comme tous les autres Français, ils votèrent à une très-grande majorité pour l'Empire. La couronne que le peuple plaça sur le front de Napoléon n'était donc plus sur la tête de personne. Elle avait été ramassée dans la boue et le sang où l'avaient laissé tomber les Bourbons en ne venant point se mettre à la tête des Français qui combattaient pour eux, et en se tenant au contraire parmi les ennemis de la patrie, qui arboraient leur pavillon et non point celui des Bourbons sur les villes françaises dont ils s'emparaient.

Si, en mai 1804 il y eut un usurpateur, ce ne fut point Napoléon, mais le peuple français, qui ne se croyant pas un troupeau de bêtes appartenant quand même à un propriétaire, choisit pour le gouverner et prit dans son propre sein, la famille qu'il jugea devoir, mieux que toute autre, faire son bonheur et celui de ses enfants.

Les Bourbons, pour appuyer leurs prétentions à la propriété perpétuelle de la France et de ses habitants, ne peuvent faire valoir d'autres droits que ceux qu'ils tiennent de Hugues-Capet; mais, nous l'avons vu, les droits de Hugues-Capet sont uniquement ceux de l'usurpation et de la trahison les mieux caractérisées, et même, d'après plusieurs historiens, ceux du frigicide, mais, dans tous les cas, ceux de l'emprisonnement du roi légitime, qui était aussi le roi des roturiers, et de la mort de ce roi arrivée dans sa prison. En outre, les droits de Hugues-Capet sont ceux du système féodal complétement organisé, ainsi que de l'esclavage poussé à l'extrême du peuple roturier. On l'avouera, voilà de bien tristes droits à invoquer !

Revenons à la démonstration appuyée sur les preuves les plus authentiques, que sous le Consulat et l'Empire, aussi bien que sous la République, ce sont les aristocraties européennes qui nous ont toujours attaqués.

La victoire d'Austerlitz arrache l'Autriche à la troisième coalition; la Prusse la remplace bientôt après. Est-ce encore Napoléon qui l'attaque?

La Prusse, pressée de tous côtés par la Russie et l'Autriche, avait le plus grand intérêt à s'allier avec la France : c'était le système du grand Frédéric.

Aussitôt que Napoléon fut nommé premier consul, il envoya son aide de camp favori, Duroc, à Berlin. De cette époque jusqu'en 1806, Napoléon fit tout pour s'attacher la Prusse, pour lui faire comprendre que son seul, son véritable intérêt était dans une alliance intime avec la France, que cette alliance était la meilleure garantie de la paix du continent. En 1802, il lui avait fait avoir une large part aux indemnités du traité de Lunéville; il voulait l'agrandir encore ; mais en Prusse aussi il existait une puissante aristocratie pour laquelle le bien de la patrie n'était rien, qui ne connaissait d'autre intérêt que celui de son pouvoir et de sa vanité de caste, et qui haïssait, comme toutes les autres aristocraties, la révolution française et Napoléon, son représentant, tous deux grands démolisseurs de priviléges. Le roi de Prusse, en 1806, ainsi que l'empereur d'Autriche, un an auparavant, fut forcé par cette aristocratie à une guerre que Napoléon avec justice appelait fratricide. Il se montra très-sévère envers la Prusse, en raison de tous les efforts qu'il avait faits pour se l'attacher. Il ne lui pardonna pas d'avoir, en refusant son alliance, rendu possibles de nouvelles guerres continentales ; il ne lui pardonna pas surtout d'être une des causes qui détruisirent tout espoir de paix avec l'Angleterre.

Lorsque Pitt apprit la victoire d'Austerlitz, remportée par les Français le 2 décembre 1805, il en ressentit un dépit et un chagrin extrêmes, et mourut le 23 janvier 1806. Le ministère aristocratique tomba avec lui. Fox le remplaça, et des négociations pour la paix furent ouvertes. Fox était un véritable Anglais, un véritable patriote ; il avait fait tous ses efforts pour empêcher la rupture du traité d'Amiens ; mais aussitôt que la guerre fut déclarée, loin d'entraver le ministère de Pitt, il le seconda pour lui faire obtenir tous les moyens de la soutenir avec toute la vigueur possible ; et certe, si un homme comme Fox reconnaissait que ce n'était point Napoléon qui avait rompu la paix d'Amiens, s'il reconnaissait qu'avec lui l'Angleterre pouvait faire une paix honorable et solide, c'est qu'en effet c'était la vérité.

Dès le début des ouvertures pour la paix, Napopoléon demanda une explication nette et positive sur le point très-essentiel, l'indépendance absolue des deux pays dans la législation de leurs douanes. Talleyrand, dans la lettre qu'il écrivait le 1er avril 1806 à ce sujet, disait : « L'Empereur ne pense
» pas que tel ou tel article du traité d'Amiens ait
» été la cause de la guerre ; il est convaincu que la
» véritable cause a été le refus de faire un traité
» de commerce nécessairement contraire à l'indus-
» trie et aux manufactures de ses sujets. »

Fox répondit à cette demande de la manière la plus satisfaisante, et, le 16 juin, lord Yarmouth revint à Paris pour y traiter de la paix. Les conditions en étaient débattues entre lui et le général Clarke, notre plénipotentiaire, lorsqu'au commencement d'août Fox fut atteint d'une maladie qui se déclara mortelle dès les premiers instants ; il en mourut le 13 septembre. Il faut remarquer ici que le ministère de Fox n'était point homogène ; c'était un ministère mixte dont lord Granville était le chef. Lui et lord Windham, du parti aristocratique, conservaient leur haine contre la révolution française et son représentant ; cependant Fox, ministre des affaires étrangères, avait un grand ascendant sur la marche du gouvernement, ascendant que sa maladie lui fit perdre et dont lord Granville hérita.

L'aristocratie anglaise, courbée par la victoire

d'Austerlitz et la mort de Pitt, se redressait à mesure que Fox descendait dans la tombe, et lord Lauderdale, d'abord adjoint à lord Yarmouth, mais resté seul plénipotentiaire à la fin d'août, voyant que cette aristocratie allait ressaisir la puissance, acheta ses bonnes grâces en rendant impossible la conclusion de la paix.

Tout ce qu'il avait exigé lui avait été accordé. Napoléon consentait à ce que l'Angleterre possédât Malte, Ceylan, l'empire de Mysore et le cap de Bonne-Espérance. Lord Lauderdale, n'osant pas faire de nouvelles demandes pour l'Angleterre, eut recours à un vrai subterfuge : il se montra exigeant pour la Russie ; il voulut qu'on lui cédât des provinces qui l'auraient rendue maîtresse de la Turquie ; ces propositions ne pouvaient pas être sérieuses, l'Angleterre n'aurait point consenti à l'anéantissement de l'empire ottoman : la France ne le pouvait pas non plus. Napoléon, quoique la Russie eût été vaincue à Austerlitz, offrait de lui céder Corfou ; mais quelques jours après lord Lauderdale ne voulut plus continuer les négociations et demanda ses passeports.

De la mortelle maladie de Fox naquirent d'autres malheurs pour la France. Cette Russie, à laquelle lord Lauderdale veut faire avoir des avantages si immenses, avait envoyé M. d'Oubril à Paris, pour faire séparément sa paix avec nous. Elle fut signée le 20 juillet ; mais le 15 août l'empereur

Alexandre refusa de la ratifier. Dans ce même mois d'août, la Prusse, non pas d'une manière secrète, mais ostensiblement, mit ses armées sur le pied de guerre, en les dirigeant contre nous. Il fallut en même temps renoncer à la paix maritime et à la paix continentale.

La rupture des négociations pour la paix fut marquée par un de ces traits qui prouvent et l'extrême haine de l'aristocratie anglaise contre nous, et sa déloyauté.

Pour faciliter les communications du plénipotentiaire anglais avec son gouvernement, le port de Boulogne fut tacitement neutralisé. Des bâtiments parlementaires y entraient et en sortaient à chaque instant. Le service ne s'y fit plus avec la même rigueur. L'Agleterre envoya une division de trente bâtiments, qui, abusant de notre confiance et de la négligence qui en était la suite, s'approcha beaucoup plus près de Boulogne qu'elle ne l'aurait fait si nous n'avions point regardé ce port comme neutre, et les 9, 10 et 11 octobre, à l'aide d'un grand nombre de fusées à la congrève, elle essaya d'incendier la ville et la flotille. Le dernier jour de ce bombardement, le plénipotentiaire anglais arrivait de Paris à Boulogne ; il en fut témoin.

Après la mort de Fox, aucun homme d'un talent supérieur ne s'éleva pour le remplacer dans la direction de l'opposition libérale, de l'opposition sage, quoique très-patriotique ; annulée par ce défaut d'ensemble aussi nécessaire à une véritable opposition qu'à une armée, elle n'eut plus aucune influence, et dès ce moment le parti aristocratique put se livrer sans peine à toute l'exaltation de sa haine contre la nation française et son représentant ; et, pour la frapper à mort, il employa les moyens les plus violents, les plus destructifs des droits de toutes les nations, et nous força, pour avoir des chances de lui résister, de le combattre à armes égales en le suivant sur ce terrain d'illégalité et de violence.

Par un ordre du conseil britannique du 26 mai 1806, la France, ses alliés et tous les pays qu'elle occupait étaient déclarés bloqués. Des démarches pour la paix ayant lieu dans ce moment, Napoléon ne répondit point à ce blocus, contraire au droit des gens ; mais lorsque tout espoir de conciliation fut perdu, le 21 novembre, par représailles, il rendit le célèbre décret de Berlin, qui créa le système continental. Les considérants de ce décret, mieux que tout ce qu'on pourrait dire, en font sentir la justice et la nécessité ; je vais en rapporter quelques-uns :

« Napoléon, empereur, etc., considérant....

» 2° Qu'elle (l'Angleterre) répute ennemi tout
» individu appartenant à l'État ennemi, et fait en
» conséquence prisonniers de guerre, non-seule-
» ment les équipages des vaisseaux armés en
» guerre, mais encore les équipages des vaisseaux

» de commerce et les négociants qui voyagent pour
» les affaires de leur négoce ;

» Qu'elle étend aux bâtiments et marchandises
» de commerce et aux propriétés particulières le
» droit de conquête, qui ne peut s'appliquer qu'à
» ce qui appartient à l'ennemi ;

» 4°.... Qu'elle déclare bloquées des places de-
» vant lesquelles elle n'a pas même un seul bâti-
» ment de guerre, quoique une place ne soit blo-
» quée, d'après la raison et l'usage de tous les peu-
» ples policés, que quand elle est tellement investie
» qu'on ne puisse tenter de s'en approcher sans un
» danger imminent ;

» Qu'elle déclare même en état de blocus les
» lieux que toutes ses forces réunies seraient inca-
» pables de bloquer, des côtes entières et tout un
» empire, etc., etc.

» Les dispositions du présent décret seront con-
» stamment considérées comme principe fonda-
» mental de l'empire, jusqu'à ce que l'Angleterre
» ait reconnu que le droit de la guerre est un et le
» même sur mer et sur terre ; qu'il ne peut s'é-
» tendre ni aux propriétés privées, quelles qu'elles
» soient, ni à la personne des individus étrangers
» à la profession des armes, et que le droit de blo-
» cus doit être restreint aux places fortes réelle-
» ment investies par des forces suffisantes.»

Par réciprocité, les îles Britanniques étaient dé-
clarées en état de blocus ; tous les Anglais trouvés

dans les pays occupés par les Français, prisonniers de guerre, et leurs magasins, leurs marchandises, leurs propriétés, de bonne prise, etc.

Par un travers d'esprit si funeste aux Français, et dont seuls nous donnons l'exemple, nous sommes disposés à trouver bons tous les moyens employés pour nous nuire, et à désapprouver fortement les actes de représailles de notre gouvernement, lorsque nous sommes assez heureux pour en avoir un qui soit réellement national.

Lafayette et sa coterie ont accablé de malédictions l'Empereur, pour avoir fait prisonniers des Anglais non combattants et s'être emparé de leurs propriétés; mais leur sensibilité n'avait point été émue en voyant précédemment des Français non combattants emprisonnés et leurs biens confisqués, pas plus qu'en voyant les tourments soufferts par les prisonniers français sur les horribles pontons anglais, tandis que les prisonniers de cette nation étaient traités, en France, avec beaucoup d'humanité.

Il faut bien remarquer que les actes ordonnés par l'Angleterre le 26 mai 1806, et ensuite le 11 novembre 1807, n'étaient pas nouveaux; elle avait agi de même dans la guerre de l'indépendance américaine. En 1780, un grand nombre de navires marchands, appartenant aux nations neutres, furent amenés dans ses ports et condamnés par ses amirautés, en vertu de ce principe, « que, les ports

» français étant, par leur position, *naturellement*
» bloqués par ceux d'Angleterre, il n'était pas per-
» mis de naviguer auprès d'eux. » Dans une déclaration du roi d'Angleterre, du 18 décembre 1807, contre la Russie, se trouvent ces mots : « *S. M.*
» *proclame de nouveau les principes de la loi mari-*
» *time*, contre lesquels fut dirigée la neutralité armée sous les auspices de l'impératrice Catherine
» (en 1780), et contre lesquels la Russie dénonce ac-
» tuellement les hostilités... *Il est du droit*, comme
» du devoir de S. M. B. de maintenir ses princi-
» pes... *Ils ont*, en tout temps, *contribué au main-*
» *tien de la puissance maritime de l'Angleterre.* »

Ce n'était donc pas l'ambition de l'Empereur qui avait fait entrer l'Angleterre dans cette voie d'illégalité et d'injustice. Pour tâcher de s'y soustraire, la république des États-Unis mérita les reproches si souvent adressés à Napoléon : comme lui, elle déclara prisonniers les Anglais qui se trouvaient sur son territoire.

Le 11 novembre 1807, une ordonnance du roi d'Angleterre déclara que « les bâtiments des puis-
» sances neutres et *même alliées* de l'Angleterre
» sont assujettis, non-seulement à la visite des
» croiseurs anglais, mais encore à une station obli-
» gée dans un des ports de l'Angleterre, et à une
» imposition sur leur chargement, qui sera réglée
» par la législation anglaise. »

Et l'on doit bien faire attention que le bâtiment

neutre, soumis à cette relâche forcée et ayant payé cette imposition, ne pouvait pas pour cela se rendre en France ou dans un pays occupé par elle, ou qui fût son allié, car la même ordonnance, renouvelant celle du 6 mai 1806, déclarait que « tout navire » sortant de ces pays ou devant s'y rendre sera lé- » gitimement capturé. » Par l'article 7 du décret de Berlin, Napoléon se contentait d'ordonner : « Aucun bâtiment venant directement de l'Angle- » terre ou des colonies anglaises, ou y étant allé » depuis la publication du présent décret, ne sera » reçu dans aucun port. »

Le décret de Milan, rendu le 17 décembre 1807, déclare : Que tout bâtiment, de quelque nation qu'il soit, qui se sera soumis aux dispositions de l'ordonnance anglaise du 11 novembre précédent, est, par cela seul, *dénationalisé;* qu'il a perdu la garantie de son pavillon et est devenu propriété anglaise ; que, tombé au pouvoir d'un bâtiment français, il sera jugé de bonne prise.

Une énorme différence existait entre les ordonnances du roi d'Angleterre des 26 mai 1806 et 11 novembre 1807, et les décrets de Napoléon du 21 novembre 1806 et du 17 décembre 1807. Comme nous l'avons vu par la déclaration de S. M. britannique du 17 décembre, elle proclamait que l'Angleterre avait le droit de prendre toutes les mesures dont elle accablait le commerce des neutres, que c'était ses principes de tous les temps;

tandis qu'au contraire Napoléon disait, à la même époque : « Certes, la France reconnaît que ces me-
» sures sont injustes, illégales, attentatoires à la
» souveraineté des peuples; mais c'est aux peu-
» ples à recourir à la force, et à se prononcer contre
» des choses qui les déshonorent et flétrissent leur
» indépendance. » Il ajoutait qu'il tient excessivement à rentrer dans les voies de la légalité; qu'il le fera dès l'instant que l'Angleterre lui en donnera l'exemple ou consentira à suivre le sien.

En outre des atteintes portées aux droits des neutres par des ordonnances officielles, l'Angleterre s'arrogeait, mais sans publicité, le droit de presse sur leurs bâtiments, c'est-à-dire qu'elle y prenait, pour les faire servir à bord de ses vaisseaux de guerre, les matelots qui lui convenaient. C'était là violer, de la manière la plus outrageante, la plus cruelle, l'indépendance, la nationalité des peuples.

En 1805, 3,000 matelots furent ainsi enlevés des navires des États-Unis et forcés de servir l'Angleterre ; il en fut de même dans les années suivantes, et cependant le bâtiment d'une nation est son territoire sur mer.

En 1807, l'Angleterre continue à montrer quel est son respect pour les neutres.

Le roi de Danemark, loin d'être l'allié, même secret, de Napoléon, se défiait de lui : pour maintenir sa neutralité, il tenait son armée en observation sur le continent. Par là ses îles restaient sans force pour les défendre. L'Angleterre profite de la confiance qu'avait en elle le roi de Danemark. Une nombreuse flotte, portant une armée de terre, vient bombarder Copenhague, incendie 600 maisons, tue beaucoup de citoyens : cette ville est obligée de capituler. Son port renfermait dix-huit vaisseaux de guerre, quinze frégates, des corvettes : les Anglais s'en emparent et détruisent, avant de se rembarquer, les chantiers maritimes, les arsenaux, enfin tout ce qui a rapport à la guerre et qu'ils ne peuvent point emporter.

Pour colorer cette violation du droit des gens poussée à son dernier excès, les Anglais donnèrent deux prétextes : 1° Qu'ils avaient voulu punir le Danemark de son refus d'entrer dans la quatrième coalition contre la France ; 2° que, craignant qu'il ne devînt l'allié de Napoléon, ils avaient jugé à propos de lui ôter les moyens de leur nuire.

Le ministre Canning répond à tous les reproches « que cette expédition a diminué les forces
» de l'ennemi et augmenté la sécurité de l'Angle-
» terre... ; que c'est une mesure de propre con-
» servation. »

La France, je le répète, pour avoir des chances que la victoire lui resterait en définitive, devait employer contre les Anglais tous les moyens dont ils se servaient contre elle. Avant tout, elle devait chercher comme eux à affaiblir ses ennemis, à augmenter sa sécurité, à ne songer qu'à sa propre conservation. C'est sous ce point de vue qu'il faut envisager la guerre d'Espagne ; et cependant quelle énorme différence entre notre attaque contre cette puissance et l'attaque du Danemark par l'Angleterre.

Le Danemark était plutôt contre que pour nous; son armée de terre, placée sur le continent lorsque nos forces étaient à combattre, à Friedland, la quatrième coalition, semblait prête à se joindre à nos ennemis s'ils eussent été vainqueurs. Par l'inquiétude que cette armée, placée de manière à nous prendre à revers, devait nécessairement causer à Napoléon, elle avait aidé l'Angleterre. Nous avons vu quelle en fut la récompense.

L'Espagne, au contraire, se préparait en 1806 à seconder puissamment cette coalition.

L'ambassadeur envoyé par Alexandre à Madrid se rend d'abord à Londres. Chargé des instructions de cette cour, il va à Lisbonne, ensuite à Madrid. Il promet aux deux cabinets de la Péninsule, de la part des Anglais, de puissants secours s'ils réunissent leurs armées pour tomber sur le midi de la France, lorsque Napoléon combattra dans le Nord. Pour leur montrer qu'ils peuvent compter sur son appui, l'Angleterre envoie à Lisbonne une flotte nombreuse commandée par l'amiral Saint-Vincent. Le Portugal et l'Espagne arment en juin 1806. Le ministre prussien, Henri, presse de Madrid son gouvernement d'entrer dans la quatrième coalition, en lui faisant connaître que le prince de la Paix lui a formellement promis d'agir très-activement contre nous. Ces assurances ont dû nécessairement influer sur les déterminations de la Prusse et de la Russie : auprès de la première, en la décidant à nous déclarer la guerre ; auprès de la seconde, en l'empêchant de ratifier le traité de paix signé par son plénipotentiaire le 20 juillet. Ce refus de ratification, et ces armements hostiles de la Prusse amenèrent la rupture des négociations de paix avec l'Angleterre ; les gouvernements espagnol et portugais nous firent donc un bien grand mal à cette époque.

La suite prouva que les ambassadeurs russe et prussien, à Madrid, n'avaient point flatté leurs cours d'une vaine espérance.

Le 1er octobre 1806, le roi de Prusse nous déclara la guerre. Le 5 octobre, le gouvernement espagnol signe les proclamations pour appeler les peuples à combattre l'ennemi commun. Le 15, une circulaire presse le clergé, la magistrature, d'employer toute leur influence pour électriser la nation dans la guerre qui va commencer. On les conjure surtout d'exciter le courage « *de la noblesse, car il* » *s'agit de ses priviléges* comme de ceux de la cou-
» ronne. » Ainsi, là, c'était comme dans toute l'Europe, la guerre du privilége féodal contre les principes de 89.

Ce fut sur le champ de bataille d'Iéna que Napoléon reçut les proclamations hostiles de l'Espagne. Après être resté longtemps absorbé dans ses réflexions, il s'écria : « Je n'y serai plus re-
» pris. »

Lord Holland, dans ses souvenirs (*Revue britannique* de mai 1851), dit : « Tantôt il (le prince de
» la Paix) prêtait les mains — avec l'approbation
» d'agents anglais, je le crains, — à l'introduction
» en France des assassins complices de Georges.
» Il brava de gaieté de cœur ce grand prince (Na-
» poléon) dans une proclamation publique, et l'of-
» fensa d'une manière plus sensible encore en
» proposant à une des cours du Nord une alliance
» contre la France. Les Français en trouvèrent la
» preuve dans une correspondance saisie à Berlin,
» peu de temps après leur entrée dans cette capi-
» tale; et cependant Napoléon, par des motifs que
» nous ne nous expliquons point, n'allégua jamais
» ce fait comme justification de sa conduite subsé-
» quente en Espagne. »

Sa victoire de Friedland (14 juin 1807), suivie de la paix de Tilsitz, termina la quatrième coalition. La Russie ne perdit rien : elle s'engagea à nous seconder dans tous nos efforts pour obliger l'Angleterre à une véritable paix. Les deux empereurs passèrent vingt jours ensemble. Alexandre, en quittant Napoléon, semblait éprouver pour lui l'amitié la plus profonde : leur alliance paraissait devoir être éternelle, d'autant plus que tous les deux y trouvaient leur intérêt. Napoléon devait publiquement affecter une persuasion intime qu'il en serait ainsi ; mais intérieurement il craignait le contraire.

Frédéric-Guillaume, François II, Alexandre lui-même, avaient été entraînés sur le champ de bataille moins par leurs propres dispositions que par l'aristocratie qui les entourait. Napoléon diminuait le territoire des souverains vaincus (excepté celui de Russie) ; mais leur pouvoir restait intact. La haine de ces souverains contre la révolution française pouvait donc diminuer peu à peu et finir par s'éteindre. Au contraire, la haine de l'aristocratie européenne devait augmenter sans cesse, car chaque victoire du représentant de l'égalité politique frappait de mort les priviléges de cette aristocratie. Et dans le moment même, aussitôt la paix de Tilsitz, les deux États créés par la France, le duché de Varsovie et le royaume de Westphalie, recevaient des constitutions dont un article portait : « La destruction de l'esclavage, de tous
» les droits féodaux, de toute exemption d'im-
» pôts, etc., ainsi que l'admission des citoyens à
» tous les emplois quelconques. »

Dans les instructions que l'Empereur donna à son frère Jérôme en le faisant roi de Westphalie, il lui recommandait : « De maintenir en majorité
» le tiers-état dans tous les emplois... » Il lui di-

sait : « Que dans vos ministères, dans vos conseils,
» s'il est possible, dans vos cours d'appel, dans
» vos administrations, la plus grande partie des
» personnes que vous emploierez ne soient pas no-
» bles... » Il ajoutait : « Souvenez-vous toujours
» que vous êtes Français. »

Napoléon savait donc qu'il n'avait pas de paix à attendre des hommes de la féodalité, et il jugeait qu'ils finiraient par reprendre leur ancienne influence sur leurs souverains ; qu'il faudrait donc que la France fût de nouveau combattre dans le Nord, et que, par conséquent, il ne fallait pas que les aristocraties du Portugal et de l'Espagne pussent réaliser leurs projets de 1806, pussent venir nous frapper par derrière, tandis que nous ferions face aux armées du septentrion.

Non-seulement le gouvernement espagnol voulut nous attaquer en 1806, mais, et c'est ce qu'il faut bien remarquer, il projetait de le faire de la manière la plus perfide : c'était une véritable trahison de sa part. Il était notre allié ; aucun sujet de discussion n'existait entre nous et lui. Loin que quelque apparence de froideur pût nous faire pressentir ses desseins et nous mettre en garde contre eux, il prodiguait à notre ambassadeur à Madrid les assurances du plus entier dévouement, de la plus cordiale amitié ; son ambassadeur s'exprimait de même à Paris : s'il armait, c'était, disait-il, pour être en état de se défendre contre l'Angleterre, dans le cas où elle tenterait une expédition contre son territoire. La France ni l'Empereur n'avaient le plus léger soupçon sur la fidélité de la cour d'Espagne, lorsque parurent la proclamation du 5 et les circulaires du 15 octobre.

Le peuple espagnol n'avait point pris part à la perfidie de son gouvernement : il aimait, il admirait les Français et Napoléon ; il haïssait les Anglais, spoliateurs de Gibraltar, et qui, quelques années avant, en pleine paix, avaient attaqué quatre de ses frégates très-richement chargées, pris trois, et causé la mort de tout l'équipage de la quatrième. Ce fait était vivant dans son souvenir.

Le peuple espagnol était donc l'ami de la France ; son gouvernement seul était notre ennemi, ennemi aussi lâche que perfide, puisqu'il attendait que nous fussions vaincus dans le Nord pour venir nous attaquer par derrière à l'improviste, et qu'il ne l'osât plus lorsque, vainqueurs, nous pouvions lui faire face. Alors il s'avilit aux plus basses soumissions.

Déclarer la guerre à l'Espagne, comme on blâme fortement Napoléon de ne l'avoir pas fait, c'était tuer des Espagnols, porter le ravage dans leurs propriétés ; en un mot, c'était punir les innocents, c'était frapper nos amis en leur enlevant une partie de leur territoire, seul genre de garantie que nous eussions pu prendre contre de nouvelles trahisons ; et en même temps les véritables coupables restaient impunis ; car qu'importaient à l'imbécile Charles IV, à son perfide favori, de régner sur un royaume plus ou moins étendu ?

Au lieu des fléaux que la guerre entraîne à sa suite, Napoléon apportait au peuple espagnol tous les biens résultant des principes de 89, mais sans qu'ils eussent à les payer par dix ans d'une sanglante anarchie et par de longues guerres extérieures. L'inquisition et le système féodal étaient entièrement abolis ; le nombre des couvents diminués, le sort des véritables ministres de la religion, des curés, améliorés. Les places, les emplois n'étaient plus l'apanage d'une seule caste, mais tous les Espagnols pouvaient également y parvenir. Enfin il faisait sortir la nation de ce profond abrutissement, de cette dégradante misère où elle était plongée ; il l'arrachait à cette situation où, comme il le dit à la députation de Madrid : « L'égoïsme, » la richesse et la prospérité d'un petit nombre » d'hommes, nuisaient plus à votre agriculture que » les chaleurs de la canicule. »

En ne prenant pour juge que le résultat, on accable Napoléon des plus graves reproches ; mais, pour être équitable, il faut aussi considérer quel fruit l'Espagne a retiré de sa sanglante résistance aux bienfaits de l'Empereur.

Les Espagnols, après nos désastres de Russie et d'Allemagne, ont réussi à n'avoir point Joseph pour roi ; mais ce n'est pas par leurs propres efforts qu'ils y sont parvenus, mais par le secours des armées anglaises, dont les chefs étaient aussi les chefs des armées espagnoles, qui n'étaient plus que des auxiliaires dans leur propre cause. Les documents fournis par les Espagnols eux-mêmes prouvent quelles humiliations ils ont eu à supporter de la protestante Angleterre; avec quelle hauteur, quel dédain, quelle cruauté même cette puissance les a traités. Ils ont perdu leurs riches et nombreuses colonies, leur marine a été anéantie; aussi les Etats-Unis d'Amérique peuvent-ils proclamer hautement leur dessein de ravir à l'Espagne la seule colonie qui lui reste, l'île de Cuba, et l'Espagne est forcée, pour retarder au moins l'effet des menaces des États-Unis, d'implorer l'intervention des puissances européennes. Serait-elle réduite à un tel état d'abaissement si, au lieu d'aider à nos ennemis à nous accabler, elle nous avait secondés pour obliger l'Angleterre à une paix honorable et avantageuse à toutes les nations?

Ce Ferdinand tant désiré, le peuple espagnol l'obtient enfin ! En est-il plus heureux? Ses plus grands citoyens dans tous les genres sont mis à mort, exilés, ou vont mourir dans les bagnes, à côté d'ignobles assassins. Une révolution éclate en 1823 : le peuple espagnol se donne une constitution libérale, il jure de la défendre; mais les Français, des mains desquels ils n'avaient point voulu recevoir un roi les faisant jouir des principes de 89, vont détruire leurs institutions et les courber de nouveau sous un vil et atroce despotisme. Ainsi l'Espagnol, frappé dans son orgueil national comme dans ses intérêts, n'a même pas la consolation de pouvoir dire, dans ses infortunes : « J'ai résisté à l'étranger ; » car les Espagnols qui ne voulaient pas de la constitution avaient pris les armes sous le nom d'armées de la foi; mais ils furent vaincus : c'est l'étranger qui imposa à l'Espagne le pouvoir absolu.

Ferdinand meurt ; la guerre civile éclate, mais la guerre la plus barbare, la plus atroce, et en même temps la plus dénuée de toute grandeur. Ce ne sont point des victoires, mais une infâme trahison qui vient y mettre fin, si en effet elle est terminée.

Si le triomphe de l'Espagne en 1814 a produit pour elle tous les maux, sans excepter celui du joug étranger, on peut dire qu'en 1808 elle a pris le plus mauvais des deux partis qui s'offraient à elle.

Mais Napoléon devait-il croire qu'elle agirait ainsi? Devait-il soupçonner une pareille résistance de sa part ? Les faits répondent : Non.

On a prétendu qu'il devait s'y attendre, d'après le caractère connu de l'Espagnol. Mais à quelle époque ce caractère s'était-il montré sous un pareil aspect? Dans les anciens temps, l'Espagne avait été subjuguée par les Carthaginois, ensuite par les Romains, plus tard par les Visigoths, après eux par les Maures. S'ils parvinrent à chasser ces derniers, ce ne fut qu'après sept cents ans d'efforts, et lorsque leurs ennemis s'affaiblirent en rompant toute liaison avec leur ancienne patrie, et en se livrant à des guerres intestines. Et cependant, les Espagnols avaient pour leur résister d'abord, pour les vaincre ensuite, le plus puissant des véhicules, puisque c'était la guerre de la croix de Jésus-Christ contre l'étendard de Mahomet; enfin, les Bourbons régnaient depuis moins de cent ans sur l'Espagne. Une grande partie de la nation n'avait point voulu d'eux, et quoique secondée dans sa résistance par les forces de l'Angleterre et de l'Autriche, les armées de Louis XIV lui avaient imposé son petit-fils.

Napoléon avait fait prendre, dans toutes les provinces de la Péninsule, les renseignements les plus circonstanciés, les plus positifs ; il savait l'enthousiasme que partout on éprouvait pour les Français, la haine que l'on portait aux Anglais, et il devait croire qu'il serait bien faible le mécontentement qu'éprouveraient les Espagnols en voyant la nouvelle dynastie française remplacer l'ancienne, d'autant plus qu'il avait ménagé au plus haut degré l'orgueil castillan.

Joseph ne fut point placé sur le trône en vertu du droit de conquête, mais à la demande de ce que l'Espagne renfermait d'hommes les plus honorables, les plus populaires même, et qui naguère avaient pris parti pour Ferdinand contre son père.

Une junte, composée des mêmes éléments, avait discuté et accepté les institutions dont le résultat devait être de replacer la nation dans le haut rang qu'autrefois elle avait occupé. Tout ce qui pouvait faire sentir la main de l'étranger avait été habilement dissimulé.

Il faut bien remarquer, pour la justification de l'Empereur, que son dessein de détrôner les Bourbons d'Espagne ne fut pas prémédité; il y fut conduit par les fatales dissensions qui s'élevèrent dans la famille royale.

Loin de les faire naître, il fit tout ce qu'il lui était possible pour les prévenir. Ferdinand, à l'insu de son père, lui écrivit une lettre pour lui demander une de ses nièces en mariage. Dans sa réponse, Napoléon cherchait à lui faire comprendre combien sa démarche était coupable; que, destiné à régner un jour, c'était surtout à lui de donner l'exemple de l'obéissance et du respect envers son roi et son père.

La veille de son départ pour Bayonne, l'Empereur, Talleyrand et le ministre des affaires extérieures, Champagny, tiennent un conseil sur ce qu'il faut faire en Espagne. Tous les trois, tour à tour, examinent mûrement les avantages ou les désavantages du détrônement des Bourbons ou du morcellement de l'Espagne, s'ils sont conservés; mais aucun d'eux ne conclut à l'adoption d'un parti. Tout se borna à considérer, sous toutes les faces, les inconvénients pour ou contre. Si l'Empereur avait pris en lui-même une décision antérieure, il n'aurait point assemblé ce conseil, puisque, si Talleyrand ou Champagny avaient proposé un projet différent de celui qu'il voulait suivre, et que le sien n'eût point réussi, c'était donner à un de ses conseillers ou à tous deux le droit de dire qu'ils avaient mieux envisagé la question que Napoléon lui-même. Depuis c'est en effet ce qu'a prétendu Talleyrand; mais tous les témoignages, tous les documents s'accordent à prouver qu'il a plutôt poussé au renversement des Bourbons d'Espagne qu'à leur conservation.

Le 30 octobre 1807, Ferdinand fut arrêté comme ayant voulu détrôner son père. Le 5 novembre il lui écrit : « *J'ai dénoncé les coupables*, je prie V. M. » de me pardonner, et de permettre de baiser vos » pieds à votre fils reconnaissant. »

Ferdinand avait commis l'action la plus ignoble, la plus infâme qu'un prince conspirateur puisse commettre, celle de dénoncer ses complices, ses amis. Quel homme sensé pouvait présumer que le peuple espagnol refuserait les avantages que lui apportait Joseph et s'exposerait aux plus grands malheurs, pour être gouverné par un homme aussi vil, aussi lâche que Ferdinand ? On parlera de leur orgueil national; mais, je le répète, si tel est en effet leur caractère, pourquoi ne l'ont-ils pas manifesté en 1823 ? Ou ils voulaient la constitution de 1820, ou ils n'en voulaient pas. S'ils ne la voulaient pas, pourquoi ne l'ont-ils pas détruite eux-mêmes? S'ils la voulaient, pourquoi ont-ils souffert que l'étranger vînt la leur ravir?

On parlera aussi de leur fanatisme. Les Italiens l'étaient comme eux, autant qu'eux, et cependant les soulèvements fomentés par leurs prêtres en 1796, quoique appuyés par les armées autrichiennes, furent promptement dissipés par nos soldats. Tout devait faire croire qu'il en serait de même en Espagne.

Le 17 mars 1808, la conspiration avortée du 30 octobre précédent se reforme et réussit.

Charles IV, donne, de force, son abdication le 19, fait une protestation le 21, et la fait parvenir à l'Empereur.

Ferdinand, malgré les supplications de sa mère, veut la réléguer, avec le roi, à Badajoz, et faire trancher la tête au prince de la Paix. Murat les place sous la protection des troupes françaises.

Napoléon, Ferdinand, Charles IV, arrivent à Bayonne, le premier, le 15 avril, le second, le 20, le troisième, le 30.

Aussitôt arrivé, le vieux roi fait appeler Ferdinand. Le chanoine Escoïquiz, précepteur de ce dernier et son partisan, raconte, dans ses mémoires, la scène qui se passa entre eux. Charles IV ordonne à son fils de lui remettre sa couronne par une cession simple signée de lui et de ses frères, le menaçant de le faire traiter, lui et sa suite, comme des *émigrés rebelles*. Ferdinand essaie de parler, mais Charles IV « s'élance de son siége en » le menaçant, et en l'accusant d'avoir voulu lui » arracher la vie avec la couronne. »

La reine l'était persuadée, et elle avait écrit plusieurs fois à Napoléon, que Ferdinand lui ferait couper la tête. A Bayonne, elle répéta les mêmes accusations.

Une observation de tous les jours prouve que plus des personnes, d'après la loi de la nature, devraient s'aimer, plus leur haine est violente une fois qu'elles se haïssent. Le roi et la reine en étaient venus à ce point envers leurs enfants, qui leur avaient arraché la couronne, menacé leur vie et leur liberté, et qui, et c'était le plus grand crime à leurs yeux, avaient voulu faire périr sur l'échafaud le favori dont ils étaient idolâtres.

Aussi, l'abdication de Charles IV en faveur de Napoléon fut sincère. Lui et la reine préféraient mille fois mieux sur leur trône un étranger dont ils n'avaient point à se plaindre, que des enfants, objets de toute leur haine, et qui avaient pour eux le même sentiment.

L'Empereur, à Bayonne, avait donc devant lui, d'un côté, un mari témoignant la plus extrême tendresse pour l'amant de sa femme ; une mère accusant son fils aîné, et par contre-coup, ses autres fils, qui s'étaient joints à lui, au moins d'intention, d'avoir voulu leur arracher la vie; d'un autre côté, ce fils, portant dans toute sa personne l'expression des plus vils sentiments, dont au reste, il avait déjà donné une preuve par sa lâcheté, son infamie à dénoncer ses complices. A la vue de personnages aussi dégradés, qui aurait pu se défendre du profond dégoût, du juste mépris qu'éprouva l'Empereur? et pouvait-il penser à laisser l'un d'eux remonter sur le trône d'Espagne?

Il fallait, de toute nécessité pour la France que les Espagnols ne pussent pas l'attaquer pendant qu'elle combattrait au Nord. Le gouvernement de la Péninsule devait donc être tel que la plus légère crainte à cet égard ne fût pas même permise. Charles IV, qui se déclarait incapable de régner sans son favori, ne pouvait nous inspirer aucune confiance, puisque deux ans auparavant il avait voulu nous combattre. En outre, il aurait fallu, pour le remettre sur le trône, faire d'aussi grands efforts que pour y placer le frère de notre Empereur. On ne pouvait donc point penser à Charles IV.

Consentir à voir régner Ferdinand était encore plus impossible.

Charles IV ne haïssait pas personnellement les Français, et cependant, entraîné par son aristocratie, il avait voulu se déclarer contre nous.

L'entourage de Ferdinand nous était encore plus hostile; des lettres de ce prince, que Napoléon avait entre les mains, prouvaient, de sa part, une profonde haine pour les Français, un entier dévouement à l'Angleterre. Son caractère vil, atroce, lâche, donnait la mesure de la confiance que ses promesses, ses serments pouvaient inspirer. Le laisser monter sur le trône, c'était nous imposer l'obligation de réunir à la France la partie du territoire espagnol en deçà de l'Elbe, et d'occuper militairement le reste de la Péninsule ; c'était, en un mot, nous priver d'une partie de nos forces, dont la réunion était nécessaire pour résister au nord de l'Europe, sans cesse soulevé contre nous par l'or des Anglais. En outre, la raison ne disait-elle pas que l'orgueil espagnol devait être bien plus profondément blessé par le morcellement de son territoire, par l'occupation du reste, que par un simple changement de dynastie, surtout lorsque cette dynastie ne lui avait pas fourni un seul roi dont il pût s'honorer, surtout lorsque cette dynastie, à l'instant même, était composée de princes encore plus dépourvus de capacité, de sentiments nobles et élevés que leurs prédécesseurs?

M. Urquijo, ancien ministre, homme supérieur, dit, lorsque Ferdinand allait à Bayonne, présumant bien qu'il n'en reviendrait pas : « qu'après
» tout, les dynasties qui avaient régénéré l'Espa-
» gne étaient toujours venues du dehors ; qu'il
» suffisait que Napoléon ajoutât à son génie un
» peu de prudence pour que les Bourbons perdis-
» sent définitivement leur cause. »

Que l'on réfléchisse mûrement, et à la situation de la révolution française envers les rois et les aristocraties de l'Europe, qui voulaient, depuis 91, à toute force la détruire, et à l'indigne perfidie du gouvernement espagnol en 1806, et l'on sera convaincu que le représentant de notre révolution, que l'Empereur n'a point pu agir autrement qu'il l'a fait.

Le résultat a été des plus funestes ; mais quelques garanties que nous eussions pu prendre contre l'Espagne, et de toute nécessité, après sa levée de boucliers en 1806, il nous en fallait, ces garanties auraient amené le même résultat. Un pouvoir supérieur à toute intelligence humaine avait écrit dans le livre des destins l'arrêt irrévocable de notre chute, car ce résultat n'est arrivé que par des causes accidentelles qu'il n'était pas plus possible de prévoir, que les longs et acharnés soulèvements du peuple espagnol. Ces soulèvements, on aurait pu les soupçonner si la dynastie qui régnait en 1808 avait été de race espagnole, si elle avait fourni à l'Espagne des princes dont elle pût s'enorgueillir ; mais elle était de race française, transportée et reconnue en Espagne, sans opposition depuis moins d'un siècle. Cette branche des Bourbons régnait aussi sur les Napolitains qui, en 1806, virent avec contentement qu'elle était remplacée par le frère de l'Empereur, par Joseph. Joseph, quand il vint pour régner en Espagne, portait donc déjà une couronne qui avait été sur la tête d'un des membres de la dynastie espagnole ; cette circonstance augmentait encore les nombreuses probabilités, probabilités si grandes que sans le résultat on pourrait dire certitudes, que l'Espagne agirait comme Naples, et qu'elle verrait au moins avec indifférence l'éloignement de princes tombés par leur faute dans la plus grande déconsidération.

La classe éclairée en Espagne désirait ardemment voir sa patrie sortir de l'abject abrutissement, de l'anéantissement où elle était plongée depuis cent cinquante ans. Elle sentait que ce n'était point les Bourbons dégénérés qui pouvaient l'y faire parvenir ; elle s'était ralliée franchement, de bonne foi, au frère de Napoléon. Mais une grande partie de cette classe éclairée, pour sauver ses biens et sa vie, fut forcée, par l'infâme conduite du général Dupont à Baylen, de se joindre à l'insurrection fanatique, qui, sans ce puissant renfort, aurait été comprimée avant que nos armées fussent atteintes par le froid de Moscou.

Ce ne furent point des ordres précédemment donnés qui causèrent les mauvaises manœuvres du général Dupont ; mais, guidé par la soif de l'or, il dispersa son corps d'armée, et pour conserver ensuite le fruit de ses rapines, il voulut faire une capitulation qu'il signa malgré l'énergique opposition de ses soldats. Cette capitulation, qu'il avait proposée et qui ne fut acceptée que le 22, n'était point nécessaire, puisque, ayant été rallié le 19 au soir, par la division du général Védel, qui mettait les insurgés entre deux feux, il pouvait ou les vaincre, ou du moins s'ouvrir un passage l'épée à la main.

Dupont, comme l'a dit l'Empereur, « était un » des braves de notre famille ; » il était un des généraux désignés pour obtenir, avant peu, le bâton de maréchal : Napoléon est-il coupable de n'avoir pas prévu tant d'infamie ?

Un historien, l'abbé de Montgaillard, détracteur acharné de l'Empereur, dit cependant (page 426) : « Certes, le général Dupont a tout le droit, comme » toutes les prétentions (s'il veut) de se considé- » rer comme l'une des causes efficientes des grands » bouleversements qui s'effectuèrent en 1813 et » 1814. »

Le roi Joseph était à Madrid ; son ministère était composé des Espagnols les plus capables et les plus honorables sous tous les rapports ; la classe éclairée s'attachait à sa fortune ; mais la capitulation de Baylen, en le forçant de quitter Madrid, rendit l'insurrection générale.

Une autre cause accidentelle du funeste résultat de la guerre d'Espagne, fut l'inconcevable conduite de Masséna, commandant l'armée de Portugal. A l'instant même, à Essling, il sortait de donner les preuves de la plus haute capacité militaire, d'une infatigable activité, d'une extrême énergie ; mais livré à une ridicule passion pour une enfant de seize ans, sœur d'un tambour, le vainqueur de Zurich ne s'occupe plus qu'accidentellement de son armée, se tient loin des champs de bataille ; les avis les plus pressants de ses généraux ne peuvent point l'y ramener ; et, plusieurs fois, il perd les occasions les plus favorables, les plus certaines de battre complétement Wellington.

Masséna était surnommé l'heureux ; ce nom, il l'aurait complétement mérité, s'il avait été frappé, à Essling, du boulet qui priva la France du maréchal Lannes.

Une troisième cause de la prolongation de la guerre d'Espagne, et qui, pas plus que les deux autres, ne tenait au renversement des Bourbons, fut la jalousie des maréchaux les uns contre les autres : chacun d'eux voulait attirer à lui tout le commandement, vaincre seul ; de là, défaut d'ensemble, inexécution des ordres de l'Empereur ; peu de fruit retiré des victoires, et facilité, pour l'ennemi, de nous battre en détail ; et cependant, Napoléon leur disait souvent : « Nous devons nous » considérer comme de la même famille, de la fa— » mille des braves. »

Je me suis longuement étendu sur la fatale affaire d'Espagne, pour chercher à détruire une erreur, partagée même par les plus grands admirateurs de Napoléon, qui, comme ses adversaires, l'accusent de perfidie envers la dynastie espagnole, sans songer que dans tout, celui qui donne l'exemple est le véritable criminel, et qu'user des mêmes armes employées contre soi, est le droit de tout individu, et à plus forte raison, de tout chef de gouvernement, qui peut se montrer généreux quand son seul intérêt est en cause, mais qui ne doit pas l'être aux dépens de tant de millions de personnes dont le bonheur dépend de lui : 1808 ne fut que les représailles de 1806.

A la fin de 1808, Napoléon avait ramené son frère à Madrid ; les Anglais avaient été forcés de s'embarquer précipitamment à la Corogne. L'Empereur allait poursuivre ses succès, lorsque les immenses préparatifs de guerre faits par l'Autriche l'appelèrent à Paris.

Cette puissance avait calculé que les Français ne pourraient être prêts à combattre que dans le mois de juillet au plus tôt. Le 9 avril, *sans déclaration de guerre*, tandis que son ambassadeur, le comte, depuis prince de Metternich, était encore à Paris, et donnait à Napoléon les assurances les plus positives des intentions pacifiques de sa cour, l'Autriche nous attaquait en Allemagne et en Italie. L'Empereur apprend, le 12 avril au soir, par le télégraphe, cette invasion ; le 13, à deux heures du matin, il part pour l'armée. Le 12 mai, après avoir en courant gagné plusieurs batailles, il entre à Vienne. Le 6 juillet, la victoire de Wagram force l'Autriche à nous demander la paix.

Pour démontrer que les Français ne furent point les agresseurs dans cette nouvelle guerre, peu de mots suffiront, et je les emprunterai à M. Schœl, défenseur officiel de nos ennemis. Il dit (t. IX, page 223) : « En 1809, il ne s'agissait pas pour » l'Autriche de s'assurer la tranquille possession » des États que le dernier traité lui avait laissés ; » elle espérait que les conjonctures actuelles lui » permettraient de briser les conditions onéreuses » de ce traité et de rentrer dans l'intégrité de ses » possessions. » Et même tome, page 239 : « Le » ministre de France prouve très-bien ce qui, aux » yeux de tout homme impartial, ne peut pas être » douteux, savoir : que l'Autriche avait, depuis la » paix de Presbourg, préparé les moyens de se dé- » barrasser de ce traité et de prendre son ancien » rang dans le système politique de l'Europe ; et » que, voyant Bonaparte occupé en Espagne, elle » avait pensé que le moment d'éclater était ar - » rivé. »

La guerre contre la Russie, en 1812, pas plus que la guerre contre l'Autriche en 1809, contre la Prusse en 1806, contre les deux empereurs en 1805, et enfin contre l'Angleterre en 1803, ne peut être attribuée à Napoléon : je vais le prouver.

Le czar, d'un caractère inconstant, avait promptement oublié l'amitié et les promesses jurées à

Tilsitz et à Erfurt. En outre, il était frappé du souvenir de son père, assassiné pour s'être allié avec nous. Aussi, l'aristocratie russe, qui avait aidé Alexandre à monter sur le trône avant le temps fixé par la nature, reprit-elle, quelques années après Erfurt, tout son ascendant sur lui, et dès 1810, deux grandes violations du traité de Tilsitz avaient eu lieu.

Les ports russes furent rouverts au commerce anglais, et un ukase chassa le nôtre de cet empire.

Le mal résultant pour nous de cette seconde mesure était grand ; mais celui que nous faisait la première était immense, puisque nous ne pouvions forcer l'Angleterre à une paix solide et durable qu'en la prenant pour ainsi dire par famine, qu'en détruisant son commerce, et pour cela il fallait la chasser du continent.

Le but devait être atteint par notre alliance avec la Russie. Notre Empereur avait compris que la France ne pouvait compter sur cette alliance, née à Tilsitz, qu'autant qu'Alexandre y trouverait de grands avantages. Ce fut là le motif qui l'obligea, quoiqu'avec bien du regret, à consentir que le czar s'emparât au nord, de la Finlande ; à l'orient, de la Moldavie et de la Valachie ; mais il ne voulait pas et ne pouvait pas vouloir la destruction complète de la Turquie.

Alexandre, décidé à la guerre, mais voulant en même temps que nous eussions l'air d'être les agresseurs, demandait, pour fermer de nouveau ses ports au commerce anglais et pour accueillir de nouveau le nôtre, deux choses qu'il était impossible de lui accorder.

Napoléon consentait à signer : « *Je ne ferai rien pour rétablir le royaume de Pologne ;* » mais Alexandre exigeait qu'il signât : « *Le royaume de Pologne ne sera jamais rétabli,* » ce qui était nous engager à joindre nos armées à celles d'Alexandre pour détruire la Pologne, si une circonstance lui faisait recouvrer sa nationalité. Voici, à ce sujet, un fragment d'une note que l'Empereur écrivit, en 1810, à notre ambassadeur à Saint-Pétersbourg ; ce sera en même temps une réponse à ceux qui prétendent que Napoléon, sans tenir compte des difficultés, devait rétablir le royaume de Pologne :

« Je me dois à la France et à ses intérêts, et je ne prendrai pas les armes, à moins qu'on ne m'y force, pour des intérêts étrangers à mes peuples; mais je ne veux pas me déshonorer en déclarant que le royaume de Pologne ne sera jamais rétabli ; me rendre ridicule en parlant le langage de la Divinité ; flétrir ma mémoire en mettant le sceau à cet acte d'une politique machiavélique, car c'est plus qu'avouer le partage de la Pologne que de déclarer qu'elle ne sera jamais rétablie. Non, je ne puis prendre l'engagement de m'armer contre des gens qui ne m'ont rien fait, qui m'ont au contraire bien servi, qui m'ont témoigné une

» bonne volonté constante et un grand dévouement.
» Non, je ne me déclarerai pas leur ennemi, et je
» ne dirai pas aux Français : Il faut que votre sang
» coule pour mettre la Pologne sous le joug de la
» Russie. Si je signais que le royaume de Pologne
» ne sera jamais rétabli, c'est que je voudrais le
» rétablir, et l'infamie d'une telle déclaration serait
» effacée par le fait qui la démentirait. »

L'honneur défendait à la France de souscrire à cette première demande; son intérêt ne lui permettait pas d'admettre la seconde. Cette seconde, c'était la possession de Constantinople et des Dardanelles.

Notre ambassadeur, Caulaincourt, représentait en vain à l'empereur russe qu'il serait par là maître du commerce du Levant et même de l'Inde; Alexandre, avec cette astuce des barbares à demi civilisés, répondait (lettre de Caulaincourt à notre ministre des affaires étrangères) « que Con-
» stantinople ne serait pour la Russie qu'une ville
» de province à l'extrémité de l'empire; que la
» géographie la lui donnait; qu'il fallait qu'il eût
» *la clef de la porte de sa maison*, etc., etc. »

Les représentations de notre ambassadeur, les lettres écrites directement par Napoléon au czar, tout fut inutile. Alexandre persista dans ses inadmissibles demandes ; la guerre seule pouvait donc le ramener au traité de Tilsitz, le ramener à fermer de nouveau ses ports au commerce de l'Angleterre, seul moyen pour nous de forcer cette puissance à la paix.

Cette indispensable guerre, Napoléon redoutait beaucoup de l'entreprendre. D'abord, il avait pour principe de ne point en faire deux à la fois, et celle d'Espagne continuait toujours ; mais une raison plus forte encore le portait, envers l'empire moscovite, comme elle l'avait fait en 1803 à l'égard de l'Angleterre, à chercher tous les moyens d'éviter la guerre ; cette raison était la position géographique de la Russie, position qui, par d'autres causes, se trouvait pour la France la même que celle de l'Angleterre.

L'Angleterre, entourée par la mer, était presque à l'abri d'une attaque directe, d'une lutte corps à corps.

Cette mer, protectrice de l'Angleterre, était remplacée pour la Russie par son rigoureux climat, par son éloignement, qui nous obligeait, pour l'attaquer, à laisser derrière nos armées, l'Autriche et la Prusse, toujours animées des sentiments manifestés par le traité de Pilnitz. Tant que la Russie s'était rapprochée de nous, Napoléon n'avait point craint de se mesurer avec elle ; mais depuis un an elle était prête à combattre, et cependant elle restait immobile sur ses frontières. Son dessein était donc bien visible : comptant moins sur la bravoure de ses armées que sur son climat dévastateur, elle voulait nous attirer sur son territoire ; c'est là ce que Napoléon cherchait à éviter, mais cependant il fallait, à la fin, sortir d'une situation toute à l'avantage de l'Angleterre, et puisque les Russes ne voulaient point venir à nous, Napoléon, après deux ans d'infructueuses négociations, fut forcé d'aller à eux.

D'énormes fautes commises par des généraux, surtout par Junot, sans doute atteint déjà de la folie dont il mourut deux ans plus tard, sauvèrent plusieurs fois les armées russes d'une destruction totale : Moscou incendiée ; un précoce hiver ; la défection de la Turquie au moment où elle pouvait se sauver des serres de la Russie, défection qui, en plaçant une armée russe sur nos derrières, nous força d'accélérer notre retraite et la rendit si désastreuse : toutes ces causes changèrent nos victoires en défaites, et l'Europe, encouragée par nos malheurs, se leva tout entière contre nous : il fallut succomber sous le nombre, secondé par la trahison.

Deux fois la France a subi la plus grande humiliation que puisse éprouver un peuple : la honte de souffrir l'intervention étrangère dans ses affaires intérieures; de souffrir que le gouvernement qu'elle s'était donné fût remplacé par celui qu'elle repoussait avec horreur; deux fois la trahison fut la seule cause que notre patrie a été marquée de cette double souillure. Les perfidies de 1814 ne peuvent plus être niées; le temps approche où celles de 1815 ne seront pas moins évidentes, ne seront pas moins reconnues, proclamées non-seulement par la France, mais encore par le monde entier.

En 1814, l'Empereur, par des manœuvres stratégiques empreintes du plus profond génie, avait placé les armées ennemies dans une position tellement désavantageuse, que de toute nécessité nous eussions vu se renouveler les immenses résultats obtenus par les victoires de Marengo, d'Austerlitz, d'Iéna, lorsqu'un envoyé de Talleyrand vint les presser de se rendre à marches forcées sur Paris, leur promettant que les portes leur en seraient ouvertes. Le général Kouraskin, aide de camp d'Alexandre, dans un ouvrage officiel publié sur cette campagne, en convient lui-même. Le général Wilson, qui se trouvait en qualité de commissaire anglais au quartier général des alliés, et qui par conséquent a tout vu de ses propres yeux, ainsi que le général Kouraskin, dit dans l'ouvrage qu'il a publié sur la campagne de 1814, page 91 : « Les alliés se trouvaient dans un
» cercle vicieux d'où il leur était impossible de se
» tirer, *si la défection ne fût venue à leur secours.*
» Ils étaient hors d'état d'assurer leur retraite, et
» cependant obligés de s'y déterminer. Cette dé-
» fection, favorable à leur cause, et qui, à ce que
» l'on croit, était préparée de longue main, fut
» consommée au moment même *où les succès de*

» *Bonaparte semblaient hors du pouvoir de la for-*
» *tune;* et le mouvement sur Saint-Dizier, qui de-
» vait lui assurer l'Empire, lui fit perdre la cou-
» ronne. »

Napoléon abdique le 11 avril ; le 20, il part pour l'île d'Elbe ; le 27, le traité de Paris confirme celui fait avec l'Empereur le jour de son abdication. Ce traité lui assurait des avantages ainsi qu'à sa famille, mais Louis XVIII ne l'exécute point. En même temps l'intention des Bourbons, de détruire les résultats de la révolution de 89, qu'ils avaient promis de respecter, devient de plus en plus manifeste. La grande majorité des Français en éprouve un vif mécontentement et tourne les yeux vers l'île d'Elbe. Napoléon entend cet appel. Il part, le 28 février, sur le brick *l'Inconstant*; il débarque au golfe Juan, près Cannes (Var), le 1er mars ; il est porté en triomphe aux Tuileries, le 20, anniversaire de la naissance de son fils. Vainement il fait tout ce qu'il est possible pour éviter la guerre. Il avait mieux aimé descendre du trône que de la conserver au prix de l'abandon de nos frontières naturelles ; mais il accepte la France telle qu'elle est au moment où le pouvoir souverain lui est de nouveau décerné par la nation.

Il savait que le meilleur moyen d'avoir des chances du maintien de la paix, c'est d'être prêt à faire la guerre ; aussi, dès le 21 mars, sa prodigieuse activité est employée à réparer nos pertes.

L'armée était faible, la cavalerie sans chevaux, l'artillerie sans canons. Les impôts ne sont point augmentés, et cependant tout est payé comptant, même des avances sont faites. Aussi, les nombreux ateliers d'armes formés dans toute la France fabriquent jour et nuit des canons, des fusils, des armes blanches ; de sorte que tout le matériel de guerre enlevé par les ennemis, qui avaient entièrement dévalisé nos arsenaux, se trouve au bout de deux mois complétement remplacé. Nos places fortes, réparées, sont confiées aux gardes nationales mobilisées, et plusieurs, même quinze jours après l'entrée de Louis XVIII à Paris, les défendent avec acharnement. Les conscrits, les anciens soldats accourus dans les rangs de l'armée, l'augmentent à tel point que sur toutes nos frontières, menacées de nouveau par l'Europe, se trouvent des corps capables de les défendre, et que l'armée principale, commandée par l'Empereur, peut prendre l'initiative en Belgique. De nombreuses fédérations se forment et s'arment à leurs frais pour soutenir l'armée, ou la suppléer contre les ennemis intérieurs. Des dons patriotiques s'ajoutent aux impôts qui, loin d'être en retard, sont presque partout acquittés d'avance. Cette résurrection de nos forces, qui rappelait celle de 92, ne pouvait être obtenue que par l'élan, l'enthousiasme de la très-grande majorité des Français, par son vif attachement pour Napoléon et son extrême désir de conserver au pouvoir la dynastie qu'elle avait créée en 1804.

Pour bien apprécier les causes qui ont annulé toutes ces apparences de succès, et rendu possible une seconde invasion de nos ennemis, traînant à leur suite les Bourbons des deux branches, il faut se souvenir qu'outre les faibles minorités légitimiste et républicaine, il y en avait une troisième, celle du duc d'Orléans. Née en juillet 89, les journées des 5 et 6 octobre, représailles du repas des gardes du corps, l'avaient fait grandir; cependant elle a été toujours peu nombreuse; mais les hommes marquants qui la dirigeaient lui avaient acquis une certaine influence. Mirabeau fut le premier; mais la nullité du duc d'Orléans-Égalité lui fit bien vite renoncer à ce prince pour lui servir du point d'appui qu'il cherchait, afin de conserver les conquêtes de 89, sans passer par la république démocratique, dont il prévoyait le résultat inévitable, l'anarchie.

Mirabeau se tourna alors vers Louis XVI, qui, se croyant obligé de maintenir intact le pouvoir fondé sur le droit divin qu'il avait reçu de ses aïeux, ne profita point de la seule planche de salut qui s'offrait à lui pour éviter le sort de Charles Ier, cette autre victime du droit divin, voulant sans cesse annuler les concessions faites à ses sujets, qu'il regardait toujours comme des rebelles. Du reste, il est impossible qu'une famille qui croit tenir ses droits uniquement de Dieu et de son épée puisse penser et agir autrement.

Dumouriez, en 92 et 93, se mit à la tête de la faction orléaniste. Louis-Philippe, aussi ingrat, mauvais parent et faux libéral que son père, avait du moins la capacité et le courage militaire qui manquaient totalement à Philippe-Égalité. Mais Dumouriez et lui ne surent point attendre le moment où, par de nombreux services rendus à l'indépendance nationale, la France, dégoûtée de la république démocratique par les excès qui en sont inséparables, consentirait à porter au pouvoir le protégé de Dumouriez, le duc d'Orléans. Tous les deux, après avoir irrité la nation, en voulant s'appuyer sur nos ennemis, qu'ils étaient chargés de combattre, en voulant leur livrer plusieurs de nos places fortes, sont obligés de fuir en pays étrangers. Là, Louis-Philippe, malgré le pardon sollicité et obtenu du frère aîné de Louis XVI, affecte toujours des idées libérales, croyant ainsi que les Français pourront à la fin penser à lui. N'ayant point pu parvenir au pouvoir en 93, par l'appui des Autrichiens, il veut essayer, en 1810, d'y arriver au moyen du parti espagnol, marchant avec les Anglais, et même sous leurs ordres, contre la France et le drapeau de 89; il offre ses services à ce parti, qui le refuse.

Louis-Philippe, voulant, avec les Anglais et les Espagnols, combattre sa patrie, agissait d'après

ses vrais sentiments, que, six années auparavant, il avait fait confidentiellement connaître à l'évêque de Landaff ; il lui écrivit en 1804 (il avait alors 31 ans) une lettre dont voici quelques passages : « J'ai
» quitté ma patrie de si bonne heure que j'ai à
» peine les habitudes d'un Français, et je puis dire
» avec vérité que je suis attaché à l'Angleterre,
» non-seulement par reconnaissance, mais aussi
» par goût et par inclination..... Mais ce n'est pas
» seulement en raison de mes sentiments particu-
» liers que je prends un vif intérêt au bien-être, à
» la prospérité *et au succès de l'Angleterre* ; c'est
» aussi en ma qualité d'homme..... Puisse la Pro-
» vidence déjouer ses projets iniques (de Napoléon)
» et maintenir ce pays dans sa situation heureuse
» et prospère ! *C'est le vœu de mon cœur, c'est ma*
» *prière la plus fervente !* » (*Louis-Philippe et la contre-révolution de* 1830, tome I*er*, page 92, par B. Sarrans jeune, ouvrage publié en 1834.) L'original de cette lettre, acheté à la vente qui suivit la mort de l'évêque de Landaff, étant en mains sûres, Louis-Philippe ne put point la démentir.

Lorsque Louis-Philippe écrivait cette lettre, l'Angleterre, un an auparavant, avait pris nos bâtiments de commerce en pleine paix, plongé dans ses affreux pontons les personnes qui étaient à bord ; et, dans le moment même, elle nous faisait une guerre à mort, soulevant contre nous tout le continent. Elle ne pouvait avoir des succès qu'autant que la France aurait des revers. C'était là le vœu du cœur de Louis-Philippe, sa prière la plus fervente ! Nul obstacle ne s'opposait donc à ce qu'il s'entendît avec deux personnes partageant sa haine contre Napoléon et le peuple français qui le soutenait : ces deux personnes, Mme de Staël et Lafayette, devinrent l'âme du parti de Louis-Philippe ; lui, prudemment, se tenait autant que possible dans l'ombre.

Madame de Staël, dont l'imagination, l'amour-propre et toutes les autres passions étaient portées à l'extrême, voulut faire la conquête du jeune héros de l'armée d'Italie. Lorsqu'il revint à Paris, en 97, après la paix de Campo-Formio, elle lui fit les avances les plus passionnées : il n'y répondit que par une très-grande froideur. Alors son amour d'imagination, et non pas de cœur, devint une implacable haine. Cette haine ne s'arrêta point à la personne de Napoléon, elle s'étendit jusque sur la France enthousiaste de l'homme qu'elle détestait. Nos ennemis devinrent des divinités à ses yeux (1). Accompagnée de Benjamin Constant qui ne la quittait pas, elle parcourut l'Europe, surtout après nos revers de Russie, pour enflammer contre la France les rois et les peuples. Sa funeste influence entraîna Bernadotte ; elle fit luire à ses

(1) Voir les louanges outrées qu'elle accorde aux Anglais et à Wellington dans tous ses ouvrages politiques, et particulièrement dans ses *Considérations sur la Révolution française.*

yeux la perspective de remplacer Napoléon sur le trône. Par son entraînante conversation, bien supérieure à ses écrits, elle possédait au dernier point l'art de séduire et d'imposer ses opinions, ses sentiments haineux ou favorables, à ceux dont elle voulait se servir pour l'accomplissement de ses desseins. Elle découvrait promptement leur côté faible et savait en profiter avec la plus grande adresse. Sans aucun doute, son fatal empire fut la cause des trahisons qui annulèrent les savantes combinaisons prises à Ligny et à Warterloo, et dont des victoires décisives devaient être le résultat.

Passons maintenant au marquis de Lafayette, et pour ne pas interrompre le récit, montrons de suite la part qu'il prit aux événements qui suivirent la défaite de Warterloo, et jetèrent une seconde fois la France sous les pieds de ses ennemis. Lafayette supportait impatiemment l'obscurité où il était plongé : ses Mémoires le prouvent. Pour en sortir, il avait fait des avances à la branche aînée des Bourbons.

Le 15 avril 1814, il avait écrit au comte d'Artois, et à la première réception royale, il s'y présenta en uniforme, portant à son chapeau la cocarde féodale, répudiant ainsi celle de 89. (Voir pour ce fait et pour sa lettre au comte d'Artois, ses Mémoires, tome V, pages 307 et 308, et la même page, pour l'accueil que lui fait le duc d'Orléans).

Il fit, en mars 1815, de nouvelles avances au droit divin ; mais à ces deux époques on ne lui répondit que par quelques mots de politesse qui le laissaient toujours dans l'ombre. Il se tourna alors vers le duc d'Orléans, et pour le faire parvenir au trône, comptant bien jouer le premier rôle sous lui, il ne recula point devant la certitude que la France allait être envahie de nouveau.

Du reste, sa conduite en 1815 n'était qu'une répétition de celle qu'il avait voulu tenir en août 92 et au 31 mars 1814. En 92, sa haine contre le peuple, qui, éclairé par le massacre du Champ-de-Mars (1), avait cessé de le regarder comme son meilleur citoyen, comme un vrai patriote, était égale à la haine qu'il portait à l'Empereur, dont l'immense gloire avait jeté dans l'ombre la gloire d'emprunt qu'il posséda pendant quelques années. Pour satisfaire cette profonde inimitié qu'il nourrissait contre le peuple, le remettant à sa véritable place, il voulait, après le 10 août, au moment où les armées ennemies envahissaient la France, où l'armée prussienne se trouvait déjà au cœur de la Lorraine, il voulait conduire la sienne contre Paris, laissant ainsi la patrie livrée à l'envahissement

---

(1) Dans une première lettre à Lafayette, commencement d'un ouvrage sur lui, publiée en 1832, je démontre, j'ose le dire, de la manière la plus évidente, à quel point sa conduite à cette époque fut contraire à toutes les lois existantes, ainsi qu'à celles de l'humanité.

inévitable des étrangers. Ses soldats, heureusement, étaient de vrais Français, de vrais patriotes; ils comprirent que le premier devoir est de se réunir contre l'ennemi extérieur, de le combattre à toute outrance, et Lafayette, après avoir compromis un certain nombre de citoyens, au lieu de partager leur sort, s'enfuit lâchement et va recevoir des mains de l'étranger, non pas le martyre réservé à la constance de ses opinions, à son amour pour la liberté, mais le châtiment qu'on inflige aux hommes louvoyant entre tous les partis, n'en embrassant franchement aucun ; un jour républicain, le lendemain royaliste, et par conséquent les trahissant tour à tour. Ainsi, l'Abisbal, en 1823, sans nos soldats, eût été mis en pièces par les royalistes espagnols, pour lesquels cependant, à l'instant même, il venait de trahir le parti de la constitution, parce qu'ils ne lui pardonnaient pas ses trahisons antérieures contre eux.

Lafayette, dans plusieurs lettres de lui, imprimées, a dit, et il l'a répété à la tribune, qu'il aurait sauvé Louis XVI, si ce roi n'eût préféré s'exposer aux périls qui le menaçaient, dans l'espoir d'être délivré par les ennemis avec lesquels il s'entendait, afin de pouvoir tout rétablir comme avant 89. Ainsi Lafayette, en voulant venir combattre les Parisiens, savait bien qu'il travaillait au retour de l'ancien régime ; mais le premier besoin de son cœur était de se venger du peuple qui avait brisé son idole, lorsqu'il s'aperçut qu'au lieu d'être d'or, ou au moins d'argent, elle n'était que d'un plomb vil.

Ce fut par des prodiges d'activité, de savantes manœuvres, que Dumouriez, nommé commandant de l'armée de Lafayette, parvint à empêcher l'envahissement de la France ; il est donc bien évident que si cette armée avait été occupée à fusiller, mitrailler les Parisiens, les étrangers n'auraient trouvé aucun obstacle pour les arrêter dans leur marche sur la capitale ; et la royauté absolue et le régime féodal eussent été rétablis.

Pour excuser Lafayette, tout en convenant des suites funestes qu'eût produit sa détermination de marcher contre Paris, ses partisans disent qu'elle partait d'un principe très-honorable, de sa fidélité au serment qu'il avait prêté à Louis XVI et à la constitution de 91. Mais si, en effet, il avait péché par excès de loyauté, cette loyauté il l'aurait eue en 1815, il n'aurait point violé le serment que dix-huit jours seulement auparavant, il avait prêté à l'Empereur et à la constitution de 1815, acceptée à une immense majorité par le suffrage universel, tandis que celle de 91 n'avait point été soumise à la sanction du véritable souverain, à la sanction du peuple.

Mais bien plus, loin de se montrer, en 92, fidèle à la constitution de 91, Lafayette voulait la violer de la manière la plus forte. En effet, les articles 8 et 10, titre IV, portaient : « Aucun corps ou déta-

» chement de troupes de ligne ne peut agir dans
» l'intérieur du royaume sans une réquisition
» légale. La réquisition de la force publique dans
» l'intérieur du royaume appartient aux officiers
» civils. » Ensuite, les articles 5, 6, 7, chapitre II,
section 1, prononçaient la déchéance du roi dans
de certains cas, dont l'un était précisément celui où
Lafayette savait que se trouvait Louis XVI. Le serment prêté au roi n'était que conditionnel, et dans
plusieurs circonstances il était annulé par la constitution de 91, tandis que par celle de 1815, le
serment fait à l'Empereur était absolu ; rien ne
pouvait en dégager.

La constitution de 91 n'ayant point dit par qui
la déchéance du roi serait prononcée, il était évident qu'elle s'en rapportait sur ce point au principe
proclamé par Lafayette, celui que : *l'insurrection
est le plus saint des devoirs;* en outre, l'insurrection
du 10 août avait été rendue légale par la représentation nationale, qui suspendit le roi de ses fonctions et l'emprisonna, comme l'avait fait l'Assemblée
constituante en juin 91 : à cette dernière époque,
Lafayette était le geôlier du roi. Ainsi, c'est réellement en violant la constitution de 91 qu'il voulait
faciliter aux ennemis l'envahissement de sa patrie.

Lafayette avait les plus grandes obligations à
l'Empereur : « L'une des premières conditions
» qu'il imposa à l'Autriche, lorsqu'il n'était encore
» que général d'une armée, fut la délivrance de

» M. de Lafayette et de deux autres prisonniers
» d'Olmutz ; il prescrivit cette clause à l'ennemi
» vaincu, sans y avoir été autorisé par le Directoire,
» qui n'osa pas le désavouer. » (B. Constant, *Lettres sur les Cent-Jours*, tom. II, p. 163.) Mais le Directoire maintint son nom sur la liste des émigrés et la confiscation de ses biens; ils ne lui furent restitués que par le premier consul, qui, aussitôt après le 18 brumaire, lui rendit sa patrie en lui offrant une place dans le sénat, qu'il composait en grande majorité de partisans des idées de 89. S'il avait eu le dessein de les détruire, aurait-il eu la maladresse d'en agir ainsi ? Lafayette refusa cette place, où il pouvait rendre de grands services à la liberté ; mais, dans des lettres imprimées, il promet une vive reconnaissance à Napoléon, et approuve hautement le 18 brumaire, contre lequel, depuis, il a fortement parlé, se donnant ainsi un démenti à lui-même. Pour sa reconnaissance inaltérable, les preuves qu'il en a données ont été d'envoyer mourir Napoléon à Sainte-Hélène.

M. Sarrans, très-grand partisan de Lafayette, dans son ouvrage : *Lafayette et la révolution de 1830*, tom. Ier, p. 80, s'exprime ainsi : « Plusieurs
» démarches furent faites, mais inutilement, pour
» déterminer Lafayette à entrer au sénat; Napo-
» léon prit enfin le parti d'en parler lui-même à
» Lafayette. La réponse de celui-ci fut franche et ne

» les brouilla point. Il prit aussi, d'accord avec
» le premier consul, sa retraite de général. »

Dans une lettre, Lafayette dit : « Le 18 brumaire sauva la France. » (Même ouvrage, p. 81.)

La bataille de Waterloo est perdue ; nous verrons plus loin si ce fut par l'ineptie de l'Empereur, comme le prétend dans ses publications, le maréchal de Grouchy, ainsi que M. de Lamartine et les autres écrivains des trois coteries opposées à la volonté nationale, ou bien par des causes secrètes qui deviendront de jour en jour plus évidentes.

La marche que tout vrai patriote, que tout sincère partisan de l'honneur national et de la liberté devait suivre, était toute tracée, et par les exemples de l'antiquité, et par ceux de l'histoire contemporaine.

Varron perd par sa faute et son entêtement la bataille de Cannes ; presque toute son armée est tuée ou prisonnière : il n'en existait pas d'autres. Que fait le sénat dans cette cruelle extrémité ? Il se rend en corps au-devant de Varron, le remercie solennellement *de n'avoir pas désespéré de la république*, lui crée une autre armée, et quoique Annibal fût un général d'une immense capacité, que Varron et les autres généraux fussent médiocres, Rome ne fut point souillée par la présence des étrangers, et en définitive la victoire lui resta.

Washington (Lafayette se trouvait alors aux

États-Unis), Washington, par sa faute aussi, perdit complétement la bataille de Brandwine ; ce fut le moment que le congrès choisit pour le nommer dictateur, lui donnant droit de vie et de mort sur tous les Américains, et la victoire remplaça les défaites. Mais les membres du congrès n'étaient point animés d'une basse jalousie contre l'homme dont la gloire les éclipsait ; ils aimaient réellement la patrie, la liberté ; et l'indépendance nationale fut conquise.

Le vrai type du patriotisme et du vrai républicanisme, Carnot, a suivi un chemin diamétralement opposé à celui de Lafayette ; l'un des deux en a donc pris un contraire à celui que montraient du doigt la liberté et le patriotisme : que l'on choisisse.

Carnot, aussitôt que nos revers rendent possible l'invasion de la France, offre le secours de sa tête et de son bras à Napoléon. Napoléon, comme Alexandre le Grand, croyait à la vertu ; l'importante place d'Anvers, cette étonnante création du génie de l'Empereur, est confiée à Carnot, et l'étranger ne peut point s'en emparer.

Lafayette, lui, agissant tout différemment, veut aider aux ennemis à se rendre maîtres de Paris. Lorsque leurs armées, à la fin de mars 1814, parurent sous les murs de la capitale, Lafayette, cherchant à tirer parti de son ancienne influence sur la garde nationale, veut se mettre à sa tête, non pas pour se joindre aux soldats, aux gardes nationaux en assez grand nombre, aux élèves de l'école polytechnique et aux invalides s'opposant, avec le plus grand courage, à ce que Paris tombât entre les mains des ennemis, mais au contraire pour seconder ces ennemis, en désorganisant la résistance qu'ils éprouvaient, et pour cela en divisant les Français en deux partis, dont l'un aurait soutenu l'indépendance nationale et l'Empereur, tandis que l'autre, celui de Lafayette, se serait joint aux ennemis pour leur livrer la France, en renversant le chef qu'elle avait placé à sa tête. La preuve de ce que je dis là se trouve dans les *Mémoires de Lafayette*, tome V, page 303.

En mars 1815, lorsque le peuple et l'armée, pour venger l'honneur national et rendre à la patrie son entière indépendance, relevèrent le drapeau tricolore, ce signe évident des principes de 89, Lafayette se mettant ainsi dans l'obligation de combattre le drapeau national, vint offrir au parti du droit divin et des ennemis de la France le secours de son bras, de son génie et de sa popularité. (*Lettres sur les Cent-Jours*, par Benjamin Constant, tome Ier, page 60.) Carnot, lui, de nouveau, se rallie au représentant de la souveraineté nationale. Après la défaite de Waterloo, Lafayette divise en deux camps les Français pour les rendre une proie plus facile à déchirer par les ennemis ; Carnot, au contraire, éclairé par son patriotisme, comprit qu'au moment de la plus furieuse tempête il ne faut pas jeter le pilote à la mer : aussi, dans le conseil qui fut tenu lorsqu'on apprit la conduite de Lafayette, se prononça-t-il très-fortement pour que Napoléon usât de son droit constitutionnel, renvoyât la chambre, et prît les mesures que demandait le salut public.

La conduite de Lafayette était d'autant plus déloyale, Napoléon devait d'autant moins s'y attendre, que ce ne fut qu'en vertu de la promesse faite par Lafayette et son parti de se rallier franchement à lui, qu'il consentit à l'hérédité de la pairie et à quelques autres articles de la constitution, articles qui refroidirent le zèle de ses partisans ; zèle qui se ranima cependant lorsque la patrie fut sérieusement menacée.

Lafayette écrivit à B. Constant (*Lettres sur les Cent-Jours*, tome II, page 73) une lettre qui fut montrée à l'Empereur, et où il disait : « Oui, je
» suis très-content, et j'aime à vous le dire. La
» convocation immédiate d'une assemblée de re-
» présentants me paraissait, comme à vous, l'uni-
» que moyen de salut. On y joint la nomination
» des présidents par les colléges, des officiers mu-
» nicipaux par les communes, *et une phrase de*
» *dictature provisoire* beaucoup meilleure que tout
» ce qui rappelle d'anciens règnes : *ceux qui ne*
» *veulent que le bien de la liberté de notre pays doi-*
» *vent convenir que cette direction est sur la ligne*
» *droite.* »

Napoléon, dans plusieurs réponses à des corps constitués, avait franchement avoué qu'il était très-possible que nous eussions d'abord des revers. Dans ce cas, comme on vient de le voir, le recours à une dictature provisoire était convenu avec Lafayette et son parti ; l'Empereur devait donc se croire à l'abri de tout danger de leur part.

Napoléon, dans l'espérance de voir le sénat français s'élever à toute la hauteur du patriotisme des sénats de Rome et de l'Amérique, et de recevoir de lui, comme Varron et Washington, les moyens de changer en victoire une défaite facilement réparable, Napoléon vint seul, sans soldats, à Paris. Lorsque ce fait fut certain, ainsi que la défaite et la dispersion de notre armée, Lafayette, le 21 juin, se souvenant du rôle qu'il avait voulu jouer en 92 et en 1814, celui de désunir les Français envahis par l'étranger, se sentit le courage de monter à la tribune et de dire : « Voici le moment de nous
» rallier autour du vieil étendard tricolore, celui
» de 89, celui de la liberté, de l'égalité, de l'ordre
» public ; *c'est celui-là seul* que nous avons à dé-
» fendre contre les prétentions étrangères et contre
» les tentatives intérieures. » Il proposa sur-le-champ des mesures qui détruisaient la constitution et le pouvoir de l'Empereur. (*Moniteur* du 22.)

M. Dupin, ex-président de l'Assemblée législative, et de tout temps dévoué à la branche cadette des Bourbons, appuya la motion de Lafayette ; le général Sébastiani, comblé des bienfaits de Napoléon, en fit autant.

On ne pouvait point d'une manière plus forte, plus évidente, séparer la France en deux parties que le fit Lafayette à cette époque. Ainsi, d'un côté, le drapeau de la liberté, de l'égalité, *de l'ordre public*, et par conséquent, de l'autre côté, celui du despotisme, des priviléges *et de l'anarchie*. C'est donc lui qui, le premier, quoique sans en prononcer le nom, a réellement traité de brigands les soutiens de Napoléon ; c'est-à-dire le peuple et l'armée, dont les soldats, vingt jours après, furent appelés les brigands de la Loire par ceux avec qui Lafayette, trois mois auparavant, avait voulu combattre l'armée et le peuple français.

L'union de tous les Français opposés aux Bourbons et aux ennemis pouvait seule nous préserver des malheurs d'une seconde invasion, Lafayette le savait bien : aussi ne chercha-t-il point à organiser une défense nationale, dont, au reste, il ne voulait point. Toute sa conduite du 21 juin au 8 juillet le prouve. Il ne voulait qu'une seule chose, c'est que la France se montrât excessivement humble, soumise et obéissante aux ordres des ennemis, et surtout de l'Angleterre, chef de cette nouvelle coalition comme des précédentes, afin d'en obtenir la permission d'agir comme l'avait fait cette dernière puissance en 1688, de substituer à la branche aînée la branche cadette de la famille régnante en vertu du droit divin ; mais, si cette permission ne nous était pas accordée, il était d'avance tout résigné à voir la branche aînée de la dynastie féodale remonter sur le trône.

A la fin de 1813, au commencement de 1814, les rois étrangers se déclarant nos alliés, avaient, dans de nombreuses proclamations, positivement assuré à la France qu'ils lui laisseraient des limites telles qu'elle n'en avait jamais eues sous ses rois ; c'était bien nous promettre les frontières du Rhin. On sait comment, après la victoire, ils tinrent leur parole. L'Angleterre nous enleva le tiers de notre marine et trois de nos colonies, entre autres l'île de France, le seul point que nous eussions sur le chemin de l'Inde, où des bâtiments marchands et de guerre pussent être en sécurité et réparer leurs avaries. L'île Bourbon n'a que des rades foraines; les navires, à chaque instant, peuvent y périr.

Ces mêmes souverains, pour exciter les peuples contre nous, leur avaient fait les promesses les plus libérales ; mais au congrès de Vienne, violant les paroles les plus positives, les plus sacrées, ils avaient traité tous les peuples du continent comme de vils troupeaux n'ayant absolument aucun droit, n'ayant point de patrie, et ils se les partagèrent selon leurs intérêts personnels.

Lafayette connaissait donc le degré de confiance que méritaient ces mêmes souverains, lorsqu'ils proclamaient de nouveau qu'ils n'en voulaient point à la France, qu'ils ne voulaient point se mêler de ses affaires intérieures, lui imposer un gouvernement, mais (et cela sans doute pour démontrer qu'ils ne voulaient point s'immiscer dans nos affaires de famille) qu'ils n'avaient d'autre but que de nous arracher le gouvernement que nous nous étions donné.

Du reste, il fallait vouloir s'aveugler sur les projets des ennemis pour accorder la moindre confiance à des déclarations qui portaient en elles-mêmes leur correctif. Ainsi, lord Clancarty, dans sa lettre officielle à lord Castlereag, datée de Vienne le 6 mai, dit : « Les souverains n'ont pas l'inten-
» tion d'influencer la conduite des Français relati-
» vement à telle ou telle dynastie, ou à telle ou
» telle forme de gouvernement, *excepté en ce qui*
» *pourrait être essentiel à la sécurité et à la tranquil-*
» *lité permanente de l'Europe.* » (*Histoire des Cent-Jours*, par J. Hobhouse, page 252.) Antérieurement à cette déclaration, le 7 avril 1815 (même ouvrage, page 195), le premier ministre anglais avait dit, dans un discours prononcé dans le parlement, que son intention a été depuis longtemps « de rétablir
» l'Europe dans cet ancien système social que les
» dernières convulsions avaient renversé. »

L'immense majorité des représentants était napoléoniste, je vais le prouver tout à l'heure ; mais en France, il semble que les hommes perdent en bon sens ce qu'ils gagnent en éducation, et tandis que les soldats de Lafayette, en 92, avaient promptement deviné le but qu'il se proposait en voulant diviser les Français en partisans de Louis XVI et en partisans du 10 août, les représentants de 1815, quoique voulant l'indépendance et la dynastie nationale, se laissaient guider par quelques meneurs, adoptaient des mesures dont l'effet inévitable était Paris et la France envahies, et l'une des deux branches des Bourbons s'asseyant sur le trône où la nation avait placé la famille impériale.

J'ai dit que la Chambre des représentants était napoléoniste, je vais le prouver.

Dans la séance du 23 juin *(Moniteur* du 24), M. Defermon propose une mesure qui impliquait la reconnaissance de Napoléon II, et dit : « Il n'y
» aura plus de doute sur le maintien constitution-
» nel de la dynastie de Napoléon. Un mouvement
» d'enthousiasme se manifeste rapidement dans
» l'Assemblée. Longtemps les cris de vive l'Empe-
» reur! se font entendre avec énergie. Un grand
» nombre de députés élèvent leur chapeau en ré-
» pétant cette acclamation. » Boulay (de la Meurthe) parle ensuite : « Je veux aller plus loin *et*
» *mettre le doigt sur la plaie! Il existe une faction*
» *d'Orléans*; oui, je sais... On a beau m'interrom-
» pre, je parle d'après *des renseignements certains.*
» Je sais que son but secret est d'entretenir des in-
» telligences même parmi les patriotes. Je de-
» mande que l'Assemblée déclare et proclame

» qu'elle reconnaît Napoléon II. » M. Dupin parle contre cette proposition. « C'est, dit-il, au nom
» de la nation qu'on se battra, *qu'on négociera,*
» c'est d'elle qu'on doit attendre le choix du sou-
» verain. »

M. Dupin n'est point et n'a jamais été républicain, il n'était point non plus légitimiste ; en voulant à toute force que le trône fût vacant, il ne pouvait agir que pour faire triompher le troisième parti, celui qu'avait signalé Boulay (de la Meurthe) ; les plénipotentiaires étaient de cette faction.

Après le discours de Manuel, la délibération suivante est acceptée : « La chambre des représen-
» tants, délibérant sur les diverses propositions
» faites dans sa séance et mentionnées dans son
» procès-verbal, passe à l'ordre du jour motivé :
» 1.° sur ce que Napoléon II est devenu empereur
» des Français par le fait de l'abdication de Na-
» poléon Ier et par la force des constitutions de
» l'Empire ; 2°..., etc. La proposition est unani-
» mement appuyée. De toutes parts on demande à
» aller aux voix. On demande à grands cris la clô-
» ture de la discussion, et elle est fermée à l'una-
» nimité. M. le président donne lecture de la ré-
» daction de la délibération proposée. Il la met
» aux voix. L'Assemblée se lève tout entière. M. le
» président : La proposition est adoptée. A ce mot,
» le cri de vive l'Empereur ! éclate à la fois dans
» l'Assemblée et les tribunes ; ce cri se prolonge

» au milieu des plus vifs applaudissements. » (*Moniteur du 24 juin.*)

On voit que les députés opposés à la reconnaissance de Napoléon II étaient en si petit nombre qu'ils furent obligés de suivre le torrent, puisque la proposition fut adoptée à l'unanimité. Lafayette dit lui-même dans ses Mémoires que, sur 650 députés, il y en avait tout au plus quinze à vingt de son opinion ; mais ils comptaient sur leur adresse, sur leurs sourdes perfidies, pour rendre nulle la volonté de la nation, ainsi que la volonté des Chambres des représentants et des pairs : celle-ci avait, à l'unanimité, adopté la même déclaration.

Lorsque Lafayette, sous la protection des baïonnettes ennemies, vint lacérer en deux le drapeau tricolore, il agissait donc tout à la fois contre le vœu de la nation (manifesté par le retour de l'île d'Elbe, par quatre millions de votes, par de nombreuses fédérations et par l'empressement des gardes nationales à se rendre dans les places fortes pour les défendre) et contre la volonté de la représentation nationale, qui, de nouveau, le 1er juillet, dans une adresse aux Français, la faisait connaître positivement en disant : « Son fils est appelé à » l'empire par les constitutions de l'État. » (*Moniteur du 2.*)

Si la conduite de Lafayette avait été le résultat de sentiments patriotiques, bien ou mal entendus, il eût accepté ce qui fut proposé : obtenir de l'Empereur son abdication, la signifier aux étrangers en leur disant : Vous avez déclaré que vous ne faisiez pas la guerre à la France, mais à Napoléon seul; il n'est plus rien. Vous allez prouver votre sincérité en suspendant sur-le-champ votre marche sur Paris, et nous vous accorderons alors tout ce qui pourra vous garantir que Napoléon ne pourra plus reprendre les rênes de l'État ; mais si vous continuez d'envahir la France, nous le replaçons sur le trône, le nommons dictateur, tout en restant auprès de lui, pour donner à son gouvernement l'immense force d'une représentation patriotique, et, réunissant ainsi la puissance de 92 à celle de 1800, en former un faisceau capable non-seulement de résister à toute l'Europe, mais encore d'aller de nouveau lui dicter la paix dans ses capitales. Les ennemis, effrayés d'une telle menace, si facile à réaliser, eussent accepté toutes les conditions favorables à la France qu'aurait voulu leur imposer la représentation nationale.

Lafayette, au moins, aurait adopté ce patriotique moyen, lorsqu'il vit par lui-même, à Haguenau, que les étrangers violeraient toutes leurs promesses.

Lafayette, Sébastiani, B. Constant, furent à Haguenau. Les souverains, ni leurs ministres, ne voulurent point les admettre en leur présence. On les renvoya à des commissaires, non pour traiter, mais par honnêteté, pour écouter leur proposition.

Là, le général Sébastiani leur tint ce discours : (*Lettres sur les Cent-Jours*, pages 154-45): « Nous
» ne voulons que l'indépendance et la liberté de
» notre pays. *Aucune question n'est préjugée, aucun*
» *engagement n'est pris.* La France qui vous voit
» en armes contre elle, la France dont vous avez
» promis de respecter le territoire et les droits,
» demande, par notre bouche, à savoir quels
» moyens *honorables* s'offrent encore pour faire
» cesser les maux de la guerre. »

La victoire! voilà le seul moyen qu'indiquaient Rome et les États-Unis. *La victoire!* telle était la réponse que proclamaient le peuple français et ses patriotiques soldats. Sans connaître l'histoire, sans être avertis par elle du moyen qu'il fallait employer, tous s'écriaient : Après une défaite, il n'y a d'autres moyens honorables d'obtenir la paix que de combattre à toute outrance, d'être victorieux à son tour, et la France le pouvait. Les gardes nationales voulaient défendre avec acharnement les places fortes confiées à leur patriotisme; les fédérés se joignant à l'armée avaient réparé nos pertes, malgré les désertions qu'occasionna la déchéance de l'Empereur. Sans cette déchéance, ces renforts eussent été bien plus grands et les désertions nulles; le matériel était rétabli. Les Anglais et les Prussiens se trouvaient dans une position très-critique, et si Napoléon eût encore commandé l'armée, si même Davoust n'avait

point arrêté l'élan qui lui fut donné par le patriotique Excelmans, la honte de Waterloo se trouvait effacée, lavée dans le sang des Prussiens et des Anglais. B. Constant dit lui-même, page 158 :
« L'esprit qui animait les citoyens des départe-
» ments, ceux de l'Est surtout, remplissait d'in-
» quiétude des vainqueurs, tout surpris d'un
» triomphe inespéré... Jamais l'héroïsme des
» siècles antiques ne présenta un plus beau
» spectacle. Réduits à leurs propres ressources,
» et elles étaient faibles et insuffisantes, *troublés*
» *par les nouvelles qui leur arrivaient de l'intérieur*,
» menacés, dépouillés, surveillés sans cesse, ces
» habitants de l'Est ne témoignèrent pas un sen-
» timent de découragement ou de crainte. »

Les hommes placés au sommet de la nation auraient dû remonter son moral, si elle s'était laissé abattre par les revers ; au contraire, ce sont eux qui, pour faire une révolution à l'anglaise, vont la jeter sous les pieds des vainqueurs. Si ces hommes avaient ressenti le patriotisme de l'armée et du peuple, 92 se renouvelait ; les Prussiens, ainsi qu'à cette glorieuse époque (Lafayette n'était plus en France), les Prussiens auraient trouvé leur tombeau dans ces mêmes champs qu'ils dévastaient : les Anglais auraient partagé leur sort.

B. Constant, dans ses *Lettres sur les Cent-Jours*, dit bien quel prince ils ne demandèrent pas pour régner sur la France, mais il ne fait pas connaître

celui qu'ils réclamèrent. Ses réticences n'ont point empêché la vérité d'être connue. Quand le nom du duc d'Orléans fut prononcé, l'un des commissaires étrangers répondit : Que l'usurpation d'un trône par un soldat heureux ne pouvait être amenée que par des circonstances excessivement rares ; mais que, toutes les familles régnantes ayant auprès d'elles des branches collatérales, l'usurpation de celle d'Orléans serait du plus funeste exemple, et qu'on n'y pouvait consentir. D'après tout ce qui fut dit dans cette conférence, il était bien évident que les ennemis vainqueurs voulaient assurer leur victoire en rétablissant le droit divin, et cependant Lafayette, dans la crainte que leur volonté bien connue n'électrisât la chambre des représentants et ne la portât, ainsi qu'on l'avait déjà proposé, à se retirer avec l'armée derrière la Loire, ce qui aurait annulé tous les moyens employés pour rendre la résistance impossible, Lafayette, dans la séance du 6 juillet (*Moniteur* du 7) monte à la tribune et dit : « Messieurs, vos col-
» lègues, plénipotentiaires au nom du peuple
» français auprès des puissances alliées, ont rendu
» compte à la commission exécutive des trois conférences qu'ils ont eues à Haguenau, et dans lesquelles on leur *a renouvelé l'assurance* que les
» cours étrangères n'avaient point la prétention
» de se mêler de la forme de notre gouverne-
» ment. »

On voit qu'il était impossible d'en imposer d'une manière plus forte à la chambre et à la nation ; mais ne pouvant avoir les Bourbons de la branche cadette, Lafayette voulait qu'au moins la France fût gouvernée par un chef ayant une longue suite d'aïeux, et non par un homme sorti du sein du peuple, ou par son fils.

Violer les serments faits à une constitution et au chef qu'elle a nommé, lorsque soi-même on a reconnu que ce chef suivait la ligne droite ; faire semblant de croire à la bonne foi des souverains qui, seulement une année auparavant, avaient impudemment violé leurs promesses envers nous, et à l'instant même, celles faites à leurs peuples ; sur de fallacieuses assurances dont les termes indiquaient qu'elles ne seraient point exécutées, déchirer en deux le drapeau tricolore et partager en deux camps opposés ses partisans ; reconnaître à nos ennemis le droit de se mêler de nos affaires de famille, en allant leur annoncer qu'en exécution de leurs ordres, on avait renversé le chef de la France ; méconnaître l'autorité de la représentation nationale en déclarant à ces mêmes ennemis *qu'aucune question n'est préjugée, qu'aucun engagement n'est pris*, tandis que les Chambres, à l'unanimité, avaient proclamé qu'en vertu de la constitution Napoléon II était chef de la France ; mendier auprès de ces étrangers un autre souverain, et lorsque leur volonté de nous imposer leur propre droit, le droit divin, est bien évidente, venir affirmer à la représentation nationale qu'ils n'avaient point la prétention de se mêler de la forme de notre gouvernement, qu'ils en avaient donné l'assurance ; paralyser ainsi l'élan d'indignation, de patriotisme, que la vérité connue aurait fait naître, afin de pouvoir, sans obstacles, jeter la France sous les pieds des ennemis, tout cela constitue une évidente trahison. Voilà ce qu'a fait Lafayette ; c'est donc avec justice que l'Empereur, dans son testament, l'a mis au nombre des traîtres à qui la patrie doit d'avoir été deux fois souillée par l'occupation étrangère, et d'être tombée mutilée du haut rang où la république et l'empire l'avaient placée.

Et le nom de ce traître et son buste souillent plusieurs de nos rues et de nos places publiques ! C'est un sanglant outrage à l'honneur national, à la mémoire de Napoléon I*er*, et au peuple français, idolâtre du chef de sa dynastie ; c'est, en outre, un très-grand encouragement donné à ceux dont la bouche ou la plume, dans ce moment même, profanent le mot de liberté, en voulant le faire servir à désunir les Français, afin que la tranquillité, le bonheur ne puissent pas renaître parmi nous. Malgré tous leurs efforts, ces biens, ainsi que la paix extérieure, sont pour longtemps encore assurés à la France, mais il faut porter ses regards au delà de la génération actuelle, et ne point compromettre le bonheur des générations à venir, en souffrant que des honneurs publics soient rendus à d'indignes Français qui ont employé tous les moyens en leur pouvoir pour faciliter aux ennemis l'envahissement de leur patrie.

Il me semble que celui qui, sous tous les rapports, est le digne héritier de Napoléon Ier, après avoir bien fait connaître l'infâme conduite de Lafayette en 92, 1814 et 1815, devrait faire disparaître son nom et son buste de tous les endroits publics où ils se trouvent ; et peut-être devrait-on en même temps, pour éviter toute fausse interprétations, les remplacer par le nom et le buste du grand Carnot, de ce type du vrai patriote, du véritable ami de la liberté, dont la conduite fut en tout l'opposé de celle de Lafayette.

Sans doute, un jour, dans le procès de Louis XVI, Carnot a cruellement failli, égaré qu'il était par la furieuse fièvre de l'indépendance nationale ; mais toute sa vie a prouvé que ce fut chez lui erreur et non point crime. Cette substitution de noms et de bustes montrerait que, tôt ou tard, la justice nationale, dont le gouvernement de Napoléon III serait le digne interprète, attache au poteau de l'infamie ou élève sur le piédestal de l'honneur, ceux qui ont mérité d'être châtiés ou récompensés. Ce serait une utile leçon donnée aux Français qui voudraient suivre l'exemple de Lafayette, et un patriotique encouragement pour qu'au contraire ils marchassent sur les traces de Carnot.

On trouvera peut-être que je m'exprime trop crument sur Lafayette, et, plus tard, sur Bourmont, Drouet, comte d'Erlon, et sur le maréchal de Grouchy ; mais j'ai passé ma jeunesse parmi les marins ; j'ai pris leurs habitudes, leurs mœurs ; franchement, hautement, sans aucune molle considération ils disent la vérité :

> Et le marin ressent *ces haines vigoureuses*
> Que la trahison donne *aux âmes vertueuses.*

Le renversement de la dynastie nationale, l'avénement de Louis-Philippe au trône, ou, au pis aller, une seconde restauration, ne pouvait avoir lieu qu'autant qu'une complète dispersion de la principale armée française permettrait aux ennemis de se rendre promptement sous les murs de Paris : Waterloo leur en donna les moyens.

Il faut que les causes de cette étonnante défaite soient bien éclaircies, bien connues, non-seulement pour la gloire de Napoléon Ier, mais surtout, et c'est là le principal, pour les destinées futures de la France.

Notre organisation est-elle si inférieure à celle des Anglais, que Crécy, Poitiers, Azincourt, Waterloo, doivent sans cesse se renouveler ? qu'en définitive nous soyons destinés à être toujours vaincus ? Les victoires de Louis XIV aboutirent à voir un commissaire anglais présider insolemment à la destruction du port de Dunkerque, *l'Anvers de cette époque*, et s'assurer continuellement qu'il n'était point rétabli.

A Crécy, à Poitiers, à Azincourt, les armées anglaises étaient composées en grande partie de Français, mais elles étaient commandées par les rois d'Angleterre ou un de leurs fils, auxquels tout le monde obéissait très-ponctuellement. Il n'en était point de même dans les armées françaises : là, pas de discipline, pas d'unité dans le commandement : aussi les corps, se gênant entre eux, allaient l'un après l'autre se faire détruire.

Sous Louis XIV, la défection du duc de Savoie, et nos armées commandées par des courtisans dépourvus de capacité militaire, tandis que Vendôme, Catinat, Villars en étaient éloignés, furent la cause de nos défaites.

Les républiques démocratiques agissent encore plus souvent que les chefs héréditaires, comme le fit Louis XIV dans sa vieillesse. Sans rappeler les nombreux exemples que fournissent les républiques anciennes, ne citons que la nôtre. Tandis que la Convention envoyait à l'échafaud et que le Directoire destituait et mettait en retraite les bons généraux, leurs places étaient occupées par les Ronsin, Rossignol, Doppet, Schérer, etc., etc. Ces courtisans des membres influents du Comité de salut public ou du Directoire, firent éprouver à la France les mêmes malheurs que ceux de Louis XIV. Mais en 1815, cette cause de revers n'existait pas ; d'où proviennent donc ceux qui eurent lieu à cette époque ? De la trahison : les faits vont le prouver. Pour mettre à même de bien apprécier ces faits, je vais dire quelques mots sur Fouché, et citer ensuite deux passages d'un des ouvrages de Mme de Staël qui, avec Lafayette, était à la tête de la faction orléaniste.

Fouché, comme Talleyrand et Lafayette, voulait être le plus en évidence, avoir une influence supérieure à celle des autres, en un mot, jouer le rôle du cardinal de Richelieu, en ayant dans le gouvernement la première place, quoique le titre en fût porté par un autre. Sous l'homme dont le génie civil était égal au génie militaire, il ne pouvait point y avoir un premier ministre ; Fouché désirait donc la chute de Napoléon, et pour amener cette chute, lui aussi ne comptait que sur l'intervention étrangère, qui n'était possible qu'autant que nos armées seraient anéanties ou paralysées. Fouché ménageait adroitement les factions orléaniste, légitimiste et républicaine, faisant croire à chacune d'elles qu'il lui était entièrement dévoué, se réservant ainsi les moyens de se déclarer pour celle qui, avec les meilleures chances de réussite, lui offrirait le plus de certitude d'y occuper la place prépondérante. Fouché, dès 1814, avait eu des relations avec les Bourbons des deux branches, et depuis le mois d'avril 1815, il entretenait des correspondances avec nos ennemis, entre autres avec le duc de Wellington.

Mme de Staël dit, dans son ouvrage, *Dix ans d'exil*, page 20 : « *Je souhaitais que Bonaparte fût*
» *battu* (lors de la campagne de Marengo), parce
» que c'était le seul moyen d'arrêter les progrès
» de sa tyrannie; toutefois, je n'osais avouer ce
» désir, et le préfet du Léman, M. d'Eymar, an-
» cien député à l'Assemblée constituante, se rap-
» pelant le temps où nous chérissions ensemble
» l'espoir de la liberté, m'envoyait des courriers
» à toutes les heures, pour m'apprendre les pro-
» grès des Français en Italie. Il m'eût été difficile
» de faire concevoir à M. d'Eymar, homme fort
» intéressant d'ailleurs, *que le bien de la France*
» *exigeait qu'elle eût alors des revers*, et je recevais
» *les prétendues bonnes nouvelles* qu'il m'envoyait,
» d'une façon contrainte qui s'accordait mal avec
» mon caractère. ».

Ce n'était point un simple vœu ; un courrier, parti de Marengo au moment où la bataille paraissait perdue, étant arrivé en toute hâte à Paris, la cotterie de Mme de Staël et celle des républicains se réunissaient déjà pour renverser Napoléon, lorsqu'arriva la nouvelle de la décisive victoire. (*Histoire de France*, par M. Bignon, tome Ier, page 204.) Et lorsque d'indignes Français voulaient en agir ainsi, il n'y avait que sept mois que

Napoléon avait arraché notre patrie à une affreuse guerre civile, à une complète anarchie, qui avait détruit nos finances, ce nerf de la guerre, anéanti toutes nos ressources militaires, et par là rendue imminente, pour 1800, l'invasion de la France par ses ennemis.

Une chose qu'il faut bien remarquer, c'est que, dans le même ouvrage (*Dix ans d'exil*, page 9), Mme de Staël, parlant de l'opposition de la minorité du Tribunat qu'elle avait beaucoup contribué à faire naître, et qui ne se manifesta que deux ans après la bataille de Marengo, dit : « *Bonaparte n'avait rien fait de précisément coupable ;* » mais elle ajoute, « qu'on pressentait son despotisme. » Si, sur de simples soupçons, les cotteries orléaniste et républicaine réunies désiraient que la France eût des revers, et agissaient pour lui procurer ce bonheur, ces actions et ces vœux devaient être portés à l'extrême, lorsque la gloire civile et militaire dont se couvrit Napoléon, de 1800 à 1815, avait tout à fait jeté dans l'ombre les réputations acquises par la plume ou la parole, et non par des services réels rendus à la France.

Comme toujours, comme maintenant, c'était en profanant le nom de la liberté, que les ambitieux sans capacité gouvernementale, cherchaient à assouvir leur jalouse haine contre celui qui la possédait : la guerre civile, le triomphe des ennemis leur en offraient le seul moyen : aussi faisaient-ils tout ce qu'ils pouvaient pour désunir les Français, afin d'encourager par là nos ennemis de vingt-cinq ans à nous attaquer de nouveau.

Les puissances étrangères, comme en 92, avaient repoussé toutes les avances qui leur furent faites par le gouvernement français pour que la paix fût maintenue. Napoléon fut donc forcé à faire la guerre. Deux partis s'offraient à lui. Se tenir sur la défensive en concentrant l'armée principale dans les environs de Paris, qu'il avait fait fortifier, ou bien prendre l'initiative de l'attaque. Attendre les ennemis, c'était leur donner le temps nécessaire pour réunir toutes leurs armées; c'était, en outre, livrer à la dévastation une partie de la France; de plus, la défensive ne convient pas du tout au caractère français, excellent, au contraire, pour l'attaque. Sous tous les rapports, l'Empereur devait donc se décider pour la guerre offensive.

Les prodiges faits depuis le 21 mars jusqu'à juin 1815, pour créer de nouvelles armées et les pourvoir, ainsi que les places fortes réparées de tout le matériel qui leur était nécessaire, prouvent que son génie organisateur était toujours aussi grand que par le passé. Les faits vont démontrer qu'il en était de même pour son génie militaire.

En juin 1815, les armées autrichienne et russe étaient éloignées; près de nos frontières du Nord, dans des cantonnements séparés, se trouvaient celles de la Prusse, de l'Angleterre, et les contingents du roi de Hollande et de divers princes.

Notre armée était à peu près égale à chacune des armées anglaise et prussienne ; si Napoléon leur laissait le temps de se réunir, nous combattions un contre deux ; si, au contraire, par la rapidité de ses mouvements, il les attaquait auparavant, la disproportion était moins grande, deux contre trois, car dans ce cas là, il fallait qu'un tiers de notre armée tînt en échec l'une des deux armées ennemies, tandis qu'avec les deux tiers restants on tomberait sur l'autre.

Si les armées anglaise et prussienne avaient opéré leur retraite pour aller à la rencontre des armées autrichienne et russe, qui arrivaient à marches forcées, l'avantage que nous aurions trouvé dans l'occupation de la Belgique n'eût point compensé l'immense inconvénient d'avoir affaire à tous nos ennemis réunis, ce qui nous aurait obligé de combattre un contre cinq ou six. L'Empereur devait donc employer tous les moyens pour engager ou forcer les Anglais et les Prussiens à combattre et non point à se retirer.

L'Empereur, le 14 juin, ouvre la campagne de 1815. Le général Jomini, qui, depuis 1813, combattait contre nous, et qui est reconnu comme un des premiers écrivains militaires, dit dans son *Précis de la campagne de* 1815, p. 146 : « Cette » entrée en campagne de Napoléon et son premier

» plan (la désertion de Bourmont força de le chan-
» ger) peuvent être regardés comme une des opé-
» rations les plus remarquables de sa vie : neuf
» corps d'infanterie ou de cavalerie, cantonnés
» depuis Lille jusqu'à Metz, durent, par des mar-
» ches habilement dérobées, se concentrer devant
» Charleroi, au même instant où la garde, partie
» de Paris, y arriverait. Ces mouvements furent
» combinés avec tant de précision, que cent vingt
» mille hommes se trouvèrent réunis le 14 juin sur
» la Sambre comme par enchantement. Welling-
» ton, tout occupé de donner des fêtes à Bruxelles,
» croyait Napoléon encore à Paris, lorsque ses
» colonnes se présentèrent, le 15 au matin, pour
» passer cette rivière. »

Ce passage, exécuté sans obstacle, présageait les plus heureux succès ; mais la désertion du général comte de Bourmont vint diminuer la joie qu'en éprouvait l'armée, en lui faisant craindre que d'autres traîtres ne se trouvassent parmi ses chefs.

Après le 20 mars, tout le monde pouvait, sans la moindre difficulté, sortir de France ; rien n'empêchait donc le comte de Bourmont d'aller rejoindre à Gand Louis XVIII, ainsi que le firent les loyaux et chauds partisans du droit divin. M. Capelle, préfet démissionnaire du Doubs, l'avait pressé d'en agir ainsi, et de l'accompagner en Belgique, où lui-même allait rejoindre le roi : le général de

Bourmont le refusa, tout en lui déclarant « que les
» étrangers étaient la seule ressource sur laquelle
» la cause royale pût compter, et qu'on ne devait
» pas hésiter à les rappeler. » (Procès du maréchal Ney, déposition de M. Capelle. De Vaulabelle, tome II, page 430.) Loin de se conduire
comme le faisaient les royalistes, hommes d'honneur, il supplie le maréchal Ney et le général Gérard de lui faire obtenir un commandement dans
l'armée destinée à combattre, dans le Nord, les
ennemis de la patrie ; il leur affirme souvent qu'il
le mérite par son entier dévouement à la France et
à l'Empereur. Ces deux généraux, séduits par ses
chaleureuses expressions, se portent garants de
sa loyauté, et, à force d'instances, obtiennent de
Napoléon, qui y répugnait excessivement, qu'il
commandera une des divisions formant le corps
d'armée du général Gérard.

Dans la nuit du 14 au 15 juin, l'Empereur, par
des ordres de mouvement et de marche, remis à
tous les généraux de division, fait connaître les
savantes manœuvres par lesquelles les Français,
passant la frontière le 15 de bon matin, vont surprendre les Prussiens dans leurs cantonnements
séparés par d'assez grands intervalles, et les détruire les uns après les autres. De très-bonne
heure le 15, le général de Bourmont, accompagné
de son chef d'état-major, le colonel Clouet, du chef
d'escadron de Villoutreys, de ses aides-de-camp

Dandigné et de Trélon, et du capitaine-adjudant Sourdat, passe à l'ennemi, et parcourant rapidement la distance qui le séparait de Blücher, le prévient des mouvements offensifs de l'armée française.

Par ses habiles combinaisons, l'Empereur avait réussi dans la plus difficile des manœuvres de guerre, celle de surprendre son ennemi dispersé, ce qui donne les moyens de le détruire avant qu'il ait pu se réunir. Blücher, ainsi que Wellington, était dans la plus grande sécurité, dans la plus complète ignorance des mouvements de notre armée. Sans la trahison de Bourmont, Blücher ne les aurait connus que plus tard par nos attaques successives, et pour juger du résultat qu'elles auraient eu, il faut se souvenir que Blücher, quoique prévenu un jour d'avance, ne put réunir que trois de ses corps d'armée; le quatrième, malgré toute la diligence qu'il fit, n'arriva point assez à temps pour prendre part à la bataille de Ligny. Blücher instruisit sur-le-champ Wellington des opérations agressives de Napoléon. Wellington était au bal lorsqu'il en reçut l'avis; il devint très-pâle, et il était si loin de les soupçonner, que le même jour où nous attaquions ses avant-postes, il avait écrit à l'empereur Alexandre qu'il était convaincu que Napoléon se tiendrait sur la défensive, et qu'il se bornerait à défendre les places fortes et le passage des rivières.

(*Dépêches et ordre du jour de Wellington*, n° 947, édition de Bruxelles.)

Les avertissements donnés par le transfuge Bourmont forcèrent l'Empereur à changer en partie son plan d'opération, ce qui eut de graves inconvénients, augmentés encore par le mal moral que fit cette désertion, et dont les funestes suites influèrent beaucoup sur le succès de nos armes pendant cette courte campagne. On a prétendu que Bourmont ne s'était rendu auprès de Blücher que pour lui souhaiter le bonjour, mais qu'il était trop homme d'honneur pour lui faire connaître les ordres de mouvement et de marche de notre armée dont il était porteur. Si Bourmont n'avait point voulu faciliter le retour des Bourbons, en faisant connaître aux ennemis nos dispositions pour les attaquer, aurait-il attendu pour déserter d'en être instruit lui-même? Ou plutôt, il ne se serait pas parjuré en prêtant le serment de fidélité à l'Empereur, afin d'obtenir un commandement dans l'armée française.

Mais ce qui lève tous les doutes à cet égard, c'est la conduite qu'il a tenue à Lons-le-Saulnier, le 14 mars, lorsque les soldats qui s'y trouvaient entraînèrent le prince de la Moskowa à se ranger sous le drapeau national.

Dans le procès du maréchal devant la cour des pairs, Bourmont déposa avec le plus grand acharnement contre celui dont quelque temps auparavant

il avait imploré la protection. Il prétendit qu'il avait désapprouvé fortement la détermination de l'accusé, de reconnaître l'Empereur. Le maréchal Ney soutint énergiquement que Bourmont ne lui avait fait aucune observation, ne lui avait donné aucun conseil à cet égard. De ces deux affirmations, ce qui fait voir quelle est la vraie, c'est que si Bourmont s'était montré à Lons-le-Saulnier réellement dévoué au roi, le prince de la Moskowa et le général Gérard se seraient bien gardés d'insister si fortement pour que l'Empereur lui donnât un commandement dans l'armée destinée à combattre nos ennemis protecteurs des Bourbons. Le président de la chambre des pairs adressa cette question à Bourmont : « Comment se fait-il qu'après
» avoir désapprouvé la conduite du maréchal,
» vous l'ayez ensuite accompagné sur le terrain,
» sachant ce qu'il allait faire ? » Bourmont répondit : « Parce que je tenais à voir l'effet que pro-
» duirait cette proclamation. La plupart des offi-
» ciers m'avaient promis de me suivre ; je voulais
» m'assurer s'il ne se manifesterait pas quelque
» opposition. On a dit que je pouvais m'éloigner,
» venir rejoindre le roi ; mais d'abord j'ai craint
» d'être arrêté ; *en second lieu, m'éloigner, c'était*
» *manquer mon but, qui était de rendre compte de*
» *tout à S. M. C'est pour cela que j'ai d'abord suivi*
» *la colonne du maréchal quand il a quitté Lons-le-*
Saulnier. Mais j'étais à Paris le 18, et, le 19,

» *j'ai fidèlement rapporté au roi tout ce dont j'avais*
» *été témoin.* » (*Chute de l'empire, histoire des deux restaurations*, par Achille de Vaulabelle, tome III, page 584.)

Bourmont convint qu'après la revue où l'Empereur fut proclamé (*Journal de Paris*, du 5 décembre 1815), il assista au banquet bonapartiste destiné à célébrer cet événement; il ne put y être admis, et le lendemain suivre la colonne et tromper le maréchal Ney sur ses vrais sentiments, qu'en arborant la cocarde nationale, qu'en criant comme les autres : vive l'Empereur! Qu'est-ce qu'un espion? Le Dictionnaire de l'Académie va nous le dire : « Espion. Celui qui se mêle parmi
» les ennemis pour les épier, et, en général, qui-
» conque est chargé d'observer les actions, les
» discours d'autrui, pour en faire son rapport. »
Ceux qui portaient la cocarde nationale, qui reconnaissaient Napoléon pour chef de la France, étaient bien les ennemis des Bourbons et de leurs partisans portant la cocarde blanche. Bourmont, en restant parmi les premiers, pour aller ensuite rapporter au roi leurs actions, leurs discours, était donc un véritable espion. Cet homme était tellement privé du sens moral, que c'est lui qui, devant la France, l'Europe, le monde entier attentif au jugement du maréchal Ney, a fait connaître l'infâme rôle qu'il a joué à Lons-le-Saulnier. Après cela, il est bien évident que l'espion du 14 mars et

jours suivants, a joué le même rôle le 15 juin, et qu'il a attendu, pour déserter, de connaître le plan de campagne des Français pour aller en instruire nos ennemis.

J'en ai la conviction, tout homme d'honneur, quelle que soit son opinion, éprouvera un profond mépris pour un général se conduisant comme l'a fait Bourmont en mars et en juin 1815.

Malgré la désertion de Bourmont, et de faux mouvements de la part de Vandamme, commandant le 3me corps, qui devait déboucher de Charleroi à neuf heures et ne le fit que quatre heures plus tard, notre armée avait surpris les ennemis et s'était placée entre les deux armées anglaise et prussienne. Laquelle des deux Napoléon devait-il attaquer la première?

Le caractère de l'audacieux Blücher, toujours prêt à livrer bataille, donnait l'espoir qu'en se présentant devant lui, il ne reculerait point. On avait à craindre, au contraire, qu'en attaquant d'abord le circonspect Wellington, il ne se repliât, peu à peu, pour donner à Blücher le temps de le joindre, et qu'alors il ne fallût combattre un contre deux. L'Empereur se décida donc à tomber premièrement sur Blücher; mais pour cela, il était obligé d'employer une partie de l'armée à contenir Wellington, pour l'empêcher de secourir les Prussiens. Il pouvait arriver que, ceux-ci n'étant pas entièrement défaits, il faudrait les contenir à leur tour, tandis qu'avec le gros de l'armée, on attaquerait les **Anglais**. Ces indispensables manœuvres faisaient que Napoléon ne pouvait plus avoir toute l'armée sous sa main. Pour obvier aux graves inconvénients qu'il avait à craindre, si les corps qui devaient opérer à plusieurs lieues de lui n'étaient point momentanément sous les ordres d'un seul chef, il adopta le plan que fait connaître l'ordre qu'il donna dans la nuit du 15 au 16 juin, en désignant en même temps le maréchal Ney pour commander l'aile gauche et le maréchal de Grouchy l'aile droite.

« J'ai adopté comme principe général, pendant
» cette campagne, de diviser mon armée en deux
» ailes et une réserve : votre aile sera composée...
» (ici le nombre des corps qui doivent en faire
» partie et dont l'effectif, pour le maréchal Ney,
» était de 47 à 48,000 hommes et 116 bouches à
» feu, et, pour le maréchal de Grouchy, de 38 à
» 39,000 hommes et 112 bouches à feu, sans comp-
» ter les 2,200 hommes des équipages et du génie
» distribués dans les deux ailes et la réserve). La
» garde formera la réserve (de 28 à 29,000
» hommes et 122 bouches à feu), et je me porterai
» sur l'une et l'autre aile, selon les circonstances...
» *selon les circonstances, j'affaiblirai l'une ou l'autre*
» *aile en augmentant ma réserve.* »

Le 16, Blücher vint audacieusement présenter la bataille à Napoléon, mais en commettant une bien grande faute, aperçue sur-le-champ par l'Empereur, et qui aurait entraîné la destruction de l'armée prussienne, si le général Drouet, comte d'Erlon, avait rempli son devoir, car par la position prise à Ligny par Blücher, il avait en face de lui la réserve et l'aile droite sous les ordres immédiats de Napoléon, et sur ses derrières l'aile gauche.

Pour appliquer justement son véritable nom à la conduite du général Drouet à la bataille de Ligny, il faut revenir en arrière de trois mois, et voir ce qu'il fit à cette époque. Lorsqu'on sut à Paris le débarquement à Cannes de Napoléon et ses premiers succès, la faction d'Orléans comprit qu'il fallait le gagner de vitesse, et faire exécuter le plus tôt possible un mouvement en faveur du chef de la branche cadette des Bourbons. Le général Drouet, comte d'Erlon, commandant la division militaire de Lille, les généraux Lefèvre-Desnouettes, Lallemand frères, ayant aussi des commandements, et qui tous quatre faisaient partie de la faction d'Orléans, furent chargés par elle de soulever les troupes dont ils pouvaient disposer. Le comte d'Erlon mettait déjà les siennes en mouvement pour aller rejoindre Lefèvre-Desnouettes, lorsque le duc de Trévise, nommé par le roi chef de toutes les troupes qui étaient dans le département du Nord, arriva à Lille. Sa présence déjoua tous les projets du général Drouet, qui, sachant qu'on devait l'arrêter, parvint à se sauver. Lefèvre-Desnouettes et les frères Lallemand, après avoir soulevé leurs troupes, qui croyaient que c'était en faveur de Napoléon, en furent promptement abandonnés lorsqu'elles se doutèrent de leurs desseins : le peuple et l'armée éprouvaient le même sentiment de répulsion pour tous les Bourbons sans distinction de branche. Ces trois généraux furent pris : le 20 mars les délivra. L'un des frères Lallemand, interrogé par l'Empereur, avoua que le soulèvement tenté par Drouet-d'Erlon, Lefèbre-Desnouettes, son frère et lui, était en faveur du duc d'Orléans : d'autres documents le prouvent aussi.

Le général Drouet, comte d'Erlon, faisait donc partie de la faction de Louis-Philippe, qui avait fait connaître que : *le vœu de son cœur, sa prière la plus fervente*, étaient que la France eût des revers. Des deux agents principaux de cette faction, l'un, Mme de Staël, avait consigné dans ses écrits qu'elle formait les mêmes souhaits ; et l'autre, le marquis de Lafayette, avait agi en 92 et en 1814 pour que nous fussions envahis par nos ennemis. Fouché les secondait pour détruire, quoique n'appartenant pas entièrement à la faction orléaniste. Cette faction, ainsi que les factions légitimiste et républicaine, dont Fouché faisait aussi partie, ne pouvait triompher qu'autant que d'immenses revers accableraient nos armées.

Revenons à la bataille de Ligny, donnée le 16

juin. Ce jour-là, le matin, le colonel Gordon, chef de l'état-major du général Durutte, qui commandait une des divisions sous les ordres de Drouet d'Erlon, et le commandant Gaugler, premier aide-de camp du même général Durutte, passèrent à l'ennemi. On comprend combien ces désertions d'hommes approchant de si près les généraux, identifiés pour ainsi dire avec eux, durent causer de défiance aux soldats. Ces défiances, quoique justes, influèrent d'une manière fâcheuse sur les résultats de cette campagne de quatre jours.

Napoléon, après avoir bien examiné la position prise à Ligny par Blücher, ayant sous ses ordres quatre-vingt-quinze mille hommes, se décida à lui livrer bataille. Pour cela il fit faire un changement de front à la réserve et à l'aile droite, fortes de soixante-six mille hommes. L'Empereur espérait que le maréchal Ney avait pu s'emparer de la forte position des Quatre-Bras, et qu'il avait ainsi empêché, sur ce point si important, la concentration de l'armée anglaise. Dans cette croyance, il avait écrit au maréchal Ney qu'il allait attaquer les Prussiens; que son intention était qu'il attaquât aussi ce qui était devant lui, et qu'après l'avoir vigoureusement poussé, il rabattît sur l'armée principale pour concourir à envelopper Blücher, dont l'armée, par cette manœuvre, devait être détruite. Cependant, avant de commencer son attaque, Napoléon voulait avoir la certitude que Ney était en mesure

d'exécuter ses ordres, mais n'en recevant aucune nouvelle, il jugea qu'un plus long retard pouvait nous être fatal, et la bataille commença. En même temps, il envoya au prince de la Moskowa l'ordre suivant, écrit comme le précédent, par le major-général Soult : « M. le maréchal, je vous ai
» écrit, il y a une heure, que l'Empereur ferait at-
» taquer l'ennemi, à deux heures et demie, dans la
» position qu'il a prise entre Bry et Sombref. En
» ce moment l'engagement est très-prononcé.
» S. M. me charge de vous dire que vous devez
» manœuvrer *sur-le-champ*, de manière à envelop-
» per la droite de l'ennemi, et à tomber, *à bras rac-*
» *courcis* sur ses derrières. Cette armée est perdue
» si vous agissez vigoureusement ; le sort de la
» France est dans vos mains ; ainsi *n'hésitez pas un*
» *instant* à faire le mouvement que l'Empereur vous
» ordonne... »

Napoléon, pensant que peut-être le maréchal Ney ne pourrait pas, de sa personne, et avec la plus grande partie des troupes sous ses ordres exécuter le mouvement qu'il lui ordonnait, se décida à faire ce qu'il avait annoncé par son ordre du jour de la veille, ordre connu de tous les généraux, *que, selon les circonstances, il affaiblirait une aile pour renforcer le reste de l'armée*. Peu de temps après l'envoi de l'ordre que je viens de transcrire en entier, il chargea le général de Labédoyère, l'un de ses aides de camp, d'en porter un nouveau au maréchal Ney,

dans lequel il lui disait : « que s'il était trop fortement
» engagé pour quitter ses positions, il devait se bor-
» ner à les maintenir avec le deuxième corps, et di-
» riger, *sans perdre un instant*, le corps de Drouet
» d'Erlon sur son champ de bataille. »

Napoléon savait que vingt-cinq mille soldats français, bien commandés, étaient suffisants pour tenir en échec Wellington, et l'occuper tellement qu'il lui serait impossible d'envoyer le plus petit détachement au secours des Prussiens. C'est ce qui eut lieu en effet.

Laissons parler maintenant le général Drouet, comte d'Erlon ; voici la première partie d'une lettre écrite par lui : « Vers onze heures ou midi, M. le
» maréchal Ney m'envoya l'ordre de faire prendre
» les armes à mon corps d'armée, et de le diriger
» sur Frasnes et les Quatre-Bras, où je recevrais
» des ordres ultérieurs. Mon armée se mit donc im-
» médiatement en marche.

» Après avoir donné l'ordre au général qui com-
» mandait la tête de colonne de faire diligence, je
» pris l'avance pour voir ce qui se passait aux Qua-
» tre-Bras, où le corps d'armée du général Reille
» me semblait engagé. Je m'arrêtai au delà de
» Frasnes, avec des généraux de la garde, et j'y fus
» joint par le général Labédoyère, qui me fit voir
» une note au crayon qu'il portait au maréchal Ney,
» et qui enjoignait à ce maréchal de diriger mon
» corps d'armée sur Ligny. Le général Labédoyère

» me prévint qu'il avait déjà donné l'ordre pour ce
» mouvement en faisant changer de direction à ma
» colonne, et m'indiqua où je pourrais la rejoindre.
» Je pris aussitôt cette route, et envoyai au maré-
» chal mon chef d'état-major, le général Delcambre,
» pour le prévenir de ma nouvelle destination. »

Le comte d'Erlon avait donc vu de ses propres yeux l'ordre écrit par l'Empereur et porté par un de ses aides de camp, pour que, *sans perdre un instant* son corps d'armée fût dirigé là où était la bataille, le rôle du maréchal Ney n'étant plus que secondaire, puisqu'il devait se borner à se maintenir dans ses positions. Le comte d'Erlon, comme tous les généraux, connaissait aussi l'ordre du jour de la veille qui, tout en divisant l'armée en deux ailes et une réserve, annonçait que, selon les circonstances, une de ces ailes serait affaiblie pour renforcer le reste de l'armée. Il savait donc qu'il n'était plus momentanément sous les ordres directs du maréchal Ney, et que dès le moment où l'ordre de l'Empereur lui était connu, il se retrouvait placé sous le commandement immédiat du généralisme.

Il doit paraître étonnant qu'au moment où il lui était prescrit de prendre part à une bataille, le général Drouet se privât de son chef d'état-major, homme si précieux dans ces circonstances. Ce n'était plus qu'une simple déférence de sa part envers le maréchal Ney, et pour laquelle tout officier de son état-major aurait suffi, puisque le général de

Labédoyère portait lui-même à ce maréchal l'ordre écrit de l'Empereur, qui retirait de l'aile gauche le corps du comte d'Erlon.

La bataille de Ligny avait commencé vers trois heures par les attaques des deux corps de Vandamme et de Gérard ; l'Empereur tenait inactive la réserve, ne voulant remporter la victoire qu'au moment où elle serait décisive par la coopération du maréchal Ney avec la plus grande partie de l'aile gauche, ou au moins par l'intervention du corps du comte d'Erlon qui, pour aller se placer sur les derrières de l'armée prussienne, ainsi qu'il en avait reçu l'ordre, n'avait aucun obstacle à vaincre ; mais pour qu'il pût prendre cette décisive position, il fallait que Blücher ne fût point chassé du champ de bataille avant l'arrivée de d'Erlon. L'Empereur attendit, autant qu'il lui fut possible, de voir paraître les troupes que Ney devait conduire ou lui envoyer, mais rien n'arrivait. Il était cinq heures et demie ; retarder plus longtemps de faire donner la réserve, pouvait compromettre les corps de Vandamme et de Gérard, qui soutenaient seuls les efforts des Prussiens. L'Empereur venait de donner l'ordre à cette réserve de marcher, lorsqu'il fut obligé de l'arrêter pour l'employer contre de nouveaux ennemis que Vandamme lui signalait. Ce général lui avait envoyé plusieurs officiers pour l'avertir qu'une colonne de vingt-cinq à trente mille hommes, *reconnue pour anglaise*, allait attaquer son corps d'armée, et que même une de ses divisions avait été obligée de se replier devant elle.

Napoléon ne concevait pas comment Ney, ce maréchal d'une si grande capacité militaire, avait pu permettre à Wellington d'envoyer une troupe si nombreuse pour nous prendre en flanc et par derrière; mais enfin, dans le cas où cela fût vrai, il suspendit le mouvement de la réserve dirigée contre les Prussiens pour l'opposer à ces nouveaux adversaires; en même temps, pour les reconnaître, il envoya plusieurs officiers de l'état-major général qui, malheureusement, ne poussèrent point assez loin leur reconnaissance, afin de savoir au juste à quelle nation appartenait cette colonne et la direction qu'elle avait prise. Ils se contentèrent de voir qu'elle s'était éloignée du champ de bataille après y être demeurée quelque temps. Vandamme, lui aussi, avait négligé de bien faire reconnaître cette colonne, chose cependant si essentielle, et qui aurait permis à Napoléon de lui renouveler ses ordres, de suivre tous ses mouvements, car cette colonne, dont l'apparition nous fit perdre un temps si précieux, était le corps d'armée du comte d'Erlon qui, de son côté, n'envoya aucun officier à l'Empereur pour le prévenir de son arrivée.

Lorsque, à sept heures, par le retour des officiers de l'état-major général, Napoléon sut que la colonne qu'on lui avait assuré être ennemie s'éloignait, il fit exécuter à la réserve les manœuvres qu'elle commençait à faire une heure et demie plus tôt, et qui alors auraient rendu la victoire plus complète, puisque la nuit arrivant aussitôt qu'elle fut remportée, ne permit point de poursuivre longtemps les Prussiens. Cependant leur perte fut de vingt-cinq mille hommes, la nôtre de sept mille. Cette grande différence provenait de la position prise par Blücher, et qui permettait à notre artillerie de faire de grands ravages dans les rangs de son armée, tandis que la nôtre, abritée en partie par des plis de terrain, offrait bien moins de prise aux boulets des Prussiens. Savoir profiter de ces abris naturels était un des grands talents militaires de Napoléon, dont les soldats n'étaient entièrement découverts que lorsqu'il fallait donner le coup de collier. Dans presque toutes ses batailles, y compris celle de Waterloo, il en fut de même.

Nous avons laissé le comte d'Erlon recevant d'un des aides de camp de l'Empereur l'ordre d'aller prendre à dos l'armée prussienne. Un ordre verbal porté par un aide de camp est aussi obligatoire que s'il était écrit; mais dans cette circonstance, cet ordre verbal était en outre renforcé par un ordre écrit que le général Drouet avait lu lui-même. Pour l'exécuter, il rejoint son corps d'armée. Il se prive, sans nécessité, de la présence fort importante de son chef d'état-major ; mais au lieu de suivre le chemin qu'on lui avait prescrit, et qui le menait plus promptement, plus sûrement, sur les derrières des Prussiens, il en prend un autre bien moins avantageux. Il a prétendu qu'il s'était trompé ; mais la manière dont il s'est conduit ensuite, autorise à penser que cette erreur fut volontaire. Cette route était celle qu'aurait suivie un corps ennemi qui aurait voulu nous prendre en flanc et en dos ; c'est ce qui fit croire à l'Empereur et à tous les généraux que ce n'était pas le corps du comte d'Erlon. Au lieu de réparer son erreur, si ce n'était qu'une erreur, en faisant savoir à l'Empereur qu'il s'est trompé de chemin, mais qu'il va reprendre celui qui doit le conduire sur les derrière de Blücher, il continue à manœuvrer comme s'il était ennemi, et il réussit si bien à le faire croire, qu'une division du corps de Vandamme se retire devant lui : il le voit, et ne l'avertit point qu'il est Français.

Son chef d'état-major n'arrivant pas, il est bien forcé d'aller prendre la route qui lui permettait d'exécuter l'ordre verbal et écrit qu'il avait reçu. Ce chemin le conduisait derrière les Prussiens, et si près d'eux, que nos soldats apercevaient distinctement les numéros peints sur les sacs de l'infanterie de Blücher. Les quarante-six pièces de canon du 1er corps sont mises en batterie, le général Drouet n'avait qu'à ordonner de faire feu pour avertir l'Empereur que les ordres qu'il avait donnés étaient exécutés, et pour concourir à une destruction complète de l'armée prussienne ; mais ce commandement d'ouvrir le feu il ne le donne point. Enfin, son chef d'état-major, le général Delcambre, qu'il attendait avec tant d'impatience arrive auprès de lui, ce qui lui permet de dire que le maréchal Ney, fortement engagé avec les Anglais, lui envoie l'ordre impératif de le rejoindre au plus vite. Il fait alors quitter à tout son corps, infanterie, cavalerie, artillerie, la position décisive qu'il occupait, et se remet en marche, quoiqu'il sût fort bien qu'il lui était matériellement impossible d'arriver assez à temps aux Quatre-Bras pour prendre part au combat qui s'y livrait ; en effet, laissant son corps d'armée sans chef pour le diriger et activer sa marche, il prend les devants, et n'arrive de sa personne auprès du maréchal Ney qu'à neuf heures, lorsque Anglais et Français avaient pris leurs bivouacs. Quant à son corps d'armée, harrassé par les détours qu'il lui avait fait faire pour aller à Ligny et ensuite pour en revenir, il ne se rallia aux autres troupes du prince de la Moskowa que le lendemain matin. Des personnes trop indulgentes, pour tâcher d'excuser la manœuvre du comte d'Erlon, qualifiée simplement de fatalité, on dit qu'elle provenait de son sentiment exagéré de la discipline militaire, qui lui avait fait croire qu'avant tout il devait obéir à son chef immédiat.

Cette excuse pourrait être admise si Bonaparte et Ney, sous le Directoire, par exemple, eussent été généraux en chef de deux armées entièrement séparées, étant tout à fait indépendants l'un de l'autre, et que Ney eût momentanément prêté à Bonaparte un de ses corps d'armée pour l'aider à vaincre. Cependant, même dans cette supposition, le chef de ce corps détaché, rappelé par son général en chef, s'il n'avait pas voulu que le général Bonaparte fût battu, ou au moins ne remportât point une victoire décisive, aurait assez connu ses devoirs envers sa patrie pour engager sa responsabilité, en n'exécutant pas un ordre funeste à l'armée avec laquelle il se trouvait à l'instant, et sans aucune utilité pour son général en chef, puisqu'il savait fort bien qu'il ne pouvait se réunir à lui que longtemps après que le combat aurait cessé, là où se trouvait l'armée à laquelle il appartenait réellement.

Mais aucune de ces circonstances n'existait le 16 juin. L'ordre écrit et verbal auquel le général Drouet d'Erlon avait commencé à obéir, émanait du chef de l'État, du chef suprême de toutes les armées françaises, de celui qui, même pour celles les plus éloignées de lui, pouvait à chaque instant annuler tous les ordres donnés par leurs généraux en chef, leur ôter une partie des troupes sous leurs ordres, enfin les priver d'un commandement qu'ils ne tenaient que de lui seul. Et lorsque ce chef suprême commandait en personne une de ces armées, était-il possible que Drouet d'Erlon crût qu'il devait avant tout exécuter les ordres d'un inférieur et non pas ceux du généralissime, même lorsqu'il ne pouvait en résulter qu'un grand désavantage pour sa patrie ? En un mot, pouvait-il penser que le maréchal Ney était un général en chef indépendant et auquel lui, d'Erlon, devait une obéissance passive, même lorsqu'il était réuni à la partie de l'armée immédiatement sous les ordres de l'Empereur ? Et, quand il abandonna le champ de bataille de Ligny, cette réunion était effectuée.

S'il avait pu penser que son chef immédiat auquel il devait une obéissance passive, était continuellement le maréchal Ney, il aurait dit au général de Labédoyère : Je vais rejoindre mon corps d'armée, l'arrêter ; et je ne continuerai ma marche sur Ligny qu'après en avoir reçu l'ordre de celui qui, seul, peut m'en donner directement.

Si le prince de la Moskowa s'était permis de donner un ordre contraire à celui de l'Empereur, il y aurait eu pour rendre désastreuse la campagne de 1815, outre la trahison, la même cause qui avait produit nos défaites de Crécy, Poitiers, etc., c'est-à-dire l'insubordination. Du reste, cet ordre aurait-il été donné en effet, qu'il ne servirait point du tout à la justification de Drouet d'Erlon, mais ce prétexte même ne peut point être allégué en sa faveur.

Ce général n'a jamais prétendu que cet ordre lui eût été donné par écrit ; dans ce cas, il l'aurait pré-

cieusement conservé. Il n'a jamais cherché non plus à prouver l'existence de l'ordre verbal par des témoins ; et il aurait dû s'empresser de le faire, puisque le maréchal Ney, dans une lettre du 26 juin, insérée dans tous les journaux, avait indirectement nié qu'il eût donné cet ordre. En effet, dans cette lettre, il dit : « Vers neuf heures du soir
» le premier corps (celui de Drouet d'Erlon) me
» fut renvoyé par l'Empereur, auquel il n'avait été
» d'aucune utilité. »

Dire que l'Empereur lui avait renvoyé d'Erlon, c'était dire, bien positivement, que ce n'était point sur un ordre impératif de lui, que ce général avait quitté au moment décisif le champ de bataille de Ligny. Cette preuve que cet ordre n'a pas été donnée est fortifiée par le témoignage écrit du premier aide de camp du maréchal Ney.

Dans la *Relation de la campagne de* 1815, *dite de Waterloo, pour servir à l'histoire du maréchal Ney, par le colonel Heymès, son premier aide de camp, témoin oculaire,* insérée dans la brochure intulée : *Documents inédits sur la campagne de* 1815, *publiés par le duc d'Elchingen* (1840), on lit à la page 12 : « Il n'est pas besoin de dé-
» montrer par d'autres raisonnements (ces raisou-
» nements sont autres que les miens) que le mou-
» vement du premier corps de gauche à droite et
» de droite à gauche, à l'occasion duquel on a si
» injustement incriminé le maréchal, ne lui appar-

» tient pas, il avait trop besoin de cette troupe
» pour l'avoir cédée sans ordres supérieurs. Le
» changement de ce corps n'a été fait que sur un
» ordre émané directement de l'Empereur. Que
» pouvait faire le maréchal ? Il n'a connu ce mou-
» vement que quand il était déjà exécuté, et
» d'ailleurs, en eût-il été informé d'avance, il se
» serait bien gardé de s'y opposer puisque l'Em-
» pereur l'avait ordonné. »

Le silence du comte d'Erlon, après un démenti si formel donné à son assertion, qu'il n'était revenu aux Quatre-Bras que sur un ordre impératif du maréchal Ney, est l'entière confirmation que cet ordre ne lui fut point donné ; que ce fut un prétexte dont il se servit pour ne pas concourir à une victoire décisive qui aurait ruiné les espérances de la faction orléaniste dont il faisait partie, comme nous l'avons vu.

Cela explique pourquoi Blücher, lorsque d'Erlon vint s'établir sur ses derrières, c'est-à-dire le mettre dans la position la plus critique où puisse se trouver une armée, ne fit aucune disposition pour lui opposer une partie de ses troupes, afin que sa défaite ne fût pas au moins tout à fait complète. Sa profonde sécurité dans un péril aussi imminent, prouve qu'il savait fort bien que Drouet d'Erlon ne l'attaquerait point.

Ce fut sur les avis de Fouché, depuis le mois d'avril en correspondance avec nos ennemis, que le général Drouet d'Erlon voulut, le 9 mars, faire faire aux troupes sous ses ordres un mouvement en faveur du duc d'Orléans, et le 16 juin, au matin, le chef d'état-major et le premier aide de camp d'une des divisions du corps d'armée de Drouet d'Erlon avaient passé à l'ennemi.

Le 17 au matin, l'Empereur, qui, depuis le 15, était parvenu à isoler l'une de l'autre les deux armées ennemies, attendait, pour prendre un parti et continuer cette avantageuse manœuvre, les rapports de son aile gauche et de la cavalerie mise sur les traces des Prussiens, afin de connaître la direction de ceux-ci, et la position et les mouvements des Anglais; mais ces rapports n'arrivaient point. Il envoie alors des officiers de l'état-major général chercher ceux concernant les Prussiens; en même temps un fort détachement de cavalerie dirigé sur les Quatre-Bras doit venir lui rendre compte, le plus tôt possible, des manœuvres de Wellington. Il se rend ensuite, comme il le faisait toujours après une victoire, sur le champ de bataille de Ligny, pour s'assurer par lui-même que les blessés reçoivent tous les soins qu'il a prescrits, et pour distribuer des éloges à tous les soldats et officiers, car tous les avaient bien mérités, et des récompenses à ceux que le hasard avait plus particulièrement fait remarquer de leurs chefs.

Vers midi, le détachement envoyé aux Quatre-

Bras, et les officiers chargés de lui faire connaître la direction prise par Blücher étant de retour, il donne sur-le-champ ses ordres. Il charge Grouchy, commandant de l'aile droite, lorsqu'elle est détachée, de suivre les Prussiens l'épée dans les reins, et de compléter leur défaite. Il se met à la tête de la garde, immédiatement mise en marche pour Marbaix sur la route des Quatre-Bras, où le matin, de très-bonne heure, il avait envoyé le sixième corps, commandé par le général Mouton, comte de Lobeau, pour prendre en flanc les Anglais s'ils eussent été attaqués par le maréchal Ney ; et tous ensemble vont renforcer l'aile gauche et tomber sur Wellington ; mais ce général ayant appris, à la fin de la nuit, la défaite de Blücher, avait commencé sa retraite sur Bruxelles.

L'Empereur le poursuivit très-vivement ; mais il ne put pas l'acculer à la forêt de Soignes aussi promptement qu'il l'aurait fait sans une pluie torrentielle qui tomba toute l'après-midi, ainsi que pendant toute la nuit. Nos soldats, sur la chaussée, avaient de l'eau à mi-jambe, et ils enfonçaient presque jusqu'aux genoux dans les terres où l'artillerie ne pouvait point passer et où la cavalerie ne marchait qu'avec beaucoup de peine, ce qui nous empêchait de regagner assez vite l'avance que les Anglais avaient sur nous, pour pouvoir leur livrer bataille aussitôt que nous les aurions joints. Sans cette circonstance d'un affreux mauvais temps, en supposant que Wellington eût tenu dans ses positions, la bataille se fût donnée dans l'après-midi du 17, ou, de très-bon matin, le 18, ce qui n'aurait point permis aux Prussiens de venir nous arracher la victoire : il fallait que le temps aidât la trahison pour que nous fussions vaincus. L'arrivée des Prussiens sur le champ de bataille de Waterloo pouvait seule empêcher l'armée anglaise d'éprouver une grande défaite, et, comme nous le verrons plus loin, les Prussiens eux-mêmes conviennent que le marquis de Grouchy pouvait s'opposer à cette arrivée.

L'Empereur savait que le grand talent de Wellington était de bien choisir son champ de bataille : aussi ne pouvait-il pas croire qu'il en accepterait une dans la très-mauvaise position qu'il occupait, car il avait à dos une forêt n'ayant qu'un seul chemin dont les chaussées étaient en notre pouvoir, de sorte qu'il lui fallait, de toute nécessité, ou remporter la victoire, ou être entièrement défait; cependant, comme si la bataille devait avoir lieu le lendemain, Napoléon fit toutes ses dispositions, donna tous ses ordres écrits, et envoya successivement au maréchal de Grouchy des officiers pour lui faire connaître les positions respectives des armées française et anglaise, la possibilité d'un engagement général pour le lendemain, et la manière dont il devait manœuvrer.

A une heure du matin, Napoléon se rendit aux

avant-postes, les parcourant lentement, afin de juger par lui-même des mouvements de l'armée anglaise, pour la poursuivre vivement, si elle se mettait en retraite, dans l'espoir de lui cacher sa marche à la faveur de la nuit et d'une pluie battante; mais au point du jour, il acquit la certitude que Wellington accepterait la bataille dans la mauvaise position qu'il occupait; en conséquence, il envoya à tous les chefs de corps les ordres préparés la veille au soir.

Malheureusement ce ne fut que vers onze heures, que la terre séchée depuis quelque temps par les rayons d'un beau soleil, permit à l'artillerie de manœuvrer. La bataille commença. L'armée anglaise était de quatre-vingt-dix mille combattants; la nôtre de soixante-cinq mille, et cependant, malgré cette disproportion de force, la victoire était à nous, si Grouchy avait tenu la promesse qu'il avait faite à l'Empereur, dans une dépêche du 17, dix heures du soir, d'empêcher Blücher d'aller rejoindre Wellington. Demandons-nous s'il lui était possible d'exécuter cette promesse, ou bien s'il ne l'a point voulu.

Le maréchal Gérard a fait paraître, en 1829, 1830 et 1840, trois publications qui jettent une vive lumière sur cette époque, et peuvent, mieux que tout autre, répondre à cette question. La première est intitulée : *Quelques documents sur la bataille de Waterloo;* la seconde : *Dernières obser-*

vations sur les opérations de l'aile droite de l'armée française à la bataille de Waterloo; et la troisième : *Lettre à MM. Germain Sarrut et B. Saint-Edme.*

Le 6 avril 1830, *le Constitutionnel* rendit compte de la deuxième, en déclarant qu'elle avait porté la conviction dans son esprit. Le 9 avril, le marquis de Grouchy lui écrivit la lettre dont voici le premier paragraphe : « La publicité de votre journal
» me fait désirer que vos nombreux abonnés sa-
» chent que je ne laisserai point sans réplique les
» dernières observations de M. le comte Gérard,
» relatives à la bataille de Waterloo, et qu'une
» carte, dont la fidélité et les détails ne permet-
» tront plus de dénégations, quant aux distances,
» sera annexée à ma réfutation de sa brochure. »
Les abonnés du *Constitutionnel* attendent encore, en juin 1840, et la réplique et la carte; et cependant, depuis tant d'années, que de témoins pour ou contre lui, dont la mort a pour toujours fermé la bouche ! M. le marquis de Grouchy aurait dû d'autant plus se hâter de tenir sa promesse, que *le Constitutionnel*, après avoir dit que le général Gérard n'était entré dans cette discussion que forcé par les attaques répétées de M. de Grouchy, ajoutait cette réflexion très-significative: « *Et ce n'est
» pas sa faute s'il a prouvé plus peut-être qu'on au-
» rait voulu.* »

C'était bien là une accusation de trahison, quoique formulée avec la politesse d'un homme du monde, et non avec la rudesse d'un marin. Le ton de la réponse du marquis de Grouchy fait voir qu'il l'avait compris ainsi.

En 1840, il se décide, à la fin, à rompre le silence, mais c'est pour dire dans sa lettre imprimée, adressée à MM. Sarrut et Saint-Edme, qu'il en appelle à la postérité. Mais quand on peut éclairer ses contemporains, mettre sous leurs yeux les pièces du procès, c'est vouloir échapper à leur justice que d'invoquer celle de la postérité, ou plutôt, c'est reconnaître pour vraies les accusations niées d'abord.

Le marquis de Grouchy n'a eu aucun respect pour la plus grande infortune qui fut jamais. Napoléon, à Sainte-Hélène, fut tué à coups d'épingles, et cependant ce maréchal, loin de se renfermer, comme il le demande maintenant par sa lettre de 1840, dans l'examen « de la stricte exécution des ordres » de l'Empereur, » l'attaque sans cesse, non-seulement dans son génie militaire, qu'il cherche à montrer comme tout-à-fait éclipsé, mais encore dans son honneur comme homme. Dans ses *Fragments historiques*, deuxième partie, page 29, il dit qu'il publiera «les ordres qu'il (Ney) avait reçus, dont je » possède les minutes. Ils diffèrent presque en tous » de ceux émanés de Sainte-Hélène.» Napoléon les a donc falsifiés! Avez-vous tenu votre promesse? Les avez-vous publiés? Dans quel ouvrage sont-ils? Une telle accusation demande qu'on l'appuie par des preuves.

Ailleurs, il prétend que l'Empereur avait la coutume de rejeter ses fautes sur des innocents; et, démentant lui-même son assertion, il dit (*Observations sur la relation de la campagne de* 1815, p. 2) : « Ses relations officielles, à une époque où
» il était *éminemment intéressé* à en faire connaître
» les auteurs à la France et à l'Europe, ne con-
» tiennent en effet de reproches *contre aucun de*
» *ses lieutenants*; et je savais de la bouche de per-
» sonnes qui ont vécu dans son intimité (parmi
» elles le général Bernard) depuis la bataille de
» Waterloo jusqu'au moment de son départ de
» Rochefort, qu'on ne lui avait jamais entendu
» articuler un mot d'improbation à mon égard. »

Si l'Empereur avait eu l'habitude de calomnier, il l'aurait fait, surtout alors qu'il s'agissait non-seulement de sa gloire, mais encore de sa couronne, de sa liberté, de sa vie.

En écrivant ces lignes, M. de Grouchy n'a donc point compris qu'il donnait plus de poids aux reproches que Napoléon lui adressa par la suite, lorsque la connaissance des faits permit qu'il fût juste envers lui, comme il l'avait été à l'égard de ceux cités par M. de Grouchy pour prouver la déloyauté de l'Empereur.

Dans la même brochure de 1819, à la page 54, en parlant du registre d'ordres et de correspondance du major général, remis au marquis de Grouchy lorsqu'il prit le commandement de l'ar-

mée à Soissons, on lit : « La publication des pièces
» officielles qui aura lieu plus tard, jettera un
» grand jour sur les événements et les opérations
» de cette campagne. » Et à la page 89 : « Je me
» propose d'ailleurs de faire *incessamment* paraître
» un narré beaucoup plus circonstancié, et de
» donner des détails peu connus jusqu'à ce jour
» sur cette époque (1815). J'ai entre les mains
» presque tous les ordres, beaucoup de pièces of-
» ficielles, et une correspondance importante sur
» les événements politiques de 1813, 1814, 1815. »

Le maréchal de Grouchy déclare que, profitant
de sa position de commandant en chef de l'armée, il
s'est approprié *le registre d'ordre et la correspondance du major général*, tandis que c'était pour lui
une rigoureuse obligation de les remettre au général qui le remplaça, comme il les avait reçus
de son prédécesseur. C'est Fouché qui, le 23 juin,
l'avait nommé général en chef de cette armée, sans
nul doute pour le récompenser d'avoir rendu inévitable notre défaite à Waterloo. Ce registre d'ordre et cette correspondance du major général ap-
partiennent à l'État ; c'est une propriété aussi sacrée
et beaucoup plus précieuse que des terres et des
maisons ; cependant il s'en est emparé, et ses héritiers les possèdent encore. Les soustraire plus
longtemps à l'investigation de l'opinion publique,
permettrait d'affirmer que ces documents officiels
contiennent des preuves contre le maréchal de

Grouchy. L'honneur, la justification de sa mémoire imposent donc à ses héritiers l'impérieux devoir de les remettre tous, sans aucune exception, au ministère de la guerre, où ils devraient être depuis 1815, sans oublier d'y joindre les quatre lettres qu'il convient avoir écrites à l'Empereur, les 17 et 18 juin, et qui font aussi partie de ces documents officiels. Leur restitution à l'État, leur dépôt aux archives de la guerre, où l'histoire va puiser ses matériaux, est d'autant plus nécessaire, que ce qui suit va prouver à quel point la mémoire du maréchal de Grouchy est infidèle; il se dément lui-même à chaque instant, et, par conséquent, ses assertions ne peuvent inspirer aucune confiance.

Dans sa publication de 1819 il dit: « *Ce n'est qu'a-*
» *près avoir dépassé Sarravalain* que la canonnade
» fut entendue à mon armée... *Les prétendus conseils*
» que me donnèrent les généraux Excelmans et Gé-
» rard pour... me déterminer à me porter au bruit
» du canon qui se tirait à Waterloo, etc. (page 81).
» Quant aux avis qu'on met dans la bouche du
» maréchal Gérard, était-il à même de me les donner,
» lui qui se trouvait alors (vers midi) à plus de
» deux lieues en arrière, et qui ne m'a joint que
» devant Wabres longtemps après? »

Enfin le *Constitutionnel* ayant donné, le 8 janvier 1820, des extraits de l'ouvrage de Napoléon intitulé : *Mémoires pour servir à l'histoire de France en* 1815, dans lequel on parlait de ces conseils, le fils du marquis de Grouchy écrivit au *Constitutionnel* (12 janvier) : « Je déclare *en son* » *nom* (celui de son père) que les discours et les » variantes attribués aux généraux Gérard et » Excelmans, *sont inventés et de toute fausseté.* »

Le général Gérard, comprenant mieux envers le marquis de Grouchy, alors exilé, les égards dus au malheur, que celui-ci ne les comprenait à l'égard des immenses infortunes de l'Empereur, resta dix ans sans répondre aux attaques de ce maréchal; il ne le fit que provoqué par un nouvel ouvrage. Seulement, ayant montré au fils du marquis de Grouchy les pièces qui prouvaient qu'il avait donné le conseil de marcher au feu, il exigea de lui qu'il rectifiât, dans le *Constitutionnel*, l'erreur commise par son père ; ce qu'il fit en effet le 21 janvier 1820.

La modération de M. le maréchal Gérard ajoute une grande force aux arguments développés dans ses publications, et dont je fais un très-grand usage. Dans la première : *Quelques documents*, etc., aux pages 12, 13, 17 et autres, il apporte des témoignages écrits tellement authentiques, irrécusables, circonstanciés, que la mémoire fut bien obligée de revenir à M. de Grouchy : aussi, dans ses *Fragments historiques*, première partie, page 8, il dit : « Le général Gérard m'avait rejoint de sa » personne *pendant que j'étais à Sart-à-Valain.* » Vers les *onze heures et demie une canonnade se*

» *fit entendre* vers la forêt de Soignes, *et il me*
» *conseilla* de m'y porter. »

La mémoire de M. de Grouchy est tellement malheureuse, que dans ses *Fragments*, deuxième partie, page 2, il dit « que cette erreur n'existait
» que quant au lieu et à l'heure où M. le comte
» Gérard me donna le conseil de me porter au bruit
» du canon... » C'est bien dire qu'il n'a point nié les *prétendus* conseils. Il dit qu'il a rectifié cette erreur dans un ouvrage publié à Philadelphie en 1820. Oui, mais après que son fils eut été obligé de la rectifier lui-même dans le *Constitutionnel*.

Nous avons vu quelles causes rendirent définitive la défaite très-réparable de Waterloo. Le marquis de Grouchy partageait envers l'Empereur les pensées, les sentiments de Mme de Staël et de Lafayette. Sous ce rapport, il n'existait donc aucun obstacle pour qu'il s'entendît avec eux.

Dans sa réfutation de quelques articles des Mémoires du duc de Rovigo, il dit, à la page 4, « qu'Hoche et lui avaient *l'appréhension que le*
» *despotisme d'un des chefs de l'armée ne vînt pe-*
» *ser un jour sur la France;* » à la page 11, que les courtisans ont aliéné de Napoléon le cœur des Français et étendu sur sa politique une teinte de perfidie ; qu'il n'a jamais dévié « *des principes*
» *qu'il a adoptés en* 1789 (c'est au nom de ces principes, cause bien innocente de ses coupables manœuvres, qu'agissait Lafayette) ; qu'il « s'est

» prononcé contre le 18 brumaire et le consulat à
» vie; qu'il a quitté l'Espagne..., au risque de per-
» dre son état, plutôt que de demeurer témoin ou
» acteur dans le développement de combinaisons
» politiques, etc.; » à la page 14, qu'il a loyalement et fidèlement servi l'Empereur, « et peut-
» être qu'il y eut plus de mérite qu'un autre,
» puisque les récompenses qu'il en obtenait *ont pu*
» *lui paraître tardives*, et qu'il était constamment
» en proie à de douloureuses anxiétés quant aux
» destinées que Napoléon préparait à la France. »

D'après le plan de campagne adopté par Napoléon, le maréchal de Grouchy ne pouvait pas mettre en doute qu'il serait chargé de poursuivre les
Prussiens vaincus, de les empêcher d'aller couper
notre base d'opération, ou de se joindre à Wellington. Il devait donc prendre tous les moyens
possibles pour connaître la direction qu'ils sui-
vraient dans leur retraite; et cependant, dans
toutes ses publications, il se plaint que l'Empereur, en l'envoyant à la poursuite des Prussiens,
ne lui ait pas fait connaître le chemin qu'ils
avaient pris. Mais Napoléon, en se donnant deux
lieutenants, devait s'en rapporter à eux pour ces
soins secondaires, quoique très-importants.

Le maréchal de Grouchy se plaint en outre :
1° de n'avoir été mis que très-tard à la poursuite
des Prussiens (à midi, le 17. *Observations*, p. 28);
2° de la lenteur de ses troupes à se mettre en

route. Mais c'était une raison de plus pour qu'il marchât avec vivacité. Il se plaint aussi du mauvais temps, des mauvais chemins. Mais Dieu faisait-il un temps et des chemins meilleurs pour les Prussiens? Par des marches de quinze lieues par jour, pendant plusieurs jours de suite, et cela dans l'hiver, les soldats français avaient prouvé que, chez eux, les jambes sont aussi bonnes que le cœur. Le maréchal de Grouchy souvent en fut témoin. *Les principes de* 89 faisaient-ils qu'ils ne s'en souvenait plus ?

Les Prussiens avaient de l'avance sur lui ; cet inconvénient, sans être totalement compensé, l'était cependant par le repos, la bonne nourriture qu'avaient pris ses soldats, et qui, en réparant leurs forces, leur permettaient, le 17 au soir, et le 18, de marcher plus vivement et de mieux combattre que ne le pouvaient les Prussiens, moins bien reposés, moins bien nourris qu'eux.

Les troupes, parties, selon le marquis de Grouchy, de Ligny de deux à trois heures (même page), s'arrêtèrent à Gembloux vers les dix heures, après avoir fait seulement deux lieues. Dans le même espace de temps, l'aile gauche et la garde en avaient fait six. Le maréchal de Grouchy, contre tous les principes pratiqués depuis près de cent ans, avait mis toute son armée sur un seul chemin, ce qui devait nécessairement beaucoup retarder sa marche.

Dans ses *Observations*, p. 34, il dit : « Je viens de
» faire observer que l'heure tardive de l'arrivée de
» mes troupes à Gembloux, et le temps, *bien plus que
» mon peu de données sur les mouvements réels des
» Prussiens*, m'avaient empêché, le 17, de porter
» mon infanterie au-delà de cette ville. » Ainsi, le maréchal de Grouchy convient que s'il s'est arrêté de si bonne heure à Gembloux, ce n'est point parce qu'il ignorait la direction des Prussiens. Le lendemain tout lui faisait donc un devoir de réparer la lenteur de sa marche. Il devait se mettre à la poursuite de l'ennemi de très-grand matin. L'a-t-il fait, ainsi qu'il le prétend ? A la suite du passage que je viens de citer, il dit : « Mais le 18, *avant le lever
» du soleil* (ce jour-là il se levait avant quatre heu-
» res), elle était en mouvement, se dirigeant sur
» Sarravalain et Wavres. » Dans ses *Fragments
historiques*, première partie, on lit à la page 8 :
« *Au lever du soleil*, les troupes du général Van-
» damme étaient en mouvement ; le général Gérard
» avait ordre de se mettre en marche de grand
» matin, d'être parti de Gembloux *à six heures* et
» de se porter aussi sur Sart-à-Wallain, où je me
» rendis en hâte. » A la page 19, il met en caractères italiques : « Il est faux que je sois parti tard
» de Gembloux. »

Pour appuyer toutes les assertions contenues dans ses quatre publications, le marquis de Grouchy n'apporte qu'un seul témoignage, et il est

relatif au fait qui nous occupe. C'est celui d'un de ses anciens aides de camp, lieutenant-colonel en décembre 1829. Cet officier lui écrit à cette date (*Fragments historiques*, deuxième partie, p. 41) :
« Aussitôt que vous eûtes quitté Napoléon, vous
» transmîtes ses ordres à ses deux généraux
» (MM. Vandamme et Gérard). Il fallait se mettre
» en marche de suite, et, voyant que l'infanterie
» mettait de la lenteur à s'ébranler, vous vous ren-
» dîtes, avec votre état-major, à Gembloux, où vous
» couchâtes le 17. »

On voit que M. de Grouchy n'est pas difficile sur les témoignages qui doivent lui être favorables, puisqu'il accepte pour tels des déclarations dont le résultat est que lui, commandant en chef, chargé d'une mission d'où dépend le sort de l'armée et de la France, celle de poursuivre l'épée dans les reins l'armée de Blücher, lorsqu'il s'aperçoit de la lenteur de la marche de ses troupes, au lieu d'y remédier, comme tout lui en faisait un rigoureux devoir, il prend les devants *avec son état-major*, et va se coucher à Gembloux. Du reste, cette lenteur provenait, d'après le témoignage écrit de plusieurs généraux, de la marche sur une seule colonne de toute son armée. Je continue à citer :
« Vous en repartîtes le lendemain 18, avant le
» lever du soleil, vous dirigeant sur Sart-à-Valain.
» *J'ignore les ordres que vous donnâtes aux géné-*
» *raux Gérard et Vandamme*; je sais que nous rejoi-

» gnîmes la tête de la colonne du général Van-
» damme à une lieue de Gembloux, au moment du
» lever du soleil. » Nous allons voir que, si cette dernière assertion est vraie, cette tête de colonne ne pouvait consister qu'en un faible détachement que ne suivait point du tout, à cette heure-là, le corps de Vandamme.

Tout ce que l'on peut conclure de la seconde partie de la déclaration de M. Delafresnaye, qui dit lui-même qu'il ignore les ordres donnés aux généraux Gérard et Vandamme, et par conséquent l'heure où ils leur furent transmis, c'est que le maréchal de Grouchy se porta de sa personne et de très-bonne heure en avant de Gembloux, ce qui ne prouve point qu'il n'y était pas revenu, ni que son armée et lui-même ne se soient réellement mis en marche que de sept à huit heures, ainsi que le démontrent, et les témoignages que je vais citer, et l'acquiescement qui leur ont été donnés par le maréchal de Grouchy, qui n'a point protesté contre un entretien dans lequel M. Denniée lui a rappelé, parlant à lui-même, toutes les circonstances de ce départ tardif.

Le 14 décembre 1819, après la première publication du maréchal de Grouchy, M. Denniée, intendant militaire, écrit au général Gérard (Lettre de celui-ci à MM. Germain Sarrut et B. Saint-Edme, page 9) : « Et vous, et tous ceux de votre
» corps d'armée, et particulièrement ceux de votre

» état-major, ne sont-ils pas là pour attester avec
» quelle impatience vous attendiez le matin du 18,
» chez le potier où vous avez logé, que le maré-
» chal de Grouchy vous envoyât l'ordre de mouve-
» ment ; et ne se souvient-il plus que je me rendis
» chez lui entre sept et huit heures du matin (car
» dans votre mécontentement vous me disiez : Je
» ne puis pas provoquer les ordres du maréchal,
» je ne le veux pas ; mais nous perdons un temps
» précieux ; vous qui le connaissez, qui êtes ins-
» pecteur aux revues, allez-y pour le voir, et tâ-
» chez de savoir ce qu'il va faire). J'arrivai donc
» chez le maréchal ; je vois encore une table assez
» élevée sur laquelle la carte était déployée ; là,
» M. de Grouchy me fit l'honneur de me faire voir
» la direction que l'Empereur avait prise, et celle
» que les troupes sous son commandement à lui,
» maréchal, prenaient. Au moment où je quittai
» le maréchal, ses chevaux et son escorte étaient
» à la porte, et déjà vous vous prépariez à partir,
» ayant reçu, au moment de mon départ, l'ordre
» de mouvement. »

Le maréchal Gérard, dans ses *Dernières observations*, page 26, en rapportant le fait contenu dans la lettre de M. Denniée, dit : « Cette circon-
» stance a été tout récemment rappelée à M. le
» marquis de Grouchy *par M. Denniée lui-même*,
» qui lui en a expliqué tous les détails. » A cela qu'a répondu le maréchal de Grouchy ? Rien. Son

silence me permet, je crois, de ne point rapporter tout au long, sur l'heure où l'ordre de départ a été donné le 18, les affirmations écrites du colonel Simon-Lorière, du général Hulot (*Quelques documents*, pages 12 et 58), des généraux Excelmans, Berthézène, Vandamme (*Dernières observations* p. 24, 25 et 26). Cependant je vais rapporter la lettre du général Vandamme au maréchal Gérard.

« Je ne croyais plus que le général de Grouchy
» entreprendrait de nouvelles publications, lors-
» que j'ai lu, etc..... Quoique le général Gérard
» n'ait pas besoin de moi pour faire valoir ses
» justes observations, je me crois forcé *d'attester*
» que j'ai reçu à peu près à la même heure que
» lui l'ordre de partir de Gembloux, et de me di-
» riger sur Wavres (page 26). »

A la page 28 le maréchal Gérard dit : « Tous
» ceux qui ont l'habitude de la guerre se deman-
» deront, non sans surprise, pourquoi M. le mar-
» quis de Grouchy ne donnait pas ses ordres par
» écrit : *c'est un usage invariablement établi*, que le
» commandant en chef donne chaque jour par écrit
» un ordre de mouvement où sont prescrits le
» rang, la marche et les différentes dispositions
» coordonnées pour tous les corps qui composent
» l'armée. Cet usage est indispensable *pour con-
» stater les heures*, et assurer l'ensemble des opé-
» rations. »

A cette demande, restée sans réponse de la part

du marquis de Grouchy, *les principes de* 89 auraient peut-être répondu : « Les paroles s'envolent, les écrits restent. » Les conseils donnés par le général Gérard, et que d'abord on déclara publiquement *inventés et de toute fausseté*, mais que plus tard on reconnut pour vrais, lorsque des témoignages écrits ne permettaient plus de les nier, sont repoussés par le maréchal de Grouchy. Quelles raisons allègue-t-il pour n'avoir point, en les suivant, profité du seul moyen qui se présentait à lui de réparer les immenses inconvénients qu'entraînait la lenteur de sa marche pendant l'après-midi et le soir du 17 et le matin du 18 ?

D'abord la difficulté qu'offrait l'exécution de ces conseils. Pour voir si elle était réelle, je vais citer la lettre écrite par le général Valazé au maréchal Gérard (*Dernières observations*, p. 31) : « Je me
» trouvais dans une des salles du château, voisine
» de celle où vous étiez avec le général Grouchy ;
» quelques coups de canon nous avaient appris que
» l'avant-garde était engagée avec les Prussiens,
» lorsqu'une canonnade *épouvantable* nous fit sortir
» précipitamment. Voilà la bataille, c'est là qu'est
» la bataille, disions-nous, en voyant la fumée sur
» notre gauche. Où est le feu ? demandai-je à un
» de nos guides qui sortait de la garde impériale.
» — C'est vers le Mont-Saint-Jean, me répondit-il,
» *et dans trois ou quatre heures* nous pouvons être
» là où l'on se bat. Le propriétaire du château

» *disait de même.* Je vous vis aussitôt gagner, avec
» le général Grouchy, un kiosque élevé au milieu
» du jardin ; je m'approchai de vous, et je me
» souviens très-bien de vous avoir entendu dire
» vivement : Il faut marcher sur le canon. Le gé-
» néral Grouchy et le général Baltus faisaient ob-
» server que les chemins seraient très-difficiles
» pour l'artillerie ; je représentai que j'avais trois
» compagnies de sapeurs avec lesquelles je pourrais
» aplanir bien des difficultés ; vous assuriez que
» vous arriveriez au moins avec les coffrets. On fit
» encore observer que les fantassins auraient
» beaucoup à souffrir dans les chemins de traverse,
» à cause de la pluie de la nuit et de celle de la
» veille. Le guide que je consultai, et qui était
» tout électrisé, prétendait que ce serait peu de
» chose, et moi j'assurai de nouveau que les sapeurs
» pourraient faire beaucoup de passages. »

Cette discussion prolongée, les détails qui l'accompagnèrent, ceux contenus dans la lettre du colonel Simon-Lorière qui dit : « Les coups se
» faisaient entendre si distinctement que la terre
» en tremblait et que M. le maréchal lui-même suppo-
» sait une seconde bataille de Wagram » (*Quelques documents*, p. 12 et 13), d'autres détails encore, tout cela permettait-il que, seulement quatre ans après, la mémoire de M. de Grouchy ne se souvînt plus de cette canonnade, de ces conseils ?

Nous venons de voir que les difficultés pour aller

là où nous eussions trouvé l'armée prussienne, étaient loin d'être insurmontables. Le maréchal de Grouchy lui-même avait souvent vu les soldats français en vaincre de bien plus grandes. A la vérité, ils entendaient *les principes* de 89 tout différemment que MM. les marquis de Lafayette et de Grouchy.

Sa seconde raison, et il la répète très-souvent, et sous toutes les formes, pour se disculper de n'avoir pas été au canon, *ainsi que le lui prescrivaient très-impérieusement les lois de la guerre,* c'est qu'il « *regardait comme son premier devoir* » *de s'en tenir à la stricte exécution de ses ordres.* » (*Obervations*, page 83.) « *Le respect dû aux* » *principes d'obéissance passive*, etc., etc. » (*Fragments*, 2ᵉ partie, page 13.) Quels étaient donc les ordres qui le garottaient d'une telle manière, qu'il n'y pût apporter aucune modification ? Je vais citer, non pas ceux émanés de Sainte-Hélène, mais ceux rapportés par lui-même, *de mémoire*. Les voici : « Mettez-vous à la poursuite des Prussiens, com- » plétez leur défaite en les attaquant dès que vous » les aurez joints, *et ne les perdez jamais de vue.* » Le marquis de Grouchy ajoute : « J'atteste sur » mon honneur que ce furent ses propres expres- » sions, que je ne reçus aucune autre instruction, » que l'injonction de déborder la droite de l'armée » prussienne ne me fut pas donnée, *et que je ne*

» reçus que le lendemain l'ordre de me porter sur
» Wavres. » (*Fragments*, 1re partie, page 4.)

Aux pages 9 et 10, il indique que c'est après le conseil du général Gérard qu'il reçut cet ordre de se diriger sur Wavres; par conséquent, ce n'est point pour s'y conformer qu'il a refusé de marcher au canon.

L'ordre verbal que lui fournit sa mémoire motive-t-il mieux cet étrange refus ? Aucune direction ne lui était prescrite; il était donc entièrement libre de prendre celle qui le mettrait à même de remplir ses ordres : *Joignez les Prussiens, attaquez les aussitôt et ne les perdez jamais de vue.* Le marquis de Grouchy, lorsque l'effroyable canonnade fut entendue, savait-il où étaient les Prussiens ? S'il le savait, il connaissait donc qu'ils étaient en route pour aller nous arracher la victoire à Waterloo ; en refusant d'aller là où il aurait rempli ses ordres, il voulait donc que notre armée fût vaincue. Si, au contraire, il ne le savait pas, il n'avait rien à objecter aux observations qu'on lui faisait. Si les Prussiens vont à Waterloo, lui disait-on, vous les joignez, vous remplissez votre ordre. S'ils n'y vont pas, nous aidons le reste de l'armée à remporter une victoire complète, et tous ensemble nous accablons les Prussiens.

Et lui-même prouve qu'il n'avait aucune bonne raison à opposer à ces logiques arguments, car il dit (même ouvrage, pages 8 et 9) : « *J'étais sans*

» *données suffisantes* (au moment du conseil)
» pour savoir si Blücher m'attendait à Wavres,
» s'il continuerait sa retraite vers Bruxelles, *ou si,*
» *manœuvrant pour faire sa jonction avec Wel-*
» *lington*, il l'opérerait en avant ou en arrière de la
» forêt de Soignes. »

Ce dont il était bien certain, c'est que Blücher ne s'était pas dirigé sur Charleroi pour couper notre base d'opération et nous mettre entre deux feux. Voici pourquoi je fais cette observation. A la page 5, il prétend que lorsque l'Empereur l'envoya, le 17, à la poursuite de l'armée prussienne, il le conjura de l'emmener avec lui à Waterloo, et il dit que c'est là ce qu'aurait dû faire Napoléon ; à la page 25, revenant sur ce point, il écrit : « Au
» lieu de m'envoyer à la poursuite des Prussiens...
» s'il m'eût fait marcher par la rive gauche de la
» Dyle, à une distance peu éloignée de lui, je me
» trouvais dans la matinée du 18 à la hauteur de
» Saint-Lambert et sur le flanc des corps des
» Prussiens, partis de Wavres à trois heures du
» matin pour se porter vers Waterloo. »

Quand M. le maréchal de Grouchy affirme ou argumente, on peut être assuré qu'il fournira lui-même les moyens de détruire ses arguments ou ses affirmations ; en effet, à la page 24, il avait dit que Blücher pouvait « choisir entre deux partis, l'un
» et l'autre dangereux pour nous, *ou d'opérer sa*
» *jonction avec Wellington,* ou, par un retour offen-

» sif, vers Charleroi, *de se porter sur la ligne d'opé-*
» *ration de l'armée française, et de la placer entre*
» *deux feux.* » Voilà précisément pourquoi l'Empereur ne pouvait pas l'emmener avec lui, ou le faire marcher par la rive gauche de la Dyle, car alors Blücher n'aurait trouvé aucun obstacle pour couper notre base d'opération et nous placer entre deux feux. L'Empereur était donc forcé, pour obvier à ces graves inconvénients, de faire poursuivre, avec un tiers de son armée, les Prussiens vaincus, tandis qu'avec les deux autres il allait combattre Wellington. Mais à Sart-à-Valain on savait que Blücher ne s'était point dirigé sur notre base d'opération : M. Grouchy n'avait donc plus qu'à prévenir le second inconvénient; et après l'extrême lenteur de sa marche, il ne lui restait qu'un seul moyen, c'était de suivre le conseil du général Gérard, de marcher au feu, d'exécuter enfin ce qu'il prétend avoir demandé à l'Empereur, ce qu'il prétend que l'Empereur aurait dû faire, de réunir toute l'armée contre Wellington.

Il le devait d'autant plus qu'à Gembloux, le 17, à dix heures du soir, il écrit à Napoléon (*Dernières observations*, p. 15) : « Il paraît, d'après tous les
» rapports, qu'arrivés à Sauvenières, les Prussiens
» se sont divisés en deux colonnes : l'une a dû
» prendre la route de Wavres, en passant par Sart-
» à-Valain; l'autre colonne paraît dirigée sur Pervès.
» *On peut peut-être en inférer qu'une portion va join-*

» dre *Wellington*, et que le centre, qui *est l'armée de*
» *Blücher, se retire sur Liége...* D'après leur rap-
» port (*de ses reconnaissances*), *si la masse des Prus-*
» *siens* se retire sur *Wavres*, je les suivrai dans
» cette direction, *afin qu'ils ne puissent pas gagner*
» *Bruxelles, et de les séparer de Wellington.* »

Trois autres fois, il écrit à l'Empereur, pendant le 17 et le 18. Que contenaient ses lettres? Mais enfin celle-ci renferme de précieux documents pour juger sa conduite. On voit, 1° que c'est lui qui a indiqué la direction de Wavres, et que par conséquent si, plus tard, il reconnaissait qu'elle n'atteignait pas le but qu'elle se proposait, il pouvait en changer; 2° qu'il fait connaître à l'Empereur que lui, maréchal de Grouchy, comprend très-bien que Blücher peut manœuvrer pour aller rejoindre les Anglais, et que, dans ce cas, il promet d'empêcher *la masse des Prussiens de gagner Bruxelles et de les séparer de Wellington*; 3° qu'il annonce que peut-être *l'armée de Blücher se retire sur Liége*, c'est-à-dire dans une direction qui l'éloigne tout à fait des Anglais, et les met dans l'impossibilité de venir à leur secours.

Pour bien apprécier la lettre du marquis de Grouchy, je vais emprunter les propres expressions du maréchal Gérard (*Dernières observations*, p. 17). Après l'avoir rapportée textuellement, il ajoute : « En recevant cette dépêche, l'Empereur
» devait acquérir *une grande sécurité* sur la ma-

» nière dont serait remplie la mission qu'il avait
» confiée au maréchal Grouchy. Il ne devait plus
» douter que ce général ne perdrait pas de vue les
» Prussiens ; qu'ayant exprimé lui-même l'opinion
» qu'une partie de leurs troupes se dirigeait vers
» Wellington pour se réunir à lui, tous les efforts
» de son lieutenant tendraient à empêcher cette
» jonction; et que, dans tous les cas, il en paralyserait
» les effets par sa présence. C'est ce qui explique
» la confiance que l'Empereur a manifestée sur le
» champ de bataille de Waterloo, lorsqu'on lui
» signalait l'apparition des troupes sur sa droite,
» confiance complétement motivée par les termes
» de la dépêche rapportée plus haut. C'est aussi
» ce qui répond victorieusement aux reproches
» qui, après sa chute, lui ont été adressés d'un ton
» tranchant et doctoral par certains écrivains,
» qui cependant n'ont de la guerre que des théo-
» ries, et qui probablement seraient fort embarras-
» sés s'ils étaient appelés à faire manœuvrer quel-
» ques bataillons devant l'ennemi. »

Toute la défense du maréchal de Grouchy a été basée sur la stricte exécution des ordres de l'Empereur. Nous avons vu que jusqu'au moment du conseil donné par le général Gérard, il n'avait rien fait pour exécuter ces ordres, puisqu'au lieu de poursuivre très-vivement les Prussiens, de ne point les perdre de vue, il s'était arrêté le 17, à deux lieues du champ de bataille de Ligny, et le lendemain n'était reparti qu'entre sept et huit heures du matin; et lui-même (*Observations*, p. 34) dit que s'il s'arrêta à Gembloux, ce n'est pas parce qu'il n'avait point « *de données sur les mouvements réels* » *des Prussiens*; mais le mauvais temps, etc. » Mais ce manquement à ses ordres n'était rien encore! Ce général, qui, par respect pour l'obéissance passive, aime mieux aller à l'endroit où n'est point l'armée prussienne (qu'il lui est cependant prescrit de ne point perdre de vue), plutôt que de ne point se conformer à des ordres verbaux que sa fidèle mémoire est seule chargée de lui rappeler, n'exécute point les ordres les plus positifs contenus dans des dépêches qu'il pouvait consulter à chaque instant : c'est lui-même qui les rapporte dans ses publications. Les originaux sont restés entre ses mains, et cependant comme déjà, ainsi que nous le verrons plus loin, une erreur s'est glissée dans la copie qu'il a donnée en 1819 de la seconde dépêche, il serait très-essentiel qu'on fût à même de vérifier s'il n'en existe pas d'autres.

Voici une grande partie de la première de ces deux dépêches, datées de la ferme du Caillou, le 18, à dix heures du matin (*Fragments*, 2ᵉ partie, p. 21) : « L'Empereur me charge de vous préve- » nir qu'en ce moment il va faire attaquer l'armée » anglaise, qui a pris position à Waterloo, près la » forêt de Soignes. Ainsi, S. M. *désire* que vous » dirigiez vos mouvements sur Wavres, *afin de*

» *vous rapprocher de nous, vous mettre en rapport*
» *d'opérations et lier les communications*, en pous-
» sant devant vous tous les corps prussiens qui ont
» pris cette direction, et qui auraient pu s'arrêter
» à Wavres, où vous devez arriver le plus tôt pos-
» sible. Vous ferez suivre les colonnes ennemies,
» *qui ont pris sur votre droite*, par quelques corps
» légers, afin d'observer leurs mouvements et ra-
» masser les traînards. Instruisez-moi immédiate-
» ment de vos dispositions, ainsi que des nouvelles
» que vous aurez sur les ennemis, *et ne négligez pas*
» *de lier vos communications avec nous*. L'Empereur
» veut avoir très-souvent de vos nouvelles.

» *Signé :* LE DUC DE DALMATIE. »

En lisant cette lettre avec attention, on voit que Napoléon, se souvenant que le maréchal de Grouchy lui avait écrit la veille que l'armée de Blücher se retirait sur Liége, sur sa droite, lui ordonne, dans la crainte qu'il ne s'aventurât trop dans cette direction, de ne faire suivre les colonnes qui ont pris cette route que par quelques corps légers, afin qu'il eût la majeure partie de ses forces disponibles pour tenir la promesse qu'il lui avait faite d'empêcher Blücher de se joindre à Wellington. Ces mots : « S. M. désire que vous dirigiez vos
» mouvements sur Wavres » ont le même but et sont une réponse à ce qu'avait dit le maréchal de Grouchy, que si les masses prussiennes se retiraient

sur Wavres, il les suivrait (mais suivre, dans de pareilles circonstances, veut dire l'épée dans les reins), afin qu'elles ne pussent pas joindre les Anglais. Par deux fois l'Empereur lui prescrit de lier les communications. Eh bien, c'est ce que n'a point fait ce strict observateur des ordres qu'on lui donne. Mais en se mettant en rapport avec l'Empereur, il pouvait en recevoir promptement des ordres, et s'il ne les exécutait pas, ces ordres pouvaient être transmis, directement, aux chefs des corps qu'il commandait : voilà ce qu'il voulait éviter à tout prix. Ce qui suit va le prouver. Non-seulement ce général, si dévoué à l'obéissance passive, n'a rien fait pour exécuter l'ordre répété deux fois dans cette première dépêche, celui de lier les communications, mais encore il s'oppose à son exécution, ainsi que le prouve la lettre écrite par le général Excelmans au général Gérard, le 1er février 1830. Je ferai observer, avant de la transcrire, que pour se mettre en rapport d'opérations avec l'armée de l'Empereur, pour lier les communications avec elle, il fallait passer la Dyle. Voici maintenant cette lettre du général Excelmans (*Dernières observations*, p. 13) :

« Pendant que mes éclaireurs tiraillaient avec
» ceux de l'ennemi, j'envoyai au maréchal de Grou-
» chy le chef d'escadron d'Estournel, pour l'in-
» former de ce qui se passait, et lui dire en dernier
» lieu que l'armée prussienne avait continué son

» passage à Wavres pendant une partie de la nuit
» et de la journée, *pour se rapprocher de l'armée an-*
» *glaise. Ces renseignements étaient conformes à*
» *ceux que j'avais donnés au maréchal depuis la*
» *veille.* Cet officier d'état-major était en outre
» chargé d'exprimer au maréchal *le désir que j'avais*
» *de passer la Dyle,* ce qui ne se pouvait sans être
» couvert par l'infanterie ; mais il me fit répondre
» qu'il allait se rendre auprès de moi et qu'il me
» donnerait des ordres. Le maréchal vint en effet,
» fut à la brigade de gauche qui était près de la Dyle,
» *et lui ordonna de se rapprocher de ma droite,* où
» j'étais en ce moment. Étonné de ce mouvement,
» je crus que c'était l'ennemi qui avait obligé le gé-
» néral Vincent à quitter sa position ; mais appre-
» nant de lui que c'était, au contraire, le maréchal
» qui avait ordonné cette disposition, je lui fis té-
» moigner ma surprise d'un mouvement *si étrange,*
» en ce moment où le canon se faisait entendre du
» côté de Waterloo. »

Le marquis de Grouchy, en refusant au général Excelmans les moyens de passer la Dyle, et en renvoyant la brigade du général Vincent dans la direction opposée au point où se trouvait l'Empereur, faisait donc tout ce qu'il fallait pour ne point exécuter les ordres de lier les communications. Et il faut bien remarquer qu'aucun obstacle ne s'y opposait. Le maréchal Gérard (*Dernières observations,* p. 62) dit que les Prussiens « nous avaient

» abandonné les ponts de Moustier et de Lime-
» lette, sans les détruire, sans les défendre, et,
» chose presque incroyable, si l'on n'en avait au-
» jourd'hui la preuve évidente, *sans même les avoir*
» *fait observer*, circonstance qui pouvait être *si*
» *funeste* à l'armée de Blücher, si nous avions su
» en profiter! »

D'où provenait cette incroyable confiance de Blücher, et celle encore plus étonnante de Wellington, choisissant un si mauvais champ de bataille? Tous les deux manœuvrèrent dans cette journée comme ayant la certitude que Grouchy se conduirait, comme Drouet d'Erlon l'avait fait le 16, de manière à n'être utile nulle part. Cela seul peut expliquer comment Wellington a pu accepter la bataille dans une si mauvaise position. Blücher, il est vrai, lui avait promis de le secourir; mais lui, Wellington, avait, le 16, fait la même promesse à Blücher; mais le prince de la Moskowa ne lui avait point permis de la tenir; il savait donc, par sa propre expérience, que si Grouchy, le 18, se conduisait aussi loyalement que Ney l'avait fait le 16, il exposait son armée à une entière destruction, en la faisant combattre dans une si mauvaise position que celle de Waterloo. Il savait aussi qu'à Ligny les Français n'étaient que soixante-six mille contre quatre-vingt-quinze mille Prussiens, ce qui n'avait pas empêché ceux-ci d'être vaincus.

Je vais rapporter tout de suite un extrait de la lettre du général Berthézène au maréchal Gérard (page 25) : « Le troisième corps dont je
» faisais partie quitta sa position de Gembloux le
» 18 *à huit heures du matin...* ; notre marche fut
» interrompue par des haltes fréquentes. Vers Nil-
» Saint-Vincent, un peu après Sart-à-Valain, nous
» en fîmes une fort longue.... ; ce que je puis vous
» assurer, c'est que ce ne fut que vers deux heures
» que nous arrivâmes à la Barraque. Depuis long-
» temps nous entendions le feu. *De ce point je vis*
» *très-distinctement la marche des Prussiens se di-*
» *rigeant sur le feu; j'en rendis compte*, et il me
» fut répondu : Dites au général qu'il soit tran-
» quille ; nous sommes sur la bonne route ; nous
» avons des nouvelles de l'Empereur, et il nous
» ordonne de marcher sur Wavres. Je ne crains
» pas les erreurs de ma mémoire, car je ne fais
» que copier ce que j'ai écrit à un ami le 5 juillet
» 1815. »

Quand le maréchal de Grouchy faisait cette réponse au général Berthézène, il ne disait point la vérité, car, d'après lui-même, il n'avait pas encore reçu de dépêches de l'Empereur, ou, s'il en avait reçu, il n'a point dit la vérité lorsqu'il a prétendu plus tard que la première dépêche, celle datée de la ferme du Caillou, *dix heures du matin*, ne lui était parvenue que devant Wavres à *quatre heures du soir*. Dans ce cas, le commandant Zenowich, chargé par le major général Soult, duc de Dalmatie, de porter cette dépêche, aurait mis cinq ou six fois plus de temps qu'il ne lui en fallait pour rejoindre le maréchal de Grouchy.

Ce maréchal avait passé à la Baraque, et même selon lui, il y était revenu; il avait donc vu de ses propres yeux ce que tout le monde voyait : les Prussiens allant à Waterloo.

Les ordres de la première dépêche n'ont pas été exécutés. Ceux contenus dans la seconde le seront-ils mieux? Pour connaître le moment où celle-ci est parvenue au marquis de Grouchy, l'on doit s'en rapporter à sa mémoire, qui lui a fourni des heures différentes. C'était vers les *sept* heures du soir, en 1819 (*Observations*, p. 18), et entre *cinq* et *six* heures, en 1829 (*Fragments*, première partie, p. 14 et 15). Cependant l'on comprend que lorsqu'il s'agit de mouvements militaires d'où dépend le sort d'une bataille, les minutes mêmes ont de l'importance. Cette seconde dépêche est écrite du champ de bataille de Waterloo à une heure de l'après-midi; si en effet la mémoire du maréchal Grouchy ne l'a pas trompé en 1829, et qu'il ne l'ait reçue que de cinq à six heures, ce retard provenait du temps perdu par l'officier qui la lui portait à le chercher dans diverses directions; mais toute la responsabilité de ce grave inconvénient retombe sur le marquis de Grouchy. S'il avait exécuté l'ordre prescrit par la première dépêche, de lier les communication, cette perte d'un temps si précieux n'aurait point existé. Voici quelques extraits de cette seconde dépêche (*Observations*, etc., par M. de Grouchy, p. 18) :

« Monsieur le maréchal, vous avez écrit à deux
» heures (on n'a point cette lettre) que vous mar-
» chiez sur Saravalain, *donc* votre projet était de
» vous porter à Corbaix ou à Wavres. Ce mouve-
» ment est conforme aux dispositions qui vous ont
» été communiquées. »

Ce paragraphe prouve de nouveau que l'Empereur n'avait pas de lui-même prescrit ce mouvement sur Wavres, qu'il n'avait fait qu'approuver le projet du maréchal de Grouchy, qui avait beaucoup mieux que lui les moyens de connaître la direction des Prussiens, et de savoir celle qu'il devait suivre pour tenir sa promesse de séparer Blücher de Wellington.

Je continue à transcrire la seconde dépêche :

« Cependant l'Empereur m'ordonne de vous dire
» que vous devez toujours manœuvrer dans notre
» direction. C'est à vous à voir le point où nous
» sommes, pour vous régler en conséquence, et pour
» lier nos communications, ainsi que pour être
» toujours en mesure pour tomber sur quelques
» troupes ennemies qui chercheraient à inquiéter
» notre droite, et les écraser. En ce moment *la*
» *bataille est gagnée* sur la ligne de Waterloo. Le

» centre de l'ennemi est à Mont-Saint-Jean ; *ainsi*
» *manœuvrez pour joindre notre droite.*

» *Signé :* Le duc de Dalmatie.

» *P. S.* Une lettre qui vient d'être interceptée
» porte que le général Bulow doit attaquer notre
» flanc : nous croyons l'apercevoir sur les hauteurs
» de Saint-Lambert; ainsi, *ne perdez pas un instant*
» *pour vous rapprocher de nous et nous joindre*, et
» pour écraser Bulow, que vous prendrez en fla-
» grant délit. »

On a dû remarquer cette expression : « *la bataille*
» *est gagnée.* » Les yeux du marquis de Grouchy
ne valent pas mieux que sa mémoire. Dans la dépêche il y a « *la bataille est engagée.* » Il est obligé
d'en convenir lui-même dans ses *Fragments*, première partie. Pour s'excuser, il dit que la lettre
était d'une écriture très-difficile à lire ; mais Mont-
Saint-Jean, où la dépêche dit que sont les Anglais,
est en avant de Waterloo ; et c'eût été pour une
armée une extraordinaire manière d'être vaincue
que de se trouver en avant du champ de bataille.
Toutes les prescriptions de cette dépêche prouvaient
en outre que la bataille n'était qu'engagée, puisqu'on lui donnait des ordres pour qu'il contribuât
à son gain ; enfin, comme toujours, lui-même démontre qu'il n'a pu lire « *est gagnée.* » Dans ses *Fragments*, première partie, p. 15, il dit, lorsqu'il prétend
qu'il donna l'ordre à la division Vichery de se diri-

ger sur Saint-Lambert : « J'étais bien convaincu, » toutefois, que l'ordre que je venais de recevoir, » donné et parvenu si tard, ne préviendrait ni l'at- » taque des corps prussiens dejà en vue du champ » de bataille de Waterloo, *ni les fatales conséquences* » qu'elles pourraient avoir. » Il n'a donc pas pu lire que *la bataille était gagnée*, puisque, si elle l'avait été en effet, il n'aurait pas pu prévoir de fatales conséquences pour notre armée de Waterloo. Ne se serait-il pas en outre empressé de communiquer cette excellente nouvelle à son armée ? N'aurait-il pas dit à ses soldats, pour les électriser encore davantage : Répondons à la victoire que nos frères d'armes viennent de remporter à Waterloo, par une victoire sur la partie de l'armée prussienne qui est devant nous.

Si, en effet, il y avait eu : *la bataille est gagnée*, et surtout si l'on avait pu croire, par les prescriptions contenues dans cette dépêche, que ce mot *gagnée* n'était pas une erreur de main, mais la vérité, cela aurait atténué les reproches mérités par le marquis de Grouchy pour n'avoir point exécuté les ordres qu'elle renfermait, puisqu'il aurait pu dire : l'armée de l'Empereur étant victorieuse, je n'avais point à craindre de funestes résultats pour elle, je n'avais donc pas besoin d'exécuter l'ordre d'aller la rejoindre.

Le marquis de Grouchy, comprenant quelle conséquence peut avoir, pour l'appréciation de sa conduite, l'inexécution de cet ordre si positif, a fait tous ses efforts pour chercher à prouver qu'il avait voulu s'y conformer, au moins en partie. Y a-t-il réussi ? Faisons observer d'abord que le maréchal de Grouchy convient qu'il prévoyait les fatales conséquences de l'arrivée des Prussiens à Waterloo ; il devait donc se hâter d'y remédier, car ces conséquences pouvaient être plus ou moins promptes, plus ou moins funestes, selon le nombre des corps de Blücher qui rejoindraient les Anglais, et selon aussi que les secours demandés au maréchal de Grouchy par l'Empereur, seraient plus ou moins forts et arriveraient plus ou moins vite. Une raison de plus pour ce maréchal d'agir avec une extrême célérité, c'est qu'il ne pouvait plus douter qu'il n'avait point tenu sa promesse faite à Napoléon le 17, à dix heures du soir, celle d'empêcher Blücher de rejoindre Wellington.

Cet ordre de l'Empereur : « *Ne perdez pas un instant* pour vous rapprocher de nous *et nous joindre*, » est d'une clarté qui ne permettait pas de l'interpréter de deux manières. Pour l'exécuter, ce n'était point un simple détachement qu'il fallait envoyer à Waterloo, mais le maréchal de Grouchy en personne, avec la majeure partie de ses forces, devait s'y rendre, ne laissant que ce qui était strictement nécessaire pour retarder la faible portion de l'armée prussienne qui était devant Wavres, et qui l'aurait suivi. Lui-même, souvent, avait exécuté de semblables manœuvres. Mais nous allons voir que non-seulement il n'avait point exécuté l'ordre dans son entier, mais encore qu'il n'a point voulu envoyer au secours de notre armée un détachement, quelque faible qu'il fût.

C'est toujours le marquis de Grouchy qui va me fournir les preuves de ce que j'avance.

Son armée se composait du 3e et 4e corps. Dans ses *Observations*, p. 18, il fait connaître qu'à la réception de la seconde dépêche, tout le 3e corps et une moitié du 4e, se trouvaient devant Wavres, et qu'il n'a pas jugé à propos d'en rien détacher pour exécuter l'ordre reçu. A la page 20 de ses *Fragments historiques*, 2e partie, il dit que *tout* le 4e corps a été, plus tard, réuni sur ce même point de Wavres, par conséquent il est bien avéré que, non-seulement la majeure partie de son armée, mais même un seul détachement n'était point en marche pour aller joindre l'Empereur.

Le maréchal de Grouchy a compris quels graves reproches on pouvait lui adresser pour l'inexécution si flagrante des ordres de Napoléon : aussi, a-t-il employé toutes les ressources de sa mémoire pour persuader qu'il avait voulu les exécuter, au moins en partie. Dans ce but, deux versions *opposées* sont présentées par lui. Voici la première, celle de 1819, (*Observations*, p. 18.) Après avoir dit qu'il ne crut point devoir distraire une partie des troupes qui étaient devant Wavres pour les porter sur

Saint-Lambert, il ajoute : « Mais environ la moitié
» de ce 4ᵉ corps était encore en arrière ; et, des
» points où ces troupes pouvaient se trouver sur
» la route de Gembloux à Wavres, *elles étaient*
» *plus près de Saint-Lambert que celles réunies sous*
» *Wavres.* » Il dit qu'il se porta à leur rencontre
jusqu'à la Barraque. « L'arrivée de ces troupes en
» arrière, les seules réellement disponibles, et que
» je pusse porter *immédiatement et rapidement vers*
» *Saint-Lambert*, se fit longtemps attendre : elles
» *se montrèrent enfin.* Mais le manque de bons gui-
» des... *retardèrent* singulièrement le mouvement
» ordonné. *Pendant qu'il s'effectuait, je retournai,*
» *etc.* »

Ainsi, rien de plus positif : les troupes se sont
montrées, le mouvement a commencé à s'effectuer
en sa présence ; il a été retardé et non interrompu.
Mais M. le lieutenant-général Vichery, qui commandait cette arrière-garde, vivait ; sa déclaration donnée plus tard prouve qu'il était disposé à soutenir
au marquis lui-même qu'il ne l'avait point vu, qu'il
n'avait reçu aucun ordre de lui, que ce mouvement
n'avait jamais eu un commencement d'exécution.
Dans plusieurs entretiens, il s'était expliqué franchement là-dessus. Alors, si la mémoire ne revient
pas au marquis de Grouchy, au moins elle lui fournit une autre version, qui semble le mettre à l'abri
d'une confrontation, sur un point si positif que
l'est un ordre donné en personne par un général à

un autre général; et, dans ses *Fragments historiques*, première partie, p. 14 et 15, il dit : « *Inutile-* » *ment attendis-je* pendant quelque temps à la » Barraque les troupes du 4ᵉ corps ; *désespéré de* » *ne point les voir paraître*, je leur laissai l'ordre » de marcher sur Saint-Lambert (ordre qui ne fut » point exécuté faute de guides, et à raison de la » difficulté des chemins, m'a-t-on dit). »

Pour voir si la mémoire de M. de Grouchy ne l'a point trompé pour cette seconde assertion comme pour la première, je vais citer le témoignage que lui oppose M. le maréchal Gérard dans ses *Dernières observations*, p. 51. « Il est à Paris » (le lieutenant-général Vichery), « et prêt à déclarer à M. le » marquis de Grouchy *lui-même*, qu'il est arrivé » avec sa division, vers quatre heures et demie au » plus tard, sur les plateaux qui dominent la Dyle; » *qu'il y est resté assez longtemps sans recevoir d'or-* » *dres*; qu'il n'a nullement trouvé à la Barraque l'or- » dre que M. le marquis de Grouchy prétend y avoir » laissé à la division en arrière de se porter en » toute hâte vers Saint-Lambert; que si réellement » il avait reçu cet ordre, il se serait empressé de » l'exécuter; que les guides ne lui manquaient pas; » qu'ainsi *rien ne s'opposait à ce qu'il marchât* sur » Saint-Lambert, et que s'il ne l'a pas fait, c'est » qu'on ne le lui pas prescrit. M. le marquis de » Grouchy pourrait-il dire à quel officier il a laissé » le soin de transmettre cet ordre, et par qui il a

» su les motifs qui avaient empêché son exécu-
» tion ? »

A cette pressante interpellation, ainsi qu'à l'offre de M. le lieutenant-général Vichery de lui *déclarer à lui-même*, il a répondu par un silence très-significatif, et par un appel à la postérité qui ne l'est pas moins.

Mais non-seulement le marquis de Grouchy a confirmé par son silence la déclaration de M. le général Vichery, mais encore il l'a fait d'avance par ses assertions écrites. En effet, à la page 19 de ses *Fragments*, 2ᵉ partie, il dit, en parlant des positions de Wavres et de Biélge : « Elles ont été tour-
» nées par Limale... *elles l'eussent été plus tôt, si la*
» *totalité du corps du général Gérard* avait été réunie
» à une heure moins tardive devant Wavres. » C'est la division Vichery qui complétait cette totalité : il attendait donc cette division pour se porter sur Limale, il ne lui avait donc pas laissé, à la Barraque, l'ordre de se diriger en toute hâte sur Saint-Lambert. Si, véritablement, il eût prescrit un tel mouvement au général Vichery, aussitôt qu'il le vit arriver ne l'aurait-il pas fait venir en sa présence ou n'aurait-il pas été le trouver pour lui demander compte d'une désobéissance aussi positive ?

Maintenant, je vais citer textuellement une partie des observations stratégiques de M. le maréchal Gérard, pour montrer quels immenses résultats la France aurait obtenus, si les conseils qu'il donna au marquis de Grouchy eussent été suivis. Pour juger les motifs de ce refus, il ne faut pas oublier, que dans l'ignorance où M. de Grouchy convient lui-même qu'il était sur la véritable direction de l'armée prussienne (*Fragments historiques*, 1re partie, p. 8 et 9), il lui était ordonné par un principe immuable de l'art de la guerre, de se porter au canon, ainsi que de lier ses communications avec l'armée dont il était détaché, qui se battait, et dont il n'était qu'à trois ou quatre lieues. En agissant ainsi, il n'en pouvait résulter aucun inconvénient, puisque l'on savait que l'armée prussienne ne s'était point dirigée sur notre base d'opération; si le marquis de Grouchy avait pu avoir des doutes à cet égard, en continuant à marcher sur Wavres, comme il le faisait même avant la réception de la première dépêche, il suivait une direction toute opposée à celle qu'il aurait dû prendre pour empêcher que notre base d'opération fût coupée.

Pour chercher à se disculper de n'avoir pas marché au canon, le marquis de Grouchy dit, dans sa lettre de 1840 : « Singulière fatalité ! le com-
» mandant de l'aile gauche est coupable d'avoir,
» le 16, marché sans ordre au canon qui se tirait
» sur sa droite, et, le 18, le commandant de l'aile
» droite est accusé pour n'avoir pas marché *sans*
» *ordre* au canon qui se tirait sur sa gauche. »
Mais rien de ce que dit là le marquis de Grouchy n'est vrai. Le maréchal Ney, nous l'avons vu, avait

reçu de l'Empereur les ordres les plus positifs, pour qu'il se portât au canon de sa personne avec la plus grande partie de son armée, mais que, dans tous les cas, s'il ne le pouvait pas, le comte d'Erlon, *sans perdre un instant*, devait marcher au canon à Ligny, là où était la véritable bataille le 16, comme le 18 elle était à Waterloo. Le blâme qu'infligea l'Empereur au comte d'Erlon fut tout le contraire de ce que prétend le maréchal de Grouchy, puisqu'il lui reprocha de n'avoir pas marché au canon assez promptement, et surtout d'avoir abandonné la décisive position occupée par lui à Ligny.

Quant au maréchal de Grouchy, il n'aurait pu être blâmé d'avoir marché au canon sans ordre, car dans la dépêche citée par lui-même, l'Empereur lui ordonnait très-positivement de le faire en lui disant : « *Ainsi manœuvrez pour joindre notre droite.... Ainsi, ne perdez pas un instant pour vous rapprocher de nous et nous joindre.* » Pour joindre l'armée se battant à Waterloo, il fallait bien qu'il marchât au canon.

Cet ordre permanent, dicté par le bon sens, de marcher droit au canon quand soi-même on n'est pas sérieusement engagé, avait reçu une nouvelle et mémorable consécration par le général Desaix à Marengo. Mélas, commandant les Autrichiens avait fait semblant de battre en retraite. Les généraux envoyés en reconnaissance par le premier consul lui avaient assuré que l'ennemi se retirait. Alors Napoléon avait ordonné à Desaix de se rendre à Novi pour couper la retraite à Mélas ; mais celui-ci, manœuvrant en très-bon général, par un retour vif et offensif, vint attaquer notre armée, qui, quatre fois, fut forcée de battre en retraite, et quatre fois revint à la charge avec le plus grand acharnement. Napoléon, à la fin, sans avancer ni reculer, maintenait son armée et l'armée ennemie dans des positions telles, que celle-ci serait prise en flanc par Desaix, qu'il savait bien devoir arriver. En même temps, il avait placé la grosse cavalerie, commandée par Kellermann fils, de manière qu'aussitôt l'attaque faite par Desaix, il pût tomber vigoureusement sur l'autre flanc de l'armée ennemie. Ces deux manœuvres, très-habilement exécutées par Desaix et Kellermann, rendirent la victoire de Marengo tout à fait décisive. Mélas croyait avoir affaire à toute l'armée française, et ne se doutait pas que Desaix, ayant sous ses ordres deux divisions, en avait été détaché, et qu'il allait le prendre en flanc.

Quoique Desaix eût reçu du premier consul l'ordre de suivre une direction indiquée, et de se rendre dans un lieu déterminé, aussitôt qu'il entendit la canonnade qui annonçait qu'une bataille se livrait à Marengo, il revint en toute hâte sur ses pas sans attendre de nouveaux ordres du général en chef, et, devançant ainsi ceux qui lui furent expédiés, il arriva plus promptement sur le champ de bataille de Marengo ; par là nos pertes furent moins grandes et la victoire plus décisive.

L'obligation de suivre l'exemple que lui avait donné Desaix était d'autant plus rigoureuse pour Grouchy, que le but qu'il devait atteindre lui était seul indiqué. Mais, d'après lui-même, aucune direction ne lui était prescrite, aucun lieu fixe ne lui était désigné ; par conséquent, il était complétement libre d'aller dans tous les sens, dans tous les lieux, et puisque les Prussiens allaient à Waterloo, comme du reste le lui avait fait connaître le général Excelmans dès la veille, la stricte exécution des ordres de l'Empereur de ne jamais perdre de vue les Prussiens, lui commandait impérativement d'aller à Waterloo.

Le marquis de Grouchy dit dans ses *Fragments*, 1re partie, p. 11 : « Évidemment, d'après cette lettre » (la première dépêche), l'Empereur n'attendait » aucune coopération de ma part ; s'il eût cru en » avoir besoin, il m'eût rappelé près de lui par la » route la plus courte, etc. » Agir ainsi, c'était laisser le passage libre à Blücher pour rejoindre Wellington, dont l'armée aurait alors reçu un renfort double de celui que nous aurait apporté Grouchy.

Il était bien plus avantageux à nos combattants de Waterloo que Grouchy, avec ses trente-cinq à quarante mille hommes, fît ce que le 16 le maréchal Ney avait fait aux Quatre-Bras ; qu'il tînt en échec les soixante-dix à quatre-vingt mille soldats de Blücher, et qu'il l'empêchât par là d'envoyer une partie de ses troupes au secours de Wellington, comme Ney avait empêché celui-ci de secourir Blücher à la bataille de Ligny, quoique les Anglais fussent deux fois plus nombreux que nous. L'Empereur, qui comptait sur l'exécution de ses ordres, ceux de ne pas perdre les Prussiens de vue, et sur la promesse faite par le maréchal de Grouchy le 17, à dix heures du soir, *de séparer Blücher de Wellington*, ne devait donc pas le rappeler auprès de lui ; mais lorsqu'il s'aperçoit, par l'approche du corps de Bulow, que cette promesse n'est point entièrement exécutée, il juge que la réunion du marquis de Grouchy avec l'armée de Waterloo est très-urgent, et il lui écrit : « *Ne perdez pas un* » *instant* pour vous rapprocher de nous *et nous* » *joindre*, et pour écraser Bulow que vous pren- » drez en flagrant délit. » Est-il possible qu'un ordre soit donné dans des termes plus clairs, plus impératifs que celui-là ? Cependant, ce général, qui ne connaît qu'une chose, *l'obéissance passive*, n'a point voulu l'exécuter ; lui-même nous en a fourni la preuve, et lui-même aussi convient que rien ne s'opposait à ce qu'il portât, *immédiatement et rapidement*, la division Vichery vers Saint-Lambert. (Voir ses *Observations*, p. 18.)

Je vais transcrire à présent les fragments dont

j'ai parlé, des *Observations stratégiques* du maréréchal Gérard.

Le marquis de Grouchy ayant dit dans ses *Fragments*, 1ʳᵉ partie, p. 21 : « J'ajouterai que si, même
» de Sart-à-Valain à onze heures et demie, j'eusse
» marché sur Saint-Lambert, ainsi que le général
» Gérard en ouvrit l'avis, les destinées de cette
» fatale journée n'en eussent probablement point
» été changées. » Et dans ses *Fragments*, 2ᵉ partie,
p. 15 : « A quelle heure les troupes se seraient-
» elles ébranlées de Sart-à-Valain ? En admettant
» que ce pût être vers midi, combien fallait-il de
» temps pour joindre l'Empereur ? » Le maréchal
Gérard s'exprime ainsi (*Dernières observations*,
p. 29 à 45) : « D'abord, je répondrai à M. le mar-
» quis de Grouchy que pour faire une diversion,
» même puissante, il n'était pas nécessaire d'aller
» jusqu'à l'Empereur. » Ici le M. maréchal Gérard
indique les mouvements qu'il fallait faire exécuter
aux troupes, et rien ne s'y opposait ; il continue :
« En commençant ce mouvement à midi, comme il
» n'y avait de Sart-à-Vilain au Mont-Saint-Lambert
» ou Frichemont pas plus de quatre lieues (1), il
» est incontestable que la tête de notre colonne y

---

(1) « Telle est la distance exacte, d'après les renseignements
» pris sur les lieux mêmes et qui constatent qu'elle peut être fa-
» cilement parcourue à pied en trois heures et demie ; de plus, il
» existait un pont pour les voitures à Ottignies, village qui touche
» à Moustiers. »

» serait arrivée vers quatre heures et demie, heure
» à laquelle les premières troupes de Bulow com-
» mençaient à déboucher. » Ici M. le maréchal
Gérard rapporte la lettre du général Valazé (voir
la page 236). « Ces renseignements, émanés d'un
» officier très-compétent pour apprécier les diffi-
» cultés de la marche des troupes, constatent que
» les difficultés qui, selon M. le marquis de
» Grouchy, s'opposaient à suivre la direction que
» j'indiquais, n'étaient pas de nature à nous arrêter
» longtemps. On est donc autorisé à croire qu'au
» moins la tête de notre colonne aurait pu se mon-
» trer à Mont-Saint-Lambert ou à Frichemont à
» quatre heures et demie au plus tard, heure à la-
» quelle les Prussiens ont commencé eux-mêmes à
» sortir des défilés de Saint-Lambert. Dans tous les
» cas, on reste convaincu que c'était physiquement
» possible, et à plus forte raison, si on songe aux
» considérations morales qui militaient en notre fa-
» veur; car alors nos soldats étaient victorieux, et
» dans cette occasion où il s'agissait d'aller partager
» la gloire de leurs camarades aux prises avec l'en-
» nemi, aucun obstacle n'aurait pu les arrêter. On
» connaît l'effet magique qu'exerce le canon en pa-
» reille circonstance. »

Ici le maréchal Gérard cite une partie du rapport du général prussien Gueisneau, rédigé et publié par l'ordre de Blücher. « En présence de ce
» document officiel, comment pourrait-on nier

» l'efficacité de notre marche sur Saint-Lambert ou
» Frichemont? Qui pourrait en méconnaître les
» conséquences? Nos troupes arrivant sur ces
» points simultanément avec la tête des colonnes
» prussiennes, il n'est point douteux que notre
» présence n'eût forcé l'ennemi à prendre position,
» et à engager un combat qui aurait eu pour effet
» immédiat d'arrêter les Prussiens dans leurs mou-
» vements vers Wellington; dans ce cas, ils n'eus-
» sent pu le secourir contre les attaques vigou-
» reuses de l'Empereur, qui auraient été d'autant
» plus décisives qu'il aurait pu disposer de la tota-
» lité de ses forces contre l'armée anglaise, qui, à
» ce moment même, se trouvait dans un péril immi-
» nent.

» Ne serions-nous arrivés à Saint-Lambert que
» plus tard, c'est-à-dire de cinq à six heures, l'oc-
» casion était peut-être encore pour nous plus fa-
» vorable, car alors nous trouvions les Prussiens
» doublement en flagrant délit, puisqu'il nous était
» donné de les prendre sur leurs derrières et en
» flanc, de plus de les attaquer dans des défilés où
» ils étaient engagés, et dont le général Gueisneau
» avoue lui-même qu'ils ne pouvaient sortir que
» bien difficilement. Faut-il admettre les suppo-
» sitions les plus invraisemblables? Eussions-nous
» rencontré dans notre marche de telles difficultés
» que, pour franchir les distances qui séparent Sart-
» à-Valain de Saint-Lambert et de Frichemont, il

» nous eût fallu plus de sept heures (on voit que
» je fais la part des éventualités bien grandes), eh
» bien ! il était temps encore. *Il était sept heures et*
» *demie,* dit le rapport du général prussien, *et l'issue*
» *de la bataille était incertaine.* Nous pouvions donc
» arriver après sept heures, et en nous montrant
» alors à l'ennemi, en faisant diversion aux attaques
» qu'il dirigeait contre la droite et les derrières de
» notre armée, surtout en le plaçant lui-même entre
» deux feux, lorsque la bataille contre les Anglais
» promettait une issue si favorable, on voit que nous
» pouvions non-seulement prévenir les désastres
» de la journée, mais que nous aurions placé l'ar-
» mée prussienne elle-même dans la plus critique
» des positions. Les généraux ennemis ne se le sont
» point dissimulé, ils avouent, ils proclament le
» danger qu'ils auraient couru. » Ici, M. le maréchal Gérard cite des extraits de deux ouvrages
d'auteurs étrangers, dont l'un officiel. Il continue :
« On sent qu'il est impossible de résister à une évi-
» dence qui se manifeste de toute part d'une ma-
» nière si entraînante. En effet, quand on considère
» que les trois corps prussiens ont été, à partir de
» quatre heures et demie, successivement et en-
» tièrement engagés, et que malgré ce secours im-
» mense, le succès a été incertain encore après
» sept heures et demie ;... qui pourrait mettre en
» doute que, dans ce moment même, c'est-à-dire
» encore après sept heures et demie, la plus légère

» assistance des troupes de notre droite n'eût dé-
» cidé de la victoire en notre faveur ? Quel est le
» militaire ayant fait la guerre qui n'a point été
» témoin de cette influence électrique que produit
» sur les soldats, dans un moment décisif, l'appari-
» tion soudaine de troupes amies, tandis que cette
» vue porte le trouble et le découragement dans les
» rangs des adversaires ?... Maintenant que les faits
» sont connus, et que tous les documents et les
» rapports mêmes de l'ennemi jettent une lumière
» uniforme et si claire sur la situation critique des
» corps prussiens, non-seulement les troupes que
» je commandais auraient suffi pour obtenir les
» grands avantages qui, comme je viens de le dé-
» montrer, auraient été la suite de la direction
» qu'on aurait dû prendre ; mais je ne crains pas
» même d'avancer que l'apparition d'un seul corps
» d'infanterie ou de cavalerie, débouchant par le
» pont de Moustiers, et qui, par la position topogra-
» phique du pays, aurait été en vue de l'ennemi,
» et sur ses derrières, aurait eu pour résultat
» inévitable d'arrêter la marche des Prussiens, et
» de paralyser, au moins pour quelques heures, les
» secours qu'ils portaient à l'armée anglaise... et
» qu'alors ce retard aurait laissé à l'Empereur le
» temps et les moyens de disposer de ses réserves
» contre l'armée anglaise, et de compléter la vic-
» toire qu'il avait si bien préparée, lorsque les trou-
» pes prussiennes sont venues la lui ravir. »

Après les rapports faits dès le 17 au soir, et dans la matinée du 18 juin, le marquis de Grouchy ne pouvait pas croire que toute l'armée de Blücher se trouvât derrière la Dyle ; mais en admettant cette supposition, « et en faisant abstraction du » gros de l'armée française, ce qui est tout à fait » contraire à tous les principes, » le maréchal Gérard démontre qu'on devait diriger une partie des troupes sur Moustiers, afin de s'assurer si l'ennemi s'y trouvait, et il continue : « On se demandera » comment il est possible que marchant presque » parallèlement à la Dyle, à partir de Sart-à-Valain, » on ait négligé d'envoyer une seule reconnaissance » sur le pont de Moustier et sur celui de Limelette. » *Les règles les plus simples de la guerre* prescri- » vaient de s'éclairer pour éviter les surprises, » et d'ailleurs pour se procurer des renseignements » sur l'ennemi. L'observation de ces principes, *qui* » *étaient des devoirs rigoureux, faisait rencontrer* » au pont de Moustiers le détachement du colonel » Marbot, qui avait reçu de l'Empereur la mission » d'éclairer sa droite jusqu'à la Dyle, et de venir » chercher des nouvelles du corps du marquis de » Grouchy. Les reconnaissances des hussards du » colonel Marbot sont restées longtemps sur le » pont même, et comme elles se liaient par une sé- » rie de petits postes avec l'armée principale, la » rencontre d'une de nos patrouilles avec elles nous » aurait infailliblement fait changer de direction,

23.

» puisqu'une fois en communication directe, nous
» aurions pu recevoir *promptement* les ordres mêmes
» du généralissime. »

Voilà précisément ce que ne voulait point le marquis de Grouchy : l'inexécution des ordres écrits de l'Empereur l'a suffisamment démontré. Maintenant, il faut examiner sa conduite devant Wavres, et, pour qu'on puisse l'apprécier avec justice, je vais rapporter deux faits, dont l'un est fourni par lui-même ; et quant au second, il en a reconnu la réalité par son long silence, suivi de son appel à la postérité : la même preuve est acquise à toutes les autres allégations de M. le maréchal Gérard. A son arrivée devant la position de Wavres, le marquis de Grouchy se convainquit par lui-même de la vérité des rapports du général Excelmans (voir la lettre de ce général, p. 246) ; il ne put croire que la plus grande partie de l'armée prussienne s'y trouvât (en supposant qu'il lui fût possible de conserver cette idée jusque-là) ; il devait donc, avec une partie de son armée, masquer cette position, et avec l'autre, nécessairement plus forte, se mettre vivement, comme le dit M. le maréchal Gérard, à la poursuite des Prussiens dans les défilés de St-Lambert. Mais enfin, en admettant que cette manœuvre fût au-dessus de sa capacité militaire, et qu'il jugeât plus prudent de chasser de Wavres la faible partie de l'armée prussienne qui occupait cette position, deux partis s'offraient à lui : ou l'attaquer de front, ou la tourner. Le premier entraînait une grande perte de temps, et, de plus, exigeait des attaques très-meurtrières; le second, au contraire, faisait éviter ces graves inconvénients ; en outre, il offrait le grand avantage de rejeter les Prussiens, qu'on avait devant soi, sur la droite, c'est-à-dire dans une direction opposée au point où était l'armée de l'Empereur, ce qui donnait les moyens de s'en rapprocher plus facilement et avec plus de célérité. L'attaque de front n'aurait donc dû être tentée que s'il y avait eu impossibilité bien reconnue de tourner Wavres. Eh bien ! c'était tout le contraire. Le marquis de Grouchy dit lui-même dans ses *Fragments historiques*, 2ᵉ partie, p. 20 :

« L'attaque de Wavres et de Bielge, après avoir
» enlevé la partie de la ville sur la droite de la
» Dyle, *devait être tentée. Quand sa difficulté a été*
» *reconnue insurmontable,* et que tout le quatrième
» corps a été réuni, la position a été tournée par
» Limale...., *et les Prussiens ont été forcés de se re-*
» *tirer vers Bruxelles.* »

Ainsi, le marquis de Grouchy prétend qu'une attaque de front, qui offrait *des difficultés insurmontables,* devait être tentée. Dans quel but ? Était-ce pour s'assurer qu'elle ne pouvait point réussir ? Mais un maréchal de l'empire, lieutenant-général depuis près de vingt-cinq ans, ayant toujours fait la guerre avec les Hoche, les Moreau, les Napoléon, et dans beaucoup de circonstances ayant donné des preuves qu'il est bon général, pouvait-il ignorer qu'un autre moyen existait de s'assurer que l'attaque de front n'aurait aucun succès ?

M. le maréchal Gérard fait connaître ce moyen :
« A l'arrivée des troupes devant Wavres, si, avant
» d'attaquer cette position, on l'avait fait reconnaître
» soigneusement par un officier de génie, on se se-
» rait assuré que la difficulté était insurmontable ;
» conviction qui, d'après l'aveu même de M. le
» marquis de Grouchy, n'a été acquise que *très-tard*
» et après des attaques inutiles et meurtrières. »
Alors, dit-il, il fallait se porter à gauche (il indique les mouvements à faire pour cela), et si cette poursuite (celle des Prussiens dans les défilés de Saint-Lambert) avait été faite avec vigueur, on peut comprendre « qu'elle aurait pu ralentir la mar-
» che des troupes qui précédaient celles avec les-
» quelles on se serait battu, et, à tout événe-
» ment, elle aurait eu *pour effet positif* d'empêcher
» le concours de ces dernières à l'action princi-
» pale et décisive. »

Voici le second des deux faits annoncés. M. le maréchal Gérard, pour montrer qu'il exécuta les trois seuls ordres que lui donna, verbalement, le marquis de Grouchy, avec autant de ponctualité que s'ils lui eussent été transmis par l'Empereur lui-même, dit p. 56 : « Sur les hauteurs de Wavres,
» M. le marquis de Grouchy est venu lui-même
» m'ordonner de faire remplacer par un de mes

» bataillons celui du général Vandamme, qui avait
» attaqué Bierge et qui était aux prises avec les
» Prussiens. Je lui fis observer que ce remplacement
» de troupes, opéré devant l'ennemi, avait le double
» désavantage de *faire perdre un temps précieux*, et
» de rehausser la confiance de l'ennemi, en dimi-
» nuant celle de nos troupes ; je lui proposai, pour
» éviter ces graves inconvénients, d'envoyer au
» général Vandamme les secours dont il aurait be-
» soin pour soutenir son attaque sur Wavres. M. le
» marquis de Grouchy ne tint aucun compte de
» mes observations, et, quoique ce fût pour la
» première fois, dans toute ma carrière militaire,
» que j'eusse vu prendre une pareille disposition,
» je fis exécuter sur-le-champ, par le général Hulot,
» l'ordre qu'il m'avait donné. »

M. le maréchal Gérard dit que, pour *la première fois*, il voyait prendre *une pareille disposition*. Je le crois bien ! C'est qu'au terrible jeu de la guerre, il n'avait jamais vu, comme à celui des dames, jouer à qui perd gagne.

Au moment ou le général Gérard allait faire exécuter cet ordre si extraordinaire, il se tourna vers un de ses aides de camp, M. de Rumigny, et lui dit : « Quand un homme de cœur est le témoin im-
» puissant de tout ce qui se passe depuis ce matin,
» quand il reçoit des ordres pareils à ceux-ci ; et
» que le devoir le force d'y obéir, il ne lui reste qu'à
» se faire tuer. » (De Vaulabelle, tome III, p. 531.)

Pour trouver cette mort qu'il désirait, il se mit, l'épée à la main, à la tête du bataillon qui allait remplacer celui de Vandamme, et bientôt après, il reçut en pleine poitrine une balle. La blessure qu'elle lui occasionna fut jugée mortelle pendant vingt-quatre heures, et même après l'extraction de cette balle, le général Gérard fut encore assez longtemps en danger.

Dans tous les pays, à toutes les époques, quelle est la meilleure preuve de la culpabilité d'un accusé, celle qui porte le plus la conviction dans le cœur et l'esprit de son juge? N'est-ce pas lorsque cet accusé, pour se justifier, après avoir avancé un fait dont on lui montre la fausseté, en présente un autre tout différent et qui se trouve n'être pas plus vrai? Lorsque cet accusé est forcé de reconnaître la vérité des faits que d'abord il avait déclarés « *inventés et de toute fausseté?* » Lorsqu'enfin cet accusé voyant que toutes ses assertions sont détruites par d'évidentes preuves, finit par garder un silence significatif, ou par en appeler à la postérité, ce qui est la même chose? Nous venons de voir que c'est précisément ainsi que s'est conduit le maréchal de Grouchy : l'accusation du *Constitutionnel* reste donc dans toute sa force.

Le maréchal de Grouchy avait très-souvent donné des preuves qu'il était un très-bon général ; il en fournit de nouvelles aussitôt qu'il fut certain que Napoléon était battu, que la France avait le bonheur d'éprouver un très-grand revers. Il manœuvra avec beaucoup d'habileté pour sauver son armée fortement compromise après la défaite de Waterloo, et il y réussit. Il comprenait que la faction d'Orléans, pour que les ennemis laissassent Louis-Philippe monter sur le trône, avait besoin qu'une armée encore forte les rendît moins exigeants sur le rétablissement de la branche aînée des Bourbons.

Du reste, Grouchy le 18, et Drouet d'Erlon le 16, ne pouvaient point faire preuve de capacité ou d'incapacité, puisque les ennemis ne leur opposaient aucun obstacle, leur laissaient le champ entièrement libre. Le second n'avait qu'à commander d'ouvrir le feu, le premier de marcher au canon; et pour le faire, il n'avait qu'à exécuter les prescriptions formelles et permanentes de la tactique militaire, qu'à suivre l'exemple de Desaix à Marengo, qu'à obéir aux ordres si clairs, si impératifs de l'Empereur; et lui-même convient qu'il les a reçus.

Pour excuser sa désobéissance, on a dit qu'elle provenait de l'effroi que lui causait une responsabilité dont il s'était exagéré les conséquences. Mais d'abord cette responsabilité n'était pas nouvelle pour lui. Plusieurs fois il avait commandé des corps détachés de l'armée principale, notamment dans le pays des Grisons en 99, et dans les campagnes d'Iéna, de Wagram, de Friedland et de Russie. L'Empereur l'avait donc vu à l'œuvre; et, comme il s'était toujours acquitté en très-bon général des diverses missions dont il avait été chargé, Napoléon savait, par conséquent, qu'il était très-capable de remplir celle qu'on lui confiait le 17 et le 18 juin. Ensuite si, en effet, c'était le fardeau trop lourd pour lui de la responsabilité d'un commandement momentané, qui le faisait aller à droite lorsqu'on lui ordonnait de venir à gauche, il aurait saisi avec le plus grand empressement l'occasion de se débarrasser de cette responsabilité, en se réunissant à son généralissime : le poulet effrayé court se réfugier sous les ailes de sa mère, et ne méconnaît point la voix qui le rappelle. Si, par une jonction trop précipitée, le maréchal de Grouchy avait fait perdre la bataille de Waterloo, cette excuse de la frayeur de sa responsabilité aurait quelque apparence de vérité, mais, au contraire, il assumait sur lui une immense responsabilité, que le plus avantageux résultat aurait pu seul justifier, en désobéissant aux ordres de l'Empereur, en ne suivant point les conseils qui lui étaient donnés, en n'écoutant point les supplications de toute son armée qui, électrisée par les retentissantes décharges de l'artillerie de Waterloo, s'écriait : Allons au canon ! marchons au canon !

Wellington, dans son rapport sur la bataille de Waterloo, dit : « ... et j'ai la douleur d'ajouter que
» notre perte a été immense... Je dois rendre jus-
» tice au maréchal Blücher et à l'armée prussienne,

» en attribuant l'heureux résultat de cette journée
» aux secours qu'ils m'ont donnés à propos et avec
» la plus grande cordialité. » Et si Grouchy l'avait voulu, ces secours ne lui arrivaient point !!! Vainqueur, Wellington éprouva des pertes immenses : vaincu, qu'auraient-elles donc été !

En 1840, lorsque la première édition de cet ouvrage a paru, le maréchal de Grouchy vivait encore, (il n'est mort qu'en 1847). Je terminais ce que je disais sur lui, en lui rappelant que son silence, après la promesse qu'il avait faite de répondre à l'accusatrice réflexion du *Constitutionnel*, était un aveu qu'elle était fondée, et j'ajoutais : « Cet aveu tacite ne suffit pas pour rabaisser l'orgueil de nos anciens ennemis, qui ont célébré le vingt-cinquième anniversaire d'une victoire usurpée, tandis que nous, nous ne solennisons pas tant de batailles légitimement gagnées. Par un aveu public, effacez du front de la France la honte que ces fêtes annuelles lui impriment. On n'en doute pas, vos motifs pour imiter la conduite de Pichegru se faisant battre à Manheim furent tout différents des siens.

» La soif de l'or ni le désir des plus hautes dignités ne vous guidèrent pas à cette fatale époque. Entre vous et Pichegru il existe l'énorme distance qui sépare l'homicide par imprudence de l'assassin. C'est pour cela que vous pouvez avouer votre faute. Séduit par les sophismes de l'entraînante Mme de Staël, par la réputation de patriotisme de Lafayette, vous crûtes que le plus grand bienfait que la Providence pût départir à votre patrie et même au monde entier, était la chute du grand Empereur; vous pensâtes que c'était faire une action louable que d'aider à la Providence pour nous faire obtenir ce bienfait. La conduite de Lafayette a mérité la même accusation que la vôtre ; il n'a point cherché à la repousser, il s'en est au contraire glorifié. Ayez comme lui, publiquement, le courage de votre action, et par là montrez à nos anciens ennemis, que cette victoire dont ils sont si fiers ne leur était point destinée ; vous rabaisserez ainsi leur orgueilleuse jactance, tandis que vous relèverez à ses propres yeux et aux yeux du monde entier votre patrie, dont l'honneur et la dignité ont été fortement atteints par ce revers et ses suites. Voilà le moyen de réparer, autant qu'il vous est possible, le mal que vous lui avez fait par un zèle excessivement mal entendu, et la France, toujours indulgente envers ceux de ses enfants qui pendant vingt-cinq années versèrent leur sang à son service, déchirera d'une main que la douleur rendra tremblante, la dernière page de votre vie militaire, en disant : « Il fut plus égaré » que coupable. »

Le marquis de Grouchy étant mort sans faire cette patriotique confession, ne mérite point que la France soit indulgente envers lui ; il le mérite d'autant moins qu'il n'a pas non plus rétracté les **accusations contenues dans les publications qu'il** a faites, et où il dit que Napoléon a falsifié les ordres donnés les 15, 16, 17 et 18 juin; qu'il avait l'habitude de calomnier ses inférieurs en rejetant sur eux les fautes commises par lui; et, enfin, qu'il avait, par ses mauvaises manœuvres, son ineptie comme général, été cause des immenses revers qui accablèrent la France à cette époque. C'est d'après les assertions du maréchal de Grouchy, que les fabricateurs des romans historiques sorti des presses des trois factions ennemies de la volonté nationale, répètent continuellement les mêmes calomnies, espérant qu'à force de les redire sous toutes les formes, ils finiront par détruire dans le cœur du peuple français son sentiment d'adoration pour le chef de la dynastie nationale, et, par là, pourront plus facilement nuire à ses héritiers.

Le maréchal Soult, duc de Dalmatie, était major-général de l'armée. Il semblait que ce poste de confiance et si important ne pût pas être mieux occupé que par le général qui, dans de nombreuses occasions et dernièrement encore à la mémorable bataille de Toulouse, avait donné des preuves d'une si haute capacité militaire. Il avait trop souvent commandé des corps dans la grande armée pour qu'il lui fût possible d'ignorer la manière dont ces fonctions étaient remplies par Berthier, prince de Wagram, pour qui l'Empereur ressentait la plus vive amitié, qu'il croyait réciproque. Mais le maréchal Soult, atteint tout à coup d'une incapacité et d'une négligence inconcevables, fut une des causes secondaires qui vinrent en aide à la trahison pour amoindrir ou annuler les savantes combinaisons de l'Empereur. Dieu seul peut tout faire par lui-même ; un homme, quelque immense que soit son génie, ne le peut point ; mais lorsqu'il prend pour le seconder des généraux comme Soult, Grouchy, Drouet d'Erlon, etc., etc., dont les talents militaires avaient si souvent brillé d'un vif éclat, aucun reproche ne peut lui être adressé, si ses ordres ne furent point, non-seulement fidèlement, mais de plus très-habilement exécutés.

Dérober tous ses mouvements aux deux armées ennemies, les surprendre, les attaquer dans leurs cantonnements lorsque leurs généraux sont dans la plus profonde sécurité, croyant qu'il se tiendra sur la défensive ; malgré la trahison de Bourmont, les isoler tellement l'un de l'autre, que les 15, 16 et 17 juin il leur est impossible de s'envoyer mutuellement aucun secours ; le 16, vaincre l'armée prussienne, qui, sans la trahison de Drouet d'Erlon, était complétement détruite ; disposer si bien son armée le 18, que si Grouchy n'eût point trahi à son tour, les Prussiens ne pouvaient pas plus secourir les Anglais, que ceux-ci, tenus en échec par le maréchal Ney, n'avaient pu, le 16, leur porter des secours, et qu'alors Wellington éprouvait une défaite d'autant plus grande, qu'adossé à une forêt n'ayant qu'une seule issue déjà encombrée de fuyards et de bagages, sa retraite qui, malgré lui, commençait à s'effectuer lorsque les Prussiens arrivèrent, ne pouvait être qu'une déroute complète : voilà ce que fit en 1815 l'Empereur. A cette époque, comme depuis 1796, il fut donc toujours l'immense géant des batailles, et peut-être même se surpassa-t-il !

Les simples officiers, les soldats, ces enfants du peuple, qui avait salué avec tant d'enthousiasme le retour du chef de sa dynastie, se surpassèrent aussi. Jamais ils n'avaient montré une plus grande bravoure, un plus entier dévoûment à la patrie et à son représentant. Leurs cœurs étaient ulcérés en pensant aux malheurs et à la honte dont la France avait été accablée un an auparavant. Cette honte, que le temps n'avait pas encore pu faire oublier, ils voulaient l'effacer dans le sang de ses ennemis: ils ne voulaient ni se rendre ni faire de prisonniers. Nos blessés combattaient encore avec acharnement les blessés ennemis qui se trouvaient à leur portée, et, chose admirable ! pas un seul soldat, pas un seul ne déserta.

Malheureusement, cet héroïque courage, ce patriotique dévoûment n'existait point au même degré parmi ceux qui occupaient les premiers rangs dans l'armée. Plusieurs se montrèrent bien inférieurs à ce qu'ils avaient été dans les guerres précédentes; mais cependant le plus grand nombre, dignes de leurs soldats, maintinrent et même augmentèrent la juste réputation dont ils jouissaient. Tous ne peuvent être cités dans un ouvrage forcé de se renfermer dans d'étroites limites ; mais parmi eux, en première ligne, se présente le général depuis maréchal Gérard. A quoi tient le destin des États ! Si, à Ligny, le 16, deux heureux boulets avaient emporté Grouchy et Vandamme, c'est lui qui, le 18, aurait commandé l'aile droite, et le nom de Waterloo, au lieu de ne pouvoir être prononcé par tout vrai Français qu'avec de cruels déchirements de cœur, le serait au contraire avec une patriotique fierté, comme le sont les noms de Marengo, d'Austerlitz, d'Iéna, etc., etc., etc.

J'ai démontré, j'ose le dire, que sans Napoléon et sa prodigieuse campagne d'Italie, les ennemis de la France l'aurait envahie en 1796 ; mais à cette époque ils auraient exécuté ce qu'ils annonçaient vouloir faire, lorsqu'ils arboraient leur drapeau, et non celui des Bourbons, sur nos places fortes dont ils s'emparaient : ils auraient démembré la France, lui auraient au moins arraché l'Alsace et la Lorraine, et, en outre, ils ne se seraient point contentés de restaurer le pouvoir des Bourbons, mais ils auraient rétabli celui de la noblesse et du clergé tel qu'il existait en 88. Les principes de 89 étaient encore trop récents pour être respectés par ceux qu'ils avaient frappés, ainsi que par les signataires du traité de Pilnitz et par les aristocraties européennes que ces principes menaçaient si fortement. Les biens nationaux auraient sur-le-champ été repris par leurs anciens propriétaires. Il a fallu les quatorze ans de règne de Napléon Ier; son alliance avec une archiduchesse d'Autriche, et les mariages de plusieurs membres de sa famille avec des filles de rois ; les trônes roturiers reconnus par les souverains d'anciennes races ; les nobles occupant des places auprès de ces rois sortis du peuple ; ces miraculeuses victoires remportées de 1796 à 1815, qui laissèrent dans le cœur de l'étranger un profond sentiment de terreur, et lui firent craindre qu'en voulant pousser à bout le lion populaire, harassé, mais non détruit, son indignation renouvelant ses forces, il ne se relevât aussi terrible que par le passé ; il a fallu tout cela, dis-je, pour consolider très-fortement les principes de 89, la vente des biens nationaux, et par là les empêcher d'être détruits immédiatement par les ennemis triomphants et par ceux qu'ils traînaient à leur suite ; à ces derniers, les chefs des coalisés firent comprendre que ce n'était point à la violence, mais au temps et à la ruse qu'il fallait avoir recours, pour détruire peu à peu tout ce qui s'était fait en France depuis 89.

Napoléon Ier, en retardant de dix-huit ans l'envahissement de la France (et s'il ne l'a point empêché, nous en avons vu les causes), lui a donc rendu un immense service ainsi qu'aux principes de 89, qui, désormais, sont à l'abri de toute atteinte par la résurrection des institutions et du trône qu'il avait créés.

Après le bataille de Waterloo et la conduite antipatriotique de Lafayette, l'Empereur ayant toujours pour lui le peuple et les soldats, pouvait entreprendre une guerre civile qui lui aurait fait obtenir d'avantageuses conditions personnelles, mais il n'en pouvait résulter aucun bien pour sa patrie, à moins que la chambre des représentants ne le rappelât au pouvoir. (*Lettres sur les Cent Jours, par B. Constant*, t. II, p. 139 et 140.) En allant rejoindre promptement un des bâtiments américains que renfermaient nos ports, il aurait échappé aux inouïes douleurs de Sainte-Hélène, mais la France pouvait encore avoir besoin de lui. La représentation nationale avait prouvé qu'elle était napoléoniste ; à l'approche de nos acharnés ennemis, elle pouvait trouver dans ses veines un peu de cet héroïque sang qui avait gonflé les veines des sénats de Rome et des États-Unis d'Amérique ; elle pouvait se réveiller, reconnaître les perfides trames de Lafayette et de Fouché, et des milliards de fois plus heureuse que la Convention, sans recourir à la dictature de l'échafaud, elle n'avait qu'à relever la dictature de la gloire, et la France était préservée des malheurs et de la flétrissure d'une seconde occupation. Pour pouvoir répondre à l'appel de la représentation nationale, si elle avait eu la patriotique énergie de le faire entendre, l'Empereur prolongeant son séjour sur le sol de la France, ne profitait point des occasions qui lui étaient offertes de se rendre aux États-Unis, et lui sacrifiait ainsi sa liberté et sa vie. Ce fut seulement le 15 juillet qu'il quitta pour toujours sa patrie.

Les Français de toutes les classes, témoins de son embarquement, la voix entrecoupée par leurs sanglots, poussaient le patriotique cri de : vive l'Empereur ! longtemps encore après son départ.

Les désastres inouïs et les horribles tortures de Sainte-Hélène ne purent entamer un instant cette âme si héroïquement trempée ; et là, comme pendant ses miraculeuses prospérités, Napoléon fut immensément grand.

Le feu sacré qui l'animait, se trouve dans ses écrits. Béranger, et ce nom dit tout, transporté d'admiration en les lisant, a proclamé Napoléon le plus grand des poëtes.

Tous ceux qui l'ont approché de près le disent hautement. Dans son intérieur, dans la vie privée, c'était le plus aimable, le meilleur des amis ; en un mot, il méritait la louange que lui décerna dans un quatrain le maire d'un village qu'il traversait avec la nouvelle impératrice :

> Vive Napoléon !
> *C'est un bon garçon ;*
> Il n'a point fait une sottise
> En épousant Marie-Louise.

Les deux derniers vers expriment l'opinion de la France sur ce mariage. A Vienne, il fit monter les fonds de trente pour cent. Les deux nations le regardèrent comme une garantie du maintien de la paix, et nous avons vu que ce ne fut point notre Empereur qui la rompit en 1812, et par conséquent moins encore en 1813.

Cette alliance avec la hautaine maison d'Autriche ne fut point mendiée ni achetée par aucune concession. Au contraire, le représentant de la grande nation la fit triompher sur le champ de bataille de l'étiquette comme sur tous les autres. De temps immémorial les contrats de mariage des archiduchesses se faisaient en latin, l'homme du peuple dit : «Dès l'instant que l'union du chef de la France et de Marie-Louise est décidée, elle n'est plus Autrichienne, elle est Française ; le contrat de mariage d'un Français et d'une Française ne peut se faire qu'en français, » et sa volonté fut faite. L'empereur d'Autriche déclara que c'était une exception « qui ne tirerait pas à conséquence. »

Napoléon, loin de chercher, comme tant de parvenus, à déguiser son origine roturière, éprouvait un juste orgueil d'être un homme du peuple, et il saisissait toutes les occasions de s'en vanter hautement, surtout devant les souverains d'anciennes races. Son beau-père, l'empereur d'Autriche, à Dresde, étant venu lui dire qu'on avait découvert dans des archives qu'il descendait d'une famille princière,

Napoléon lui répondit avec fierté : « Ma noblesse date de la bataille d'Arcole. »

Jamais dépositaire d'un énorme pouvoir ne se vengea moins que lui. Aussi que de pardons accordés ! quel entier oubli des injures les plus graves, des actes les plus menaçans pour sa vie ou son pouvoir !

Jourdan et Augereau, le 18 brumaire, avaient voulu l'envoyer à l'échafaud ; quelques jours après il donne au premier le gouvernement du Piémont, au second le commandement de l'armée de Hollande en lui écrivant : « Comptez que je n'oublierai » jamais la belle journée de Castiglione. » Le général Macdonal, en 1804, s'était fortement prononcé pour Moreau conspirant avec les assassins de la chouanerie. En 1809, il demande à servir de nouveau ; un important commandement lui est confié, et l'Empereur, sur le champ de bataille de Wagram, l'embrasse, proclame que c'est principalement à lui qu'on doit cette victoire, et il le fait maréchal de l'empire et duc de Tarente.

En recevant l'accolade, le nouveau maréchal dit : « Sire, désormais entre nous, à la vie et à la » mort. » Où était-il en mars 1815 ? à Lyon pour le combattre. Ensuite, lorsque, non-seulement l'Empereur, mais encore la patrie, avaient tant besoin du secours de ses grands généraux, il voit une seconde occupation étrangère sans que sa main se porte patriotiquement à la garde de son épée.

Napoléon, forcé de faire des reproches au duc de Dalmatie, alors en Portugal, lui écrit peu de temps après : « Je ne me souviens que d'*Austerlitz.* »

Ces exemples et mille autres pourraient être cités ; le nom d'*enfant de la victoire* que Masséna reçut de lui, prouve qu'il ne s'attribuait pas toute la gloire des batailles qu'il dirigeait en personne, qu'il en distribuait une large part à ceux qui l'aidaient à les gagner, et qu'il reconnaissait que leurs secours lui étaient puissamment nécessaires. Ainsi, en Egypte, Kléber ayant mérité des reproches sur son administration, demande à retourner en Europe. Napoléon ne croit pas s'abaisser en lui faisant des avances, quoique souvent il eût beaucoup à souffrir du caractère frondeur et hautain de ce général ; il lui écrit : « Sur le sol de l'Egypte les » nuages passent en six heures ; s'ils étaient de » mon côté, ils seraient dissipés en trois. »

Par la délicatesse de ses expressions, l'Empereur cherchait à adoucir les reproches qu'il était contraint de faire. Bernadotte, ce type de l'ingratitude, qui si souvent compromit l'armée et mérita de passer à des conseils de guerre, Bernadotte, dont Napoléon espérait toujours se faire un ami en l'accablant de bienfaits, n'avait point, dans la campagne de 1805, exécuté l'ordre qu'il avait reçu de passer le Danube. L'Empereur en ressent un vif

mécontentement; voici comment il le lui témoigne :
« Vos soldats, lui écrit-il, seront sans doute fâchés
» de n'avoir point toute la part qu'ils devaient avoir
» à la gloire de cette campagne. »

Napoléon usait de son droit de grâce avec tant de délicatesse, qu'on pouvait se croire dispensé de lui en avoir de la reconnaissance. Le prince de Hartzfeld servait d'espion aux Prussiens, quoiqu'ayant accepté de nous une haute fonction administrative à Berlin, occupé par notre armée. Le conseil de guerre qui devait le condamner à mort s'assemble. Sa femme, enceinte, court se jeter aux genoux de l'Empereur, en s'écriant que son mari est calomnié, qu'il est impossible qu'il ait commis ce crime. Napoléon lui donne à lire la lettre de son mari, en lui disant : « Vous connaissez son » écriture, jugez-le vous-même. » Elle se trouve mal, et lorsqu'elle reprend connaissance, au milieu de ses sanglots elle ne peut faire entendre que les sons inarticulés de grâce! L'Empereur ne lui dit pas : je pardonne à votre mari, je lui fais grâce de la vie : « Eh bien! madame, lui dit-il avec » bonté, la lettre que vous tenez dans votre main » est la seule preuve contre votre mari, jetez-la au » feu, *et je ne puis plus le faire condamner.* »

Avant lui, des princes en montant sur le trône avaient annoncé qu'ils ne vengeraient pas les injures antérieures à leur élévation, mais ils pouvaient s'en souvenir tout en les pardonnant. Na-

poléon, lui, s'exprime ainsi : « Tout ce que des
» individus ont fait, écrit ou dit depuis la prise de
» Paris, *je l'ignorerai toujours*; cela n'influera en
» rien sur le souvenir que je conserve des services
» importants qu'ils ont rendus, *car il est des évé-*
» *nements d'une telle nature qu'ils sont au-dessus*
» *de l'organisation humaine.* »

Il ne pardonne pas, il n'oublie même pas, il n'en a point besoin puisqu'il ne sait pas; et pour mettre la conscience des ingrats tout à fait à l'aise, même pour n'avoir pas à attendre d'eux des sentiments de reconnaissance, il leur fournit une raison sans réplique pour excuser leur conduite. En effet, les hommes peuvent-ils agir différemment que ne le permet l'organisation humaine ?

Pour trouver les paroles que je viens de citer, celles qu'il adressa à la princesse d'Hatzfeld et tant d'autres, l'esprit, le génie même ne suffisent pas. Il faut que la magnanimité des sentiments, que l'élévation de l'âme soit égale à l'immensité du génie.

On sait maintenant jusqu'à quel point il poussait sa sollicitude pour les soldats ; les soins extrêmes qu'il apportait aux secours à donner aux blessés, même à ceux des ennemis. Toujours après une bataille, l'œil du maître était là; il aidait à les relever, à les transporter, leur adressait des paroles de consolation, et, plus d'une fois, illustre garde-malade, sa main leur présenta les toniques qui devaient les ranimer.

Il employait tous les moyens, surtout ceux de la persuasion, si puissante sur le noble cœur du soldat français, pour que la conquête pesât le moins possible sur les pays vaincus. Voici la proclamation qu'avant d'entrer à Vienne en 1809, il adressa à son armée : « Soldats, le peuple de Vienne, se-
» lon l'expression de la population de ses faubourgs,
» délaissé, abandonné, veuf, sera l'objet de vos
» égards. J'en prends les bons habitants sous ma
» spéciale protection... Soldats, *soyons* bons pour
» les pauvres paysans, pour ce bon peuple qui a
» tant de droit à notre estime ; ne conservons au-
» cun orgueil de nos succès ; voyons-y une preuve
» de cette justice divine qui punit l'ingrat et le
» parjure. »

Avec les soldats, il conservait les formes républicaines, parce qu'il était sûr qu'ils interprétaient les principes de 89 dans leur véritable sens, et qu'ils comprenaient que sa cause était celle de la patrie. Après une bataille, il faisait former le cercle : « Qu'on me désigne, disait-il, les officiers, les
» soldats qui ont mérité de l'avancement et la croix
» d'honneur. » Un jour, les suffrages se portèrent sur le fils d'un maréchal de l'Empire, tout nouvellement sorti du collége : « On veut faire sa cour au maréchal ; que l'on rechoisisse. — Le même nom est présenté. — Allons, dit l'Empereur, son titre

de fils de maréchal ne doit pas nuire à son avancement, puisqu'il est mérité. »

Pour le bien-être moral et matériel du peuple, il descendait de même jusqu'aux plus petits détails. En voici un exemple entre mille. En 1811, il écrivait au ministre de l'intérieur : « L'octroi de
» Marseille charge d'une taxe trop forte le poisson
» commun, *qui est la nourriture du peuple*. Le mi-
» nistre doit donner des ordres pour que *ce droit*
» *soit diminué.* »

Plusieurs fois il a fait augmenter les tarifs passés entre les ouvriers et les entrepreneurs et les fabricants, afin que le peuple retirât de son travail un prix proportionnel aux bénéfices qu'obtenaient les possesseurs des capitaux. Son amour pour le peuple lui faisait deviner d'avance ce qu'il fallait faire à cet égard, et pour appliquer le remède, il n'attendait pas que le mal lui fût révélé par des cris de détresse ou par de sanglantes collisions.

Il réprimait, autant qu'il lui était possible, le zèle souvent trop ardent de certains administrateurs. Ainsi, le préfet de Strasbourg ayant montré de la rigueur dans la propagation de la vaccine, il écrit au ministre, le 10 mai 1811 : « Cette manière
» de conduire *les citoyens* n'est nullement conforme
» à mes intentions. Il faut les éclairer, mais il ne
» faut pas prendre des mesures de cette vio-
» lence. »

Napoléon était fier de tous les grands hommes

de la France, n'importe l'époque et la famille qui les avaient produits. Dès la première année du consulat il fit placer, aux Invalides la statue, et aux Tuileries le buste du grand Condé, à côté de ceux des Marceau, des Hoche, des Kléber, des Desaix. Les croix d'honneur distribuées au camp de Boulogne étaient renfermées dans les casques de Duguesclin et de Bayard. Dans le quatorzième bulletin de la grande armée, après avoir dit que l'empereur d'Autriche faisait tout pour affamer sa capitale occupée par nous, il ajoutait : « Il y a loin de cette » conduite à celle de *notre* Henri IV, nourrissant » lui-même une ville qui était alors ennemie et » qu'il assiégeait. » (*Moniteur* du 8 juin 1809.)

Depuis près de cinq siècles, les rois d'Angleterre prenaient le titre de rois de France ; mais à l'époque du traité de paix d'Amiens, Napoléon exigea et obtint qu'ils cesseraient de le porter.

Il voulait que l'étranger respectât, tînt pour sacré tout ce qui appartenait à la France, même indirectement. Mme de Staël n'était point Française et n'avait point voulu que ses enfants le fussent ; mais elle écrivait en notre langue, cela suffisait à Napoléon. La haine qu'elle avait pour lui, et dont nous avons vu la cause, fit qu'elle chercha à nuire à la France de toutes les manières. Son salon fut le rendez-vous de tous les opposants au gouvernement, et notre littérature fut ravalée, tandis qu'elle exaltait celle des Allemands et des Anglais. La gloire de nos écrivains appartenait à la France ; l'homme si éminemment Français ne voulut point souffrir que ce fût de Paris même qu'on cherchât à détruire cette gloire. Usant du droit qu'il avait sur les étrangers, il exila Mme de Staël. Elle voyageait en Italie, en 1809, lorsque quelqu'un lui demanda ce qu'il ferait si l'un des princes de ce pays, dans l'espoir de lui plaire, arrêtait l'intrigante exilée. « Si on arrêtait Mme de Staël hors » de France, répondit l'Empereur, j'enverrais » vingt mille hommes pour la délivrer (1). »

L'inimitié de Mme de Staël était d'autant plus extrême qu'elle savait que l'insensibilité de Napoléon s'adressait à sa personne, et non à son sexe. Tous les nobles sentiments avaient trop d'accès dans cette âme prodigieuse pour qu'elle ne sentît pas tout le mérite de la femme ; de l'apprécier à l'aimer il n'y avait qu'un pas : plusieurs fois il fut franchi ; mais s'il n'échappa point à ses passions, appelées les faiblesses des grands hommes, au moins il ne renouvela pas le spectacle scandaleux donné par François Ier, Henri IV et Louis XIV. Pour plaire, il ne prodigua point les titres, les trésors. C'est pour lui-même qu'il voulut être aimé, et c'est pour lui-même qu'il le fut. En cela, comme en toute autre chose, il respecta l'opinion publique ; ses faiblesses furent couvertes d'un voile si impénétrable,

---

(1) *Lettres sur les Cent-Jours*, par B. Constant, t. 2, p. 163.

que longtemps après sa mort on les ignorait encore ; et les fruits qui en résultèrent, cachés aux yeux du public, ne vinrent pas s'asseoir effrontément sur les marches du trône.

Même après que la politique l'eut forcé de prendre une nouvelle épouse, il conserva toujours la plus tendre affection pour Joséphine. Voici un mot de lui qui peint bien toute la bonté de son âme. L'impératrice divorcée avait fait de nouvelles dettes. Napoléon chargea un de ses ministres de lui annoncer qu'il les paierait, et dans sa lettre il ajoutait : « *Dites-lui que je ne veux pas qu'elle pleure.* »

Sous l'Empire, si le commerce extérieur se ressentait de l'état de guerre, en revanche notre commerce intérieur et continental était immense. Les fabriques de Lyon ne suffisaient pas aux demandes des acheteurs. En 1810, les maisons de Leipzick et de Francfort se plaignirent que, même en payant comptant, Lyon ne fournissait pas à la moitié de leurs commandes. L'Empereur écrivait à ce sujet au ministre de l'intérieur : « Pourquoi Lyon n'a-t-il pas expédié plus de soieries à la foire de Leipzick ? » Les manufactures anglaises, au contraire, étaient presque entièrement privées d'ouvrage.

Pour cette même année 1810, le budget des dépenses de la France, qui comptait quarante millions d'habitants, était de huit cent cinquante-neuf millions cent cinquante-quatre mille francs ; celui de l'Angleterre, de un milliard neuf cent cinquante millions sept cent trente-trois mille sept cent vingt-cinq francs ; malgré d'énormes impôts, bien plus vexatoires que les nôtres, les recettes chez elle étaient au-dessous des dépenses de trois cents millions. Toutes les années l'Angleterre était forcée de recourir à de nouveaux emprunts, tandis que ce moyen d'égaliser les recettes et les dépenses n'était point pratiqué en France. En outre, l'Angleterre soudoyant, en grande partie avec son numéraire, les coalitions qu'elle suscitait sans cesse contre nous, son or et son argent transportés sur le continent, après avoir passé dans les mains des Russes, des Autrichiens, des Prussiens, venaient enrichir la France, où les faisaient arriver les contributions que nous frappions sur les ennemis après nos victoires, de sorte que, par la seule guerre des écus, nous devions l'emporter sur l'Angleterre, et la contraindre à faire une paix qui nous fût avantageuse.

Sous le rapport matériel, notre patrie jouissait donc d'une véritable prospérité, attestée en outre par tant de monuments, de canaux, de routes gigantesques qui se créaient comme par enchantement. Sous le rapport moral, notre bonheur était bien plus grand encore.

Si les Romains dégénérés n'avaient besoin que de pain et de spectacle, il n'en est pas de même pour le noble peuple français. Maintenant, comme depuis des siècles, pour qu'il soit heureux, il faut que son gouvernement y joigne l'honneur national placé si haut, que son éclat ne puisse pas plus être contesté que la lumière du soleil. Cette ardente soif de véritable honneur, si grandement satisfaite par Napoléon, est une des causes du profond attachement que le peuple conserve toujours pour sa mémoire. En effet, quelle époque d'une prodigieuse illustration que celle où le conscrit sortant de son village pouvait dire avec fierté : « Non-seulement je porte dans ma giberne le bâton de maréchal, mais encore le sceptre et la couronne de roi. » En même temps, c'était la meilleure consécration du principe de l'égalité.

Le reproche fait à Napoléon d'avoir négligé la marine n'est pas mieux fondé que les autres. En 1814, nous avions cent vaisseaux de ligne et des frégates en proportion : les équipages pour les armer étaient formés. Son organisation de la marine en équipages de haut-bord et de flottille était une admirable création qui transportait sur mer tous les avantages des troupes de terre. Les officiers et les matelots étant destinés à rester ensemble, même lorsqu'ils ne seraient plus embarqués, s'attachaient les uns aux autres, prenaient, en un mot, l'esprit de la famille militaire ; la discipline en devenait bien plus grande, et au moment du combat, le capitaine de vaisseau ou de frégate pouvait dire à son équipage : Voici le moment de couvrir de gloire le numéro que nous portons, ou lui rappeler ses hauts faits antérieurs. Sur mer, comme sur terre, les héroïques noms de *formidable*, de *terrible*, d'*invincible*, auraient pu devenir l'apanage héréditaire des équipages de haut-bord ou de flottille qui les auraient mérités.

On accuse aussi l'Empereur d'avoir renouvelé le mot de Louis XIV, et d'avoir dit : l'*État, c'est moi.* » Le *Moniteur* est là pour montrer que les paroles qu'il a prononcées et qu'on veut assimiler à celles du grand roi leur sont tout à fait opposées, et sont la reconnaissance la plus formelle de la souveraineté du peuple. Le chef d'un État ne peut tenir ses droits que de la divinité, de la conquête ou de la nation. C'est en vertu des deux premiers que les Bourbons se regardent comme souverains du sol et des habitants de la France ; aussi, depuis près de neuf siècles, ont-ils toujours proclamé qu'ils ne tiennent leur pouvoir que de Dieu et de leur épée, qu'à Dieu seul ils doivent compte de leur conduite, en un mot, qu'ils sont les représentants de l'Être suprême sur la terre, et comme rien ne peut limiter la puissance de Dieu, pas plus que celles de la conquête, ils ont déclaré que leur pouvoir était sans limites.

Les paroles de l'Empereur ont-elles le même sens? Le corps législatif qui venait de recevoir de Napoléon des drapeaux pris sur nos ennemis, fut en remercier l'impératrice. Des journaux, mais non pas le *Moniteur*, lui attribuèrent cette réponse : « qu'elle était très-satisfaite, que le premier sen- » timent de l'Empereur après la victoire, eût été » pour le corps *qui représente la nation*. » Ce qui était dire que le corps législatif était le seul qui représentât le peuple. Alors les droits de Napléon à gouverner la France venaient de Dieu ou de la conquête, ou de tous les deux ensemble : c'étaient ceux des Bourbons.

L'Empereur, dans le *Moniteur* du 15 décembre 1808, rectifia de pareilles théories, destructives de la souveraineté du peuple, qui n'est qu'un vil troupeau d'esclaves, si ses gouvernants ne sont pas ses représentants. L'Empereur s'exprime ainsi : « L'Impératrice n'a point dit cela : elle connaît trop » bien nos constitutions, elle sait trop bien que » *le premier représentant de la nation, c'est l'Em-* » *pereur, car tout pouvoir vient de Dieu et de la na-* » *tion*.... Dans l'ordre de notre hiérarchie consti- » tutionnelle, le premier représentant de la nation » est l'Empereur et ses ministres organes de ses » décisions ; la seconde *autorité représentante* est » le sénat ; la troisième est le Conseil d'État, qui a » de véritables attributions législatives ; le corps » législatif a le quatrième rang. »

Napoléon proclamait donc hautement, non-seulement qu'il n'était que le représentant de la nation de qui *vient tout pouvoir*, mais encore qu'elle avait d'autres représentants que lui. Louis XIV avait-il dit : *l'État, c'est moi;* après moi, l'Etat, c'est le parlement ? Les Bourbons déclarèrent toujours que les parlements étaient leurs délégués et non point ceux de la nation.

Les ministres de Napoléon lui résistaient lorsqu'ils en avaient le droit. Ainsi, en 1810, l'Empereur avait ordonné, par un décret, d'inscrire sur le grand-livre de la dette publique une rente de cinq cent mille francs pour une ancienne dette du Piémont ; le ministre du trésor s'y refusa. Napoléon se soumit, et l'inscription n'eut lieu qu'en vertu d'un vote législatif. (*Histoire de France*, par M. Bignon, t. IX, page 444.) Ce ministre récalcitrant ne perdit sa place qu'à la chute de l'Empereur.

L'extension du territoire français au delà du Rhin est au nombre des reproches adressés à Napoléon ; les paragraphes qui suivent montreront que cet accroissement de territoire n'était point dans sa pensée ; mais lorsque la Russie déchira réellement le traité de Tilsitt, notre Empereur comprit qu'à la paix générale, il faudrait que nous fissions des sacrifices, et que pour n'avoir point à abandonner les limites du Rhin, nous étions forcés de les dépasser; c'est ce qu'il résumait par ces mots: « On nous force de conquérir pour conserver. »

En 1805, lorsqu'il insistait auprès de la Prusse pour qu'elle s'alliât à nous, il proposait pour base

fondamentale du traité, qu'en cas de guerre « au-
» cun État ne serait incorporé ni à l'empire fran-
» çais ni au royaume d'Italie. »

Après la paix de Tilsitt, en juillet 1807, Napoléon disait à une députation de Berlin : « Je n'ai
» point voulu la guerre ; j'ai assez du Rhin. »

En 1809, dans le rapport annuel présenté au
corps législatif, le ministre parlant au nom de
l'Empereur disait : « Il eût sans doute été facile à
» la France d'étendre ses limites au delà du Rhin ;
» mais ce fleuve est la borne invariable des États
» immédiats de son empire. »

Dans un message de l'Empereur au sénat, le 1er
mars 1810, il lui fait connaître la création du grand-
duché de Francfort donné au prince-primat,
auquel il a désigné immédiatement pour successeur
le prince Eugène, afin de faire voir « qu'il ne
» voulait laisser aucun doute sur l'intention où il
» était que ses États directs ne dépassassent pas le
» Rhin. »

Avant de réunir la Hollande à la France, Napoléon fit dire au gouvernement anglais que s'il consentait à entamer des négociations pour la paix, il
ne ferait point cette réunion.

On a dit que Napoléon n'avait point pu se soutenir en face de la presse et de la tribune : c'est
vrai ; deux fois il est tombé devant la tribune et la
presse, s'appuyant sur un million de baïonnettes
mises à leur service par les rois absolus et les aris-

tocraties de toute l'Europe, et secondées, en outre, par les trahisons de Talleyrand, de Marmont, duc de Raguse, que Napoléon traitait comme un fils, de Lafayette, etc., etc.

Lorsque, le 21 juin, pour rendre impossible toute résistance aux ennemis, Lafayette se servit de cette tribune tant regrettée par ceux disposés à suivre son exemple et non pas celui de Carnot, sa conduite fut blâmée même par plusieurs de ses amis, entre autres par Dupont (de l'Eure) qui, cependant, haïssait Napoléon, mais qui du moins avait du sang français dans les veines et du patriotisme dans le cœur. Dupont (de l'Eure) disait à Lafayette : « Je
» comprendrais ce que vous venez de faire si vous
» aviez personnellement les bras assez forts, d'une
» part, pour comprimer les contre-révolutionnai-
» res de l'intérieur, et, de l'autre, pour arrêter
» l'ennemi. Mais, oubliez-vous que dans la position
» où nous sommes, le maintien de Napoléon est le
» gage de notre indépendance, et que sa chute
» rend inévitable le triomphe de l'étranger ainsi
» que le retour des Bourbons ? Que voulez-vous
» donc ? Qu'espérez-vous ?, — Ne craignez rien, lui
» dit M. de Lafayette en souriant avec confiance ;
» quand nous serons débarrassés de lui, tout s'ar-
» rangera. » (De Vaulabelle, tome III, p. 46.) Cet arrangement fut la honte et les fléaux de l'occupation étrangère, et la sanglante réaction de 1815.

Ce fut en se servant de la Chambre des représentants que Lafayette, en la trompant sur le but qu'il voulait atteindre, parvint à détruire la Constitution, à renverser le gouvernement, et à faire dépendre le sort de la France non pas de sa volonté à elle, mais de la volonté de ses ennemis. Si cette chambre n'avait pas été réunie, si Napoléon avait eu la dictature dont jouit Washington pendant toute la guerre de l'indépendance américaine, tous ces malheurs ne seraient point arrivés. Et cependant l'immense majorité de cette chambre était patriote, française et par conséquent napoléonienne, je l'ai prouvé; mais elle se laissa conduire par quinze à vingt meneurs voulant le pouvoir ou vendus à l'ennemi, et quoique leur trahison fût de la dernière évidence, cette chambre n'eut point assez de bon sens et d'énergie pour ôter le pouvoir aux traîtres auxquels elle venait de le donner, et pour le rendre à celui qui, comme le disait si bien Dupont (de l'Eure), était « le gage de notre indépendance, et » dont la chute rendait inévitable le triomphe des » étrangers ainsi que le retour des Bourbons.» La presque unanimité des représentants pensaient comme Dupont (de l'Eure), voyaient comme lui l'abîme où l'on précipitait la France, mais tous leurs efforts pour l'empêcher d'y tomber se réduisaient à des discours, à des proclamations que n'appuyait aucune action virile, tandis que les traîtres, eux, agissaient et ne parlaient pas: ou s'ils parlaient, c'était pour dire aux représentants: Soyez tranquilles, ne nous contrariez point, tout va s'arranger selon vos désirs. Et des hommes réellement patriotes, réellement Français, s'endormaient au vague bruit de paroles démenties chaque jour par les faits.

Depuis cinq cent cinquante ans que, par la création des états généraux, le gouvernement parlementaire a commencé à naître en France, toutes les fois qu'elle a eu à soutenir une guerre menaçant son indépendance, et qu'en même temps une assemblée se trouvait réunie, cette assemblée a toujours agi de manière à favoriser le triomphe des ennemis ; ainsi, lorsqu'après la bataille de Poitiers, le roi Jean étant prisonnier, son fils aîné, depuis Charles V, assembla les états généraux pour l'aider à sauver la France, ces états voulurent s'emparer du gouvernement, semèrent la division parmi les Français combattant les Anglais, et firent en un mot tout ce qu'il fallait pour que nos ennemis, déjà possesseurs d'une partie de la France, pussent se rendre maître de tout le reste.

De même, sous Charles VI et Charles VII, les états généraux et les parlements agirent de manière que les rois d'Angleterre devinssent rois de France, et que la France ne fût plus qu'une grande province soumise aux Anglais, comme l'étaient déjà la Guienne, la Saintonge, le Poitou, l'Anjou, etc.

Sous Henri III et Henri IV, les assemblées voulaient que la France eût pour chef le roi d'Espagne ou l'un de ses enfants ; mais la faction espagnole fut toujours si peu nombreuse, et Philippe II, occupé ailleurs, si peu en état de lui donner des secours réels, qu'elle ne fit jamais courir le plus léger risque à notre indépendance ; mais enfin l'intention des assemblées n'en était pas moins de favoriser le roi d'Espagne.

On a vu les périls imminents que couraient l'indépendance nationale et les principes de 89, au moment où la Convention fut remplacée par des chambres représentatives et par le Directoire.

A peine ces assemblées, sous le nom de Conseils des anciens et des Cinq-Cents, sont-elles installées, et la presse rendue libre, que les journaux, les députés attaquent le gouvernement, le contrarient dans toutes ses mesures, le déconsidèrent autant qu'ils le peuvent, afin que les ennemis puissent envahir la France et rétablir les Bourbons. Napoléon, par sa merveilleuse campagne d'Italie et la paix continentale qui en est la suite, donne assez de force au gouvernement, pour qu'il puisse, par un coup d'État, sauver la France. Mais les coups d'État excellents une fois, s'ils sont répétés deviennent nuisibles. Le Directoire, gouvernement nécessairement très-faible, puisqu'il avait cinq têtes et point le droit d'en appeler au peuple par la dissolution des Conseils, fut obligé de faire de nouveaux coups d'État : aussi, lorsque Napoléon revint d'Egypte, la France se trouvait dans une position très-critique, comme en 96.

A la fin de 1813, le Corps législatif est réuni. Nos ennemis de 92 étaient sur nos frontières prêts à les franchir : par conséquent l'indépendance nationale et les principes de 89 couraient les plus grands dangers. Napoléon croyait que le patriotisme du peuple, qui n'était animé que d'un seul sentiment, celui d'empêcher à tout prix l'invasion de la France, se retrouverait à plus forte raison dans les grands corps de l'État. Il devait croire au moins que, par respect humain, le Corps législatif et le Sénat, qui depuis quatorze ans approuvaient toutes ses mesures sans y faire la moindre observation, les déclarant au contraire de la plus indispensable nécessité pour vaincre les signataires du traité de Pilnitz, ne changeraient point de langage et de conduite à la vue des baïonnettes ennemies, ne se déshonoreraient pas, ne se couvriraient pas eux-mêmes de boue en venant déclarer, devant le monde entier, que toutes leurs approbations, leurs louanges ne leur avaient été inspirées que par un seul sentiment, celui de la peur. Mais dans le Corps législatif, il y avait une douzaine de républicains et de légitimistes réunis ; ils comprenaient très-bien que leur opinion ne pouvait triompher que par l'appui des baïonnettes ennemies, et ce fut, comme toujours, en profanant le nom de la liberté, qu'ils entraînèrent le Corps législatif à tenir un langage, à vouloir des mesures qui, en divisant les Français au moment où il fallait plus que jamais les réunir, rendaient infaillible l'envahissement de la patrie.

Les républicains et les légitimistes qui se trouvaient dans le Sénat, et qui, quoique réunis pour détruire, ne formaient qu'une minorité, s'assemblèrent dans les premiers jours d'avril 1814, sur l'ordre qu'ils en reçurent des ennemis, maîtres de Paris ; et, sans qu'aucun traité eût assuré à la France qu'elle ne serait pas démembrée, qu'elle ne subirait pas le sort de la Pologne, cette minorité, violant la constitution, détruisant ce qu'avait fait le suffrage universel en 1804, déclare Napoléon déchu du trône, le droit d'hérédité aboli dans sa famille, le peuple français et l'armée déliés envers lui du serment de fidélité, livrant ainsi la France à la discrétion de ses ennemis, qui ne pouvaient plus trouver d'obstacles à leurs desseins, quelque funestes qu'ils pussent être à notre patrie.

Si ces républicains ne s'inquiétèrent pas du tout du sort de la France, par compensation ils pensèrent beaucoup au leur ; et pour montrer à quel point les républicains sont désintéressés dans les révolutions qu'ils font, qu'ils ne sont jamais animés que de sentiments patriotiques, ils eurent soin de décréter que leurs places de sénateurs, ainsi que les propriétés de toute espèce qui formaient la dotation du Sénat et des sénatories, seraient héréditaires dans leurs familles. Voilà une des tribunes devant lesquelles tomba Napoléon.

De nouveau, en 48, les républicains ont prouvé qu'ils ne veulent que la liberté et une chaumière.

Sous Charles V, Charles VI, Charles VII, Henri III, Henri IV ; sous le Directoire, ainsi qu'en 1814 et 1815, les assemblées étaient composées en très-grande majorité de députés qui, pris individuellement, avaient du bon sens, étaient de vrais patriotes très-éloignés de vouloir nuire à la France, mais qui, réunis, perdaient toutes ces qualités et devenaient les aveugles instruments dont se servaient quelques meneurs ambitieux ou vendus à l'étranger, pour faire triompher les ennemis dont l'appui leur était nécessaire pour l'accomplissement de leurs secrets desseins.

Mme de Staël, Lafayette et Fouché, pour séduire Drouet d'Erlon et Grouchy, pour les faire consentir à profiter de toutes les occasions qu'il trouveraient pour que Bonaparte fût battu, leur disaient : Nous disposons de la Chambre des représentants, et, aussitôt que nous serons débarrassés de lui, elle saura prendre les mesures nécessaires pour que la guerre cesse à l'instant, et soit remplacée par une paix honorable qui fera le bonheur de la France ; mais pour cela, il faut, à tout prix, que nous soyons débarrassés de Bonaparte.

J'en ai la conviction, Drouet d'Erlon et Grouchy n'eussent point trahi, si la Chambre des représentants et celle des pairs n'avaient pas été réunies ; si la dissolution de la première avait ôté tout caractère légal à chacun de ses membres ; surtout si l'Empereur, comme Washington aux États-Unis d'Amérique, avait eu la dictature pendant toute la guerre. Le peuple français, qui a le sentiment inné de ce qu'il faut faire dans les grandes occasions, la lui aurait décernée avec un patriotique enthousiasme, s'il le lui avait demandée. Mais, malheureusement, il avait trop de grandeur d'âme pour pouvoir soupçonner qu'il y aurait des traîtres dans la représentation nationale et surtout dans l'armée.

On dit que les nations ne périssent pas. C'est vrai, si l'on entend par là que le sol ne disparaît pas, qu'il y a toujours des hommes qui l'habitent : mais la nationalité périt. Sans citer les exemples qu'en fournissent les peuples étrangers, consultons notre propre histoire. Lorsque Hugues-Capet usurpa la couronne, la nationalité du peuple improprement appelé Gaulois par les Romains, ne fut-elle pas entièrement anéantie? Sa résurrection ne fut complète qu'en 1789. Et même, de nos jours, notre nationalité n'était-elle pas fortement compromise par les traités de 1815? Non point du tout en ce qui concerne nos frontières naturelles : la victoire nous les avait redonnées, la victoire nous en a privés de nouveau, il n'y a donc, sous ce rapport, rien qui blesse notre nationalité, et qui par conséquent puisse nous empêcher de les exécuter très-fidèlement ; mais l'article de ces traités qui nous défendait de placer à notre tête la famille que nous sentions, plus que tout autre gouvernement, pouvoir faire notre bonheur, frappait d'un coup mortel notre indépendance et notre honneur national.

Les traités de 1815 ne nous ayant point défendu d'avoir pour enseigne le drapeau tricolore, ni la république pour gouvernement, 1848, pas plus que 1830, n'avait arraché de ces traités l'article portant une si grave atteinte à notre nationalité. Pour qu'il le fût, il fallait que l'aigle déployât de nouveau ses ailes, et que la dynastie fondée en 1804 par la volonté nationale, portât, de nouveau, dans la main le sceptre, et sur la tête la couronne impériale.

J'ose le dire, ceux qui ne comprennent pas ce qu'exigeaient très-impérieusement l'indépendance et l'honneur national, n'ont point du sang français dans les veines, mais celles du peuple en sont gonflées. Il ne fait point de phrases, lui, mais il fait du véritable patriotisme ; aussi, par ses acclamations d'abord, par ses votes ensuite, il a redonné l'existence à son plébiscite de 1804, en appelant Louis-Napoléon de son véritable nom, Napoléon III.

L'ombre immense de Napoléon 1er en a tressailli d'une divine joie. Du haut des cieux, le regard fixé sur ce peuple qu'il aime toujours tant, et qui a son tour l'aime toujours si fortement, il s'est écrié : « Français d'aujourd'hui, vous êtes les dignes enfants de vos pères qui, depuis 92, ne reculèrent devant aucune privation, aucun danger, quelque grand qu'il fût, pour conserver l'indépendance et l'honneur national.

» Les ennemis extérieurs et intérieurs m'ont calomnié, et par conséquent vous ont aussi calomniés, car je ne pouvais rien sans vous, lorsqu'ils ont dit et répété, malgré l'évidence, que c'est nous qui avons sans cesse été les attaquants, tandis qu'on nous a forcés de conquérir pour nous conserver. Si, en 92, et continuellement depuis, on n'avait pas cherché à nous imposer un gouvernement que nous repoussions, l'Europe n'aurait pas été déchirée par d'affreuses et renaissantes guerres. Non, nous ne voulions pas être maîtres chez les autres, mais nous voulions être maîtres chez nous. Français ! vous l'êtes depuis novembre 52, et vous continuerez à l'être. Malheur à qui voudrait recommencer 92 ! »

FIN.

TABLE DES MATIÈRES.

Le prince de Joinville et le duc d'Aumale, p. 8, 9, 10, 11, 12, 13, 14.
Les Girondins et Louis XVI, p. 12.
Châteaubriand, Hyde de Neuville, de Lalot et Charles X, p. 12.
La République romaine, p. 14.
La République des États-Unis d'Amérique, p. 14.
La Convention, p. 14, 32, 33, 52.
Le Suffrage universel, p. 15, 17.
Les Républicains, p. 15, 16, 306, 307.
Napoléon III, p. 17.
L'impératrice Eugénie et son père, p. 17, 18, 19.
État politique de la Corse, p. 23, 24.
La famille Bonaparte, p. 24, 27.
Pascal Paoli, p. 26.
Eugène et Hortense Beauharnais, p. 27.
Le vicomte de Beauharnais, p. 27, 28, 29.
Robespierre, p. 28, 29.
Pourquoi Napoléon fut républicain, p. 29.
Toulon livré aux Anglais, p. 30.
État de la France en août 1793, p. 31.
Constitution de l'an III et la loi d'élection, p. 32.
La garde nationale de Paris au 13 vendémiaire (5 octobre 1795), p. 33, 34.
Le général Menou, p. 33, 34.

Pichegru, p. 35, 41, 42, 93.
Situation politique de la France en 1796, p. 35, 36, 37, 38, 39.
Moreau, p. 40, 41, 45, 61, 93.
Le prince Charles, p. 42.
Élections de 1797, p. 42.
Jourdan, p. 40, 42, 287.
Le Directoire, p. 43, 44, 45.
Hoche, p. 39, 44.
Coup d'État du 18 fructidor (4 septembre 1797), p. 44.
Augereau, p. 44, 50, 287.
Élections et coup d'État du 4 mai 1798, p. 45, 46.
Coup d'État du 18 juin 1799, p. 45, 46.
Situation politique de la France, lors du retour de Napoléon d'É-
    gypte, p. 45, 46, 47, 48.
Masséna, p. 48, 148.
César et Napoléon, p. 49.
18 brumaire, p. 49.
La liberté n'existait point, p. 52.
Première Assemblée nationale constituante, p. 52.
Dictature et despotisme, p. 53.
Égalité en abaissant: Louis XI; Richelieu; Louis XIV, p. 53.
Égalité en élevant: Légion-d'Honneur, p. 54.
Lafayette, 55, 64, 125, 164, 165, 166, 167, 168, 169, 170, 171, 172,
    173, 174, 175, 176, 178, 180, 181, 183, 185, 186, 302, 308.
Résurrection des titres, p. 55, 58.
Les nobles et les anoblis, p. 56, 57.
Napoléon et Washington, p. 59, 60, 61.
Benjamin-Constant, p. 62, 67, 163, 181, 183.
Louis XVIII, p. 63.
L'empereur Alexandre, p. 65, 121, 132, 151, 152, 154.
Marmont, duc de Raguse, p. 65, 301.
Talleyrand, p. 66, 81.
Naissance du roi de Rome, Napoléon II, p. 69.
Retour de l'île d'Elbe, p. 70.

Traité de Pilnitz en août 1791, p. 72.

Est-ce Napoléon qui attaquait l'Europe ou l'Europe qui nous attaquait sans cesse? p. 71 et suivantes, 118.

Paix de Campo-Formio, p. 73.

Paix d'Amiens, p. 75, 87.

L'aristocratie et le commerce anglais, p. 75, 85.

Paix de 1783, p. 76.

Pitt, p. 77, 89, 119.

Walter Scott, p. 78.

Addington, premier ministre, p. 79.

Canning, p. 79, 129.

Fox, p. 79, 119, 129.

Traité du 11 avril 1805, contre la France, p. 86, 87, 92.

Troisième coalition, p. 88, 89, 90, 91.

L'amiral Villeneuve, p. 90.

Georges Cadoudal, p. 93.

Napper-Tandy et Blackwell, p. 93.

L'Électeur de Bade, p. 94.

Napoléon et le duc d'Enghien, de la page 95 à la page 104.

Henri IV et le duc de Biron, de la page 104 à la page 111.

L'Empire, p. 111.

Le pape Pie VII, p. 68, 111.

Première dynastie, p. 112.

Deuxième dynastie, p. 112.

Charlemagne, p. 113.

Troisième dynastie, le système féodal, p. 113, 114, 115, 116, 117.

Angleterre, p. 61, 81, 83, 94, 97, 101, 121, 122, 123, 125, 126, 127, 128, 162.

Les Bourbons en 1804, p. 116, 117.

La Russie, p. 121.

Décret de Berlin, p. 123.

Décret de Milan, p. 126, 127.

Guerre d'Espagne, de la page 129 à la page 150.

Guerre d'Autriche en 1809, p. 150, 151.

Guerre de Russie en 1812, p. 151, 152, 153, 154, 155, 156.
Lettre de Napoléon concernant la Pologne, p. 153.
Fragment d'une dépêche de notre ambassadeur en Russie, concernant Constantinople, p. 154.
Junot, p. 156.
Le général Wilson sur la retraite coupée aux coalisés, p. 157.
La faction d'Orléans, p. 160.
Mirabeau, p. 160.
Dumouriez, p. 161.
Louis-Philippe, p. 161, 162.
Mme de Staël, p. 163, 191, 192, 293, 294, 308.
Carnot, p. 171, 187.
Dupin aîné, p. 174, 178, 179.
Preuve que la Chambre des représentants de 1815 était napoléonienne, p. 178, 179, 180.
Napoléon II proclamé empereur, p. 179, 180.
Fouché, p. 190, 308.
Campagne de 1815, de la page 193 à la page 282.
Le général comte de Bourmont, de la page 195 à la page 201.
Le général Drouet, comte d'Erlon, p. 203, 204, et de la page 207 à la page 217.
Le maréchal Ney, p. 205, 206, 215.
Bataille de Ligny (16 juin), p. 204.
Bataille de Waterloo, p. 221.
Le maréchal marquis de Grouchy, de la page 221 à la page 278.
Le maréchal Gérard, p. 221, 273.
Bataille de Marengo, Desaix et Kellermann fils, p. 260, 261.
Le maréchal Soult, duc de Dalmatie, p. 279.
Les soldats, les officiers et les généraux pendant la campagne de 1815, p. 281.
Le maréchal Macdonald, duc de Tarente, p. 287.
Bernadotte, p. 288.
La princesse de Hartzfeld, p. 289.
Budgets de la France et de l'Angleterre en 1810, p. 295.

La marine française en 1814, p. 297.

Dupont (de l'Eure), p. 302, 303.

Les états généraux et les parlements sous Charles V, Charles VI, Charles VII, Henri III et Henri IV, p. 304, 308.

Les Conseils des Anciens et des Cinq-Cents, p. 305, 308.

Le Corps législatif et le Sénat en 1814, p. 306, 307, 308.

MM. Bignon et de Vaulabelle, p. 78.

ERRATA.

Page 110, ligne 27, la phrase doit être rétablie ainsi :

« Le roi, sous prétexte de faire grâce à ses parents, mais
» craignant en effet quelque tumulte, parce qu'il était fort aimé
» des gens de guerre, et avait grand nombre d'amis à la cour,
» commua le lieu de l'exécution et voulut qu'elle se fît dans la
» Bastille. »

A la page 113, ligne 13, *au lieu de :* « Il fallait laisser peu d'exis
» tence au peuple français, » *on doit lire :* « Il fallait laisser un
» peu d'existence au peuple français. »

www.ingramcontent.com/pod-product-compliance
Lightning Source LLC
Chambersburg PA
CBHW070618160426
43194CB00009B/1302